情報処理技術者試験対策書

合格論文の書き方・事例集

第6版

ITストラテジスト

岡山昌二［監修・著］

阿部 政夫・庄司 敏浩・鈴木 久・高橋 裕司・満川 一彦［著］

ST

iTEC
人間力を、企業力に

■ はじめに

　筆者が仕事として初めて文章を書いたのは，1980 年のことです。当時はワープロなどもまだ普及しておらず，手書きの文章を何度も書き直して上司にレビューをお願いしました。書類を見たときの上司の顔，短い文章にもかかわらずコメントするまでの時間の長さは，今でも忘れられません。

　情報処理技術者試験対策のセミナの案内を見て，システム監査技術者試験の受験勉強を始めたのは，今から 35 年ほど前です。添削用の論文を 1 本書けばよいのに 3 本も書いて講師を困らせていました。

　その後，ワープロが現れて，「おまえは字が汚いから書類はワープロで書け」と上司に言われ，システム本部に 1 台しかないパソコンを占有して仕事をしていました。日本語を知らない，あるいは，字が汚いにもかかわらず，論文対策の講義や，論文の書き方の本を出版するという仕事がいただけるのは，情報処理技術者試験のおかげです。試験勉強は，情報処理に関する能力の向上にとどまらず，日本語力や他人を納得させる力も併せて向上させ，社外における人間関係も広がりました。このような効果は筆者だけでなく，他の受験者にも当てはまると思います。毎年，情報処理技術者試験をきっかけにして勉強が好きになり，試験に合格した方からメールをいただいています。

　近年，情報処理技術者試験の受験者数が低下しました。この試験によって，社会に出てからの勉強の楽しさを知った者にとって，この状況は残念なことです。受験者数の低下については，筆者の力の及ぶところではありませんが，論述式試験のもつイメージの敷居を低くすることによって，既に情報処理技術者試験に合格している方に，さらに上級の試験にチャレンジしてもらいたいと考え，この本を執筆しています。上級の情報処理技術者試験の合格者が増え，合格者が組織で活躍することによって，この試験が見直され，受験者数の上昇傾向に貢献することを願っています。

　字がきれいに書けない方も安心してください。筆者の講師経験から 100 人中 98 人は，筆者よりも読みやすい字を書きます。普段はパソコンを使っていて，手書きで文章を書くことに慣れていない方も安心してください。本書の演習では，作文を書いて手首の動作を柔らかくするところから始めます。実務経験の少ないチャレンジャー精神旺盛な方も，少し安心してください。筆者が書いた第 2 部の論文の中には，実務経験の少ない読者のために記述式問題を参考にして論述した論文もあります。

本書をしっかりと読み，書かれた訓練を繰り返すことによって，本書を読む前と読んだ後で違う皆さんになってください。そうなれば，合格レベルの論文が書けるようになっていると，筆者は考えています。筆者の講師経験から，本書を読んだことが明らかに分かる論文を書く受講者は，残念ですがまれです。ただし，そのまれな受講者の合格率は高いです。そのような人は，この試験を合格した後に，他の試験区分を受験しても合格率は高いです。したがって，本書を試験前日の土曜日に初めて手に取ったとしてしても，急がば回れです。本書をしっかりと読んでください。

　本書は，通勤時などの電車内での学習を考慮し，必要な章だけを切り離して読んでも支障がないように，重要なポイントを各章で繰返し書いています。電子書籍でない読者の方は，本書をばらばらにして持ち歩いてください。第 2 部では，本試験問題に対応した，専門の先生方による論文事例を収録しています。一つの問題に対して専門知識，経験，専門家としての考えなどを，どのように表現すればよいか，ぜひ参考にしてください。

　最後に，この本を出版するに当たって，論文事例を執筆してくださった先生方，並びにアイテックの皆様に感謝します。

　　2022 年 8 月吉日

岡 山 昌 二

目　次

第6章　添削を受けて書き直してみる

第7章　午後Ⅰ問題を使って論文を書いてみる

第8章　本試験に備える

第9章　受験者の問題を解消する

第2部　論文事例

第1章　事業戦略の策定または支援

平成27年度　ST　問1

第2章 情報システム戦略と全体システム化計画の策定

第3章 個別システム化構想・計画の策定

第4章 情報システム戦略の実行管理と評価

第5章 情報化リーダとしてのデジタルトランスフォーメーションや業務改革の推進

第6章 組込みシステム・IoTを利用したシステム

■無料 Web サービスのご案内■

論述マイルストーン

　第1部　8.1 2時間で論述を終了させるために決めておくことの（1）「論述の
マイルストーンと時間配分を決める」で紹介している，筆者が設定しているマイ
ルストーン表に基づいて論述問題を演習できる，「論述マイルストーン」をご用
意いたしました。試験時間の感覚を養うのにご活用ください。

時間の経過とともに，
ペンが移動します。

論述ポイントを音声でナビゲート
（デバイスの音量にご注意ください）

🔽 ご利用方法

① 　https://questant.jp/q/st_ronbun_6にWebブラウザからアクセスしてくださ
い。

② 　本書に関する簡単なアンケートにご協力ください。
　　アンケートご回答後，「論述マイルストーン」に移動
します。

③ 　移動先のURLを，ブラウザのブックマーク／お気に入りなどに登録してご
利用ください。

・こちらのコンテンツのご利用期限は，2025年9月末です。

・毎年，4月末，10月末までに弊社アンケートにご回答いただいた方の中から
抽選で10名様に，Amazonギフト券3,000円分をプレゼントしております。ご
当選された方には，ご登録いただいたメールアドレスにご連絡させていただ
きます。当選者の発表は，当選者へのご連絡をもって代えさせていただきま
す。

・ご登録いただきましたメールアドレスは，当選した場合の当選通知，賞品お
届けのためのご連絡，賞品の発送のみに利用いたします。

・プレゼント内容は，2022年9月現在のものです。詳細は，アンケートページ
をご確認ください。

■内容に関するご質問についてのお願い

　この度は本書籍をご購入いただき誠にありがとうございます。弊社では本書の内容に関するご質問を受け付けております。書籍内の記述に，誤りと思われる箇所がございましたら，お問い合わせください。

　正誤のお問い合わせ以外の，学習相談，受験相談にはご回答できかねますので，ご了承ください。

　恐れ入りますが，質問される際には下記の事項を確認してください。

ご質問の前に

弊社Webサイトで「正誤表」をご確認ください。

最新の正誤情報を掲載しております。

　　　https://www.itec.co.jp/learn/errata/

ご質問の際のお願い

　弊社ではテレワークを中心とした新たな業務体制への移行に伴い，全てのお問い合わせを Web 受付に統一いたしました。お電話では承っておりません。ご質問は下記のお問い合わせフォームより，書名（第〇版第△刷），ページ数，質問内容，連絡先をご記入いただきますようお願い申し上げます。

　　アイテックWebサイト　お問い合わせフォーム

　　　https://www.itec.co.jp/contact/

回答まで，1 週間程度お時間を要する場合がございます。

あらかじめご了承ください。

本書記載の情報について

　本書記載の情報は 2022 年 9 月現在のものです。

　情報処理技術者試験に関する最新情報は，「独立行政法人 情報処理推進機構」のWeb サイトをご参照ください。

　　　https://www.jitec.ipa.go.jp/

■商標表示について

　ITIL は，AXELOS Limited の登録商標です。

　各社の登録商標及び商標，製品名に対しては，特に注記のない場合でも，これを十分に尊重いたします。

第1部

合格論文の書き方

第1章

本書を手にしたら読んでみる

　"積ん読く"の気持ちは分かります。ですが，合格に向けて動機付けができていない方には，この章だけでも読んでいただきたいです。それほど時間はかかりません。お願いします。動機付けができている方，及び，本書をしっかりと読んでみようと決意された方は，その時点で第2章に読み進めていただいて結構です。

　このように，この章の内容は，本書を手にした方の中で，全員に該当する内容ではありません。自分には関係ないと思った方は，どうぞ次の章に進んでください。

効果を出すことに急いでいる方は読んでみる

本書を手にしている皆さんの中には，"明日が試験の本番なので初めて本書を手にしている"，"通信教育で添削してもらうための論文を急いで書かなければならない"，という方がいると思い，第1章を書いてみました。

（1）顧客体験価値の向上

顧客体験価値が上がる理由を二つ書いておきます。一つは論文を書き終えたら"－以上－"で締めくくることです。情報の出どころは書けませんが，**"－以上－"がないと減点**される可能性があるようです。もう一つは，多くの本試験問題の設問で最初に問われる"事業特性"ですが，これは論述の対象となる企業の事業特性ではありません。論述の対象となる企業が属している業種ごとの事業特性です。根拠は，IPAが発表するITストラテジストの対象者像及び業務と役割に"業種ごとの事業特性を踏まえて"と記述されているからです。したがって，"タクシー業界では，タクシー運転手の労働環境や雇用を守るために増車申請の承認が難しい。したがってA社が属するタクシー業界としては，増車による利益の拡大が難しいという事業特性を挙げることができる。"などと事業特性を論じます。

どうでしょうか。少しは役に立ったでしょうか。たとえ明日が本試験日であっても，急がば回れです。時間が許す限り本書を読んでみてください。本書を買った半分以上の方に本書を買ってよかったと思っていただけるはずです。

（2）最重要事項の確認

（a）趣旨に沿って論じるための条件の抽出

問題冊子には太字で"問題文の趣旨に沿って解答してください"と書かれています。これが最重要事項です。この意味を確認してみましょう。次にITストラテジスト試験の令和3年午後Ⅱ問1を示します。

> **問1** デジタルトランスフォーメーションを実現するための新サービスの企画について
>
> 　企業は，データとディジタル技術を活用したデジタルトランスフォーメーション（DX）に取り組むことが重要になってきている。
> 　流通業のグループ会社である倉庫会社では，物流保管サービスのプラットフォーマに変革するというDXを実現するための新サービスを企画した。具体的には，ICタグを使って商品1個単位に入出庫や保管を管理できるように物流保管システムを改修し，グループ外の一般企業にも，オープンAPIを用いた物流保管サービスを提供した。これによって，洋服一点ごとの管理ができる倉庫を探していた衣料品レンタル会社などを新規顧

客として獲得している。

工場設備の監視制御システムなどを提供している測量機器メーカでは，サービス業にも事業を拡大するという DX を実現するための新サービスを企画した。具体的には，赤外線カメラなどを搭載したドローンを活用し，ドローンで撮影した大量の画像データを AI で解析することによって，高所や広範囲なインフラ設備を監視する年間契約制のサービスを提供した。これによって，インフラ点検を安全かつ効率的に行いたい道路運営会社や電力会社を新規顧客として獲得している。

IT ストラテジストは，DX を実現するための新サービスを企画する際には，ターゲットの顧客を明確にし，その顧客のニーズを基に新サービスを検討する必要がある。

さらに，DX を実現するための新サービスを具体化する際には，収益モデル，業務プロセス，新サービスの市場への普及方法，リスク対応策，協業先などを検討し，投資効果と合わせて経営層に提案することが重要である。

あなたの経験と考えに基づいて，設問ア～ウに従って論述せよ。

設問ア あなたが携わった DX を実現するための新サービスの企画について，背景にある事業環境，事業特性，DX の取組の概要を，800 字以内で述べよ。

設問イ 設問アで述べた DX を実現するために，あなたはどのような新サービスを企画したか，ターゲットとした顧客とそのニーズ，活用したデータとディジタル技術とともに，800 字以上 1,600 字以内で具体的に述べよ。

設問ウ 設問イで述べた DX を実現するための新サービスを具体化する際には，あなたは経営層にどのような提案を行い，どのような評価を受けたか。評価を受けて改善したこととともに，600 字以上 1,200 字以内で具体的に述べよ。

問題の後半を見ると，設問ア，イ，ウで書き始めている"設問文"があります。"問題文の趣旨"とは問題の始めから設問文の直前までとなります。問題文の趣旨に沿って解答するためには，この問題文の趣旨のうち，ここでは，"IT ストラテジスト"が含まれる文や，"～必要がある"，"～重要である"という語尾の文章に着目します。

"IT ストラテジストは，DX を実現するための新サービスを企画する際には，ターゲットの顧客を明確にし，その顧客のニーズを基に新サービスを検討する必要がある。さらに，DX を実現するための新サービスを具体化する際には，収益モデル，業務プロセス，新サービスの市場への普及方法，リスク対応策，協業先などを検討し，投資効果と合わせて経営層に提案することが重要である"

これらの文章から，この問題において，趣旨に沿って解答するためには次の条件を満たす必要があることが分かります。

①設問イでは，業務改革ではなく新サービスの企画について論じること

IT ストラテジスト試験の午後Ⅱで高い頻度で問われていた業務改革と，この問題で問われている新サービスの提供は異なると考えてください。例えば，発電設備などの産業機器製造業が提供する 24 時間保守サービスの企画が，新サービスの企画に該当します。

②設問ウでは，収益モデル，業務プロセス，新サービスの市場への普及方法，リスク対応策，協業先などを検討し，投資効果と合わせて経営層に提案することを論じること

"収益モデル，業務プロセス，新サービスの市場への普及方法，リスク対応策，協業先など"とあるので，これは例です。これに倣って検討する項目を挙げて論じればよいでしょう。ただし，"投資効果と合わせて経営層に提案することが重要である"と書いてあるので，投資効果について論じることについては強く求められていると考えてください。

以上が，この問題において，趣旨に沿った論文を書くために採点者から求められている内容と考えてください。

（b）趣旨に沿って論じるための全般的な条件

では，この問題に特化した内容ではなく，IT ストラテジスト試験において全般的に求められている内容についてはどうでしょうか，考えてみましょう。

①IT ストラテジストの立場での論述

IT ストラテジストの業務は一言で言うと，業界ごとの事業特性の特徴を踏まえて，事業戦略，情報システム化戦略，全体システム化計画，個別システム化構想・計画を策定し，実施結果を評価することです。例えば，業界ごとの事業特性とは，競合他社が置かれている状況ですから，"社長，自由形競技で皆は平泳ぎで泳いでいます"，"そこでうちはクロールで泳いで競争優位に立ちましょう"あるいは"平泳ぎを特に強化して競争優位に立ちましょう"などと社長に提案する人と考えればよいでしょう。皆が平泳ぎで泳いでいることが，業界ごとの事業特性に該当します。

なお，システム開発者が IT ストラテジスト試験を受験するときの留意点ですが，IT ストラテジストの視点で論じればよい，ではなくて，初めから終わりまで IT ストラテジストになりきって論述してください。根拠は趣旨に "IT ストラテジストは〜"と書かれているからです。

②設問文に沿って章立てをする

言い換えると，設問文にあるキーワードを解答者の都合で書き換えないということです。章立ての例を次に示します。

第1章　新サービスの企画
　1.1 背景にある事業環境と事業特性
　1.2 DX の取組の概要
第2章　企画した新サービス
　2.1 ターゲットとした顧客とそのニーズ，活用したデータとデジタル技術を含む企画した新サービス
第3章　経営層への提案内容，評価及び改善したこと
　3.1 経営層への提案内容
　3.2 評価と評価を受けて改善したこと

その他に第 1 章，第 2 章を三つの節で構成してもよいでしょう。章立ての例を次に挙げます。いずれにしても，設問文にあるキーワードを含めている点，言い換えると，問われている内容がどこに書いてあるか，採点者が分かりやすい章立てになっていることを確認してください。

第 1 章　新サービスの企画
　1.1　背景にある事業環境
　1.2　事業特性
　1.3　DX の取組の概要
第 2 章　企画した新サービス
　2.1　ターゲットとした顧客とそのニーズ
　2.2　活用したデータとデジタル技術
　2.3　企画した新サービス
第 3 章　経営層への提案内容，評価及び改善したこと
　3.1　経営層への提案内容と評価
　3.2　評価を受けて改善したこと

　以上のような設問文に沿った章立ては趣旨に沿って論じるためには必須と考えてください。
③章立てにあるキーワードを文章で使って論じる
　例えば，第 2 章では，"ターゲットとした顧客は〜"などと，章立てにあるキーワードをそのまま使って論じることが重要となります。簡単なことですが，これができていない論文は多いです。

　これらの内容に従って論じることで，趣旨に沿った論文として採点者から評価されると考えてください。

（3）読みやすい論文

　論文を設計して論述する際に，次の点に留意して論述する必要があります。
①採点者にアピールしたい内容は簡潔に表現
　採点時間は採点者によって異なりますが，皆さんが考えているような時間でなく，もっと短いと考えてください。できるだけ，第三者に分かりやすく簡潔に論じる必要があります。特に設問イにおける施策などの表現において，読んでいて具体的な内容が分かりにくい論文が多いです。
　アピール内容を説明するときは，表現の仕方を工夫するとよいです。次の例から，**概要を説明してから"具体的には〜"と展開している点**を確認してください。
　活用したデータは，診察室に設置したカメラから送られている動画データである。この動画データを分析する際に活用したデジタル技術が音声認識技術と AI

である。具体的には，動画データを，音声認識技術を使って AI が分析して，診療室における，①マイナンバーカードによる本人確認，②患者の体温の測定，③うがい薬による口内の消毒の完了，診療が完了した後は，④次回の診察の予約，⑤電子決済などを確認する。なお，次回の予約では音声認識技術を使って AI と患者が会話をする。

分かりにくいことはあえて書かない，分かりやすい表現の仕方で IT ストラテジストとしての活動，施策，計画などをアピールすることが重要です。

②採点時間がかかる論文は読みにくいという低い評価

筆者は設問文に沿った章立てを推奨しています。問題文の趣旨と設問文から章立てをする方法です。この方法のメリットは，採点者が評価したい内容が論文のどこに書いてあるか一目瞭然であるため，採点時間が短くてすみ，読みやすさという点で高評価が期待できるという点です。設問文に沿った章立て以外の章立ては，どのようなものでしょうか。大雑把に言うと，設問文にない言葉が章立ての中にあるということです。例えば，設問文に沿った章立てでは"2.1 ターゲットとした顧客とそのニーズ"という節になる代わりに，"2.1 コロナ禍における歯科医院の現状"などと章立てをした場合です。

設問文に沿った章立てでは論文が書きにくいという読者がいると考えます。読みやすさという評価項目で採点者から高評価を得たいのならば設問文に沿った章立てを薦めます。

（4）合格論文の書き方の概要

本番の試験では，設問文に沿って章立てをします。次に，設問文を使った章立ての例を示します。いろいろ記入されていますが，設問文に着目すれば，設問文に沿った章立ての仕方が分かるでしょう。「1.2」などと記入している意味は，「第 1 章第 2 節」という章立てであると考えてください。なお，詳細は本書で詳しく説明しています。

論述の方向性としては，自分の経験を当てはめる努力をするより，趣旨に沿って，設問に答えるように，かつ自分の経験や専門知識を使って，問題文の趣旨を膨らませるように書くことです。その際，専門家としての考えや，そのように考えた根拠を採点者にアピールすることが重要です。論文ですから，**①「思う」は使わない，②段落を構成し，段落の書き始めは字下げをして読みやすくする，③行の書き始めが句読点になる場合は，前行の最終の 1 マスに文字と句読点の両方を入れる禁則処理をする，④二重否定を使わない，**などに気をつけましょう。

もう少し，合格論文の書き方について学習してみましょう。論文試験を突破できない論文と突破できる論文の傾向について，図示しながら説明します。

（5）論述式試験を突破できない論文の傾向

　　皆さんの多くが理想とする論文の書き方は，既に経験した，論文の題材となる，ある一つの"投資効果の検討"の事例を，問題文の趣旨に沿いながら，設問ア，イ，ウの内容に合わせるように書くことではないでしょうか。しかし，**現実にあったIT導入企画の内容を，論文に当てはめようすると，企画チームなどが置かれた状況などの説明に時間がかかり，時間内に書き終え設問には答えていても，問題文の趣旨に沿っていない，合格には難しい論文になる**ことがあります。

　　自分の経験した事例をそのまま書こうとすると，状況説明のための論述に時間がかかって，ITストラテジストとしての能力を十分にアピールできないなどの弊害が生まれます。これについて，少し考えてみましょう。図表1-1に"時間切れになる論文や問題文の趣旨に沿わない論文の書き方"を示します。どうでしょうか。このような書き方をしていないでしょうか。

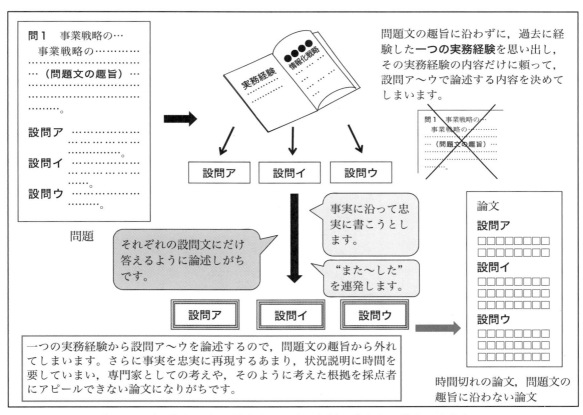

図表1-1　時間切れになる論文や問題文の趣旨に沿わない論文の書き方

（6）論述式試験を突破できる論文の傾向

　論述式試験を突破する方法は複数あります。本書では，複数あるうちの一つを紹介しています。

　図表 1-2 に"問題文の趣旨に沿う論文の書き方"を示します。章立てをしながら，設問の内容と，問題文の趣旨の各文章を対応付けします。すなわち，問題文の趣旨を参考にして，各設問で書く内容，すなわち，トピックを決めます。なお，トピックとは，話題，テーマ，論題を意味します。本書では，「IoT の活用による業務革新では，定量的，定性的効果に加え，戦略的効果についての KPI を設定した」など，論述のネタと考えてください。次に，経験に基づいた論文の題材，専門知識を使って，トピックを詳細に書きます。このとき，論文の題材は，皆さんが経験した複数の事例を参考にしてもよいでしょう。なお，論文としての一貫性については，設計時ではなく，論述の際に確保します。

　多くの過去問題の設問イでは，後半に合格を決めるポイントがあります。したがって，設問イの終盤で専門家としての考えや，そのように考えた根拠を採点者に示すことが重要です。

　その他にも，合格のために皆さんに伝えたいことはたくさんあります。第 2 章以降にも書いてありますので，しっかりと学習しましょう。

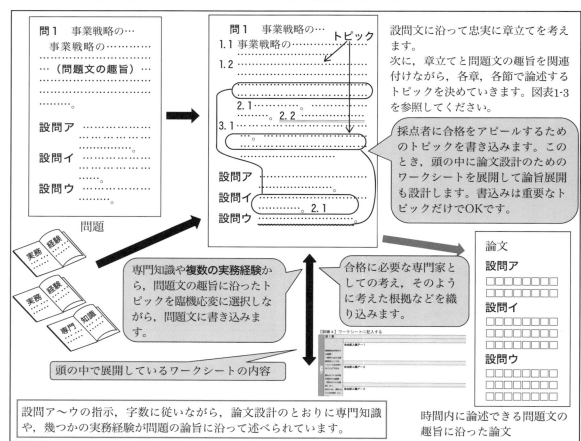

図表 1-2　問題文の趣旨に沿う論文の書き方

（7）学習における効率的かつ効果的な時間の使い方

　　　この項目は，**通信教育で添削してもらう論文を，さしあたって書いてみようと考えている方に向けて**書いてみました。

　　システム開発を企画する際に，現状業務の把握は重要なプロセスです。これを論文の対策に当てはめると，現状の皆さんの力で論文を書いてみたくなる気持ちは分かります。でも，「さしあたって論文を書いてみる」ことだけはやめてください。時間の浪費です。

　　本書では論述テクニックを習得して論述式試験を突破することを目指しています。筆者は，その論述テクニックの習得プロセスには，①論述テクニックを説明できる，②論述テクニックを使うことができる，③論述テクニックを使って合格できる，という三つのプロセスがあると考えています。さしあたって書くということは，これらのステップのいずれにも該当しません。つまり，さしあたって書いても，効果的に能力が向上しないということです。

　　本書を読んでから，論文を書いた場合を考えてみましょう。本書を読んだという時点で「①論述テクニックを説明できる」というステップに達しています。その上で書くということは，「②論述テクニックを使うことができる」ということにトライしていることになります。「③論述テクニックを使って合格できる」に近づいていますよね。

　　もし，あなたが，さしあたって論文を書いてみたいと思ったら，思いとどまってください。時間の許す限り，しっかりと本書の演習をしてから書いてみてください。その方が論述式試験の突破に向けて，効率的かつ効果的です。

コーヒーブレーク
「踊る論文指導」

　初心に戻って勉強しましょう。

　論文を添削していると，本書を読んでいることが分かるアウトプットが他の受講者と違う論文に出会います。そういうときは，本当にうれしい気持ちになります。当然，その受講者は SA を一発合格しました。なぜ，"一発"と分かるのか，合格したのが入社1年目だったからです。

　その受講者に，AU や ST 試験対策を順次行いました。AU は残念な結果でした。ST は結果待ちです。最後に，その受講者の論文を読んだとき，初心に戻って一から勉強してほしい，と思いました。できましたら，皆さんも，一から本書を勉強してみてください。

　後日，ST 合格の連絡がありました。初心に戻ったと確信します。次は PM 合格です。

1.2 大人の学習を後押しする理由をもってみる

　20年以上前ですが，私は「ペン習字」を通信教育で受講したことがあります。結局，字が上手になったのは，私の妻でした。このように大人の学習には，学習の前に解決すべき課題があります。そのお手伝いをしたいと思い，次のトピックを書いてみました。

(1)勉強する気がしないことを克服する
(2)仕事が忙しいことを理由から除外する

　ここではっきりと言います。ここまで読んだだけでも，私よりも皆さんは立派です。理由は，受講中に私はペン習字の本を一度も開かなかったからです。では，(1)，(2)のトピックについて皆さんと一緒に考えてみましょう。

（1）勉強する気がしないことを克服する

　本書を手にしたけど，勉強する気がしないという皆さん，本書を手にした理由を考えてみてください。例えば，次のような理由があるでしょう。
　①会社の上司から「情報処理技術者試験に合格しなさい」と言われたから
　②会社の同期や同僚に受験を誘われたから
　③仕事が暇でやることがないから
　では，このような理由では，なぜ勉強する気がしないのでしょうか。勉強する気がしない理由の共通点として，これらが"外的な要因"である点を挙げることができます。会社の上司，同期や同僚からのプレッシャー，指示や誘い，仕事が暇，これらは外的な要因です。そうです。大人は外的な要因では，学習することができないのです。
　外的な要因では学習意欲がわかないことは分かりましたから，内的な要因を探してみましょう。
　皆さんは，午後Ⅰ記述試験の問題を読んでみて，「解けるようになったら面白そう」，あるいは，「情報処理技術者試験に合格したら，私の人生は変わる」などと思いませんか？　あるいは，「会社に入って，このままでよいのかなぁ」などという心配ごとはありませんか？　このような"興味"，"期待"，"心配"といった感情は，誰からも強制されていない，内なる自分から出た感情です。「情報処理技術者試験に合格して自分の人生を少し変えてみたい」，「客観的に評価される実力を身に付けることで心配ごとを早く解決したい」などの思いは，大人の学習を後押しする"理由"になります。
　皆さん，内なる思いを探して，それを基に大人の学習の理由付けをしてみてください。

（2）仕事が忙しいことを理由から除外する

　筆者の受講者の一人に，自家用車で出社して，帰宅は出社した日の次の日，という方がいました。休日はあったとしても，終日，家事に追われるそうです。確かに勉強する時間がないことは分かりました。話はそれで終わりました。このように，"仕事が忙しくて勉強できない"ことについて他人を納得させても，何も進歩しません。

　本当にそのような状況で満足していますか。内なる思いを探して，それを基に大人の学習の理由付けをしてみてください。

コーヒーブレーク
「踊る論文指導」

　DX白書を読んでいると，DX戦略の立案の始めに"DX推進によって達成すべきビジョンを定める"と書かれています。ビジョンとは，例えば"我々はSDGsのために電池を売りたい"です。その会社では，そのために今は電気自動車を作って売っているそうです。DX時代の今，皆さんもビジョンを定めてはどうでしょうか。

　筆者のビジョンは"芸は身を助ける"です。"芸"とは情報処理技術者試験合格を指します。筆者は30歳の頃，仕事が嫌いで仕方ありませんでした。仕事から逃げるためにシステム監査技術者試験対策講座のDMが目に留まり，その講座を受講することにしました。その後，勤めている会社が買収されて私は解雇されました。そのとき，既に情報処理技術者試験に合格していたので，電子部品製造業出身の私にコンピュータ関連の会社から誘いがありました。当時，一般企業からコンピュータ会社への就職は稀でした。資格があると就職に有利だったのです。ただし，当時，試験対策講座で知り合った方のおかげで今の仕事を副業としていました。そのために，現在に至ります。これが私の"芸は身を助ける"です。

　仕事をしながらの受験勉強は大変です。私もそうでした。皆さんの情報処理技術者試験合格が，困ったときの助けになるかもしれない，いや，きっとなる，と考えて，私は今の仕事をしています。そのために私たちは，頑張って合格を目指したいと考えています。

1.3 情報処理技術者試験のマイナスイメージを払拭してみる

　学習意欲がわかない原因の一つに情報処理技術者試験のマイナスイメージがあるかもしれません。ここでマイナスイメージを払拭しておきましょう。代表的なマイナスイメージを次に列挙してみました。

(1)合格してもメリットがない？
(2)情報処理技術者試験に合格しても仕事ができるとは限らない？
(3)情報処理技術者試験なんて流行らない？

　それぞれ，次のように考えてマイナスイメージを払拭してみましょう。

（1）合格してもメリットがない？

　情報処理技術者試験に合格していると，どのようなメリットがあるのでしょうか。ある事例を基に考えてみましょう。

　A 係長の上司 B 課長は「A 係長は A ランクの仕事ができる」と評価して課長昇進を推しています。一方，X 係長の上司である Y 課長は「X 係長は A ランクの仕事ができる」と評価して課長昇進を推しています。A 係長か X 係長かのどちらか一人を課長に昇進させることになりました。昇進の判断は B 課長と Y 課長の共通の上司である Z 部長がします。さて，Z 部長はどのように判断するでしょうか。

　この場合，A 係長と X 係長のどちらが課長に昇進しても，B 課長と Y 課長との間などに心理的なわだかまりが残りそうです。Z 部長はこの点を考慮しなければなりません。ここで“仕事ができる”などの評価は，会社などの組織における，“組織内部からの主観的な評価”である点に着目します。

　情報処理技術者試験に合格すると“組織外部からの客観的な評価”を得ることができます。仮に，A 係長だけが情報処理技術者試験に合格しているとします。このケースでは，「どちらも優秀であり，甲乙つけがたいが，A 係長は情報処理技術者試験に合格しており……」という話の展開ができ，心理的なわだかまりも減らすことができそうです。

　以上のように情報処理技術者試験に合格しておくと，“人生の岐路や節目に役立つ，あるいは，有利に働くことがある”ということがいえます。合格のメリットは，実際には目立たないですが，役立つポイントが人生の岐路や節目なので，長い目で考えれば絶大なメリットといえます。

　皆さんの会社や組織でヒアリングして，年収と情報処理技術者試験の合格の関係を調べてみてください。

　もう一つ，合格のメリットについて説明してみます。

　皆さんの中には，仕事はあって当然と思っている方もいるかもしれませんが，筆者のような世代になると，仕事があるということは重要です。皆さんにとっても，それは同じと考えています。仕事をしてお金を稼ぎたいと考えているときに，仕事があるということは重要です。

　私が担当している企業の教育担当者は，「情報処理技術者試験に合格していないと，スキルが高くて経験があっても，顧客から十分な金額をいただけない」，「スキルも経験もこれからだが，情報処理技術者試験に合格していると，顧客から信用してもらえる」と言います。この会社では，情報処理技術者試験に合格していると，有利に仕事にありつけることが分かります。一方，情報処理技術者試験を考慮しない会社もあると思います。

　ここで言いたいことは，長い人生において，情報処理技術者試験に合格していると仕事にありつける可能性が高い，ということです。合格証書は一生ものです。今はメリットがないかもしれません。長い人生の中には「あのとき，試験に合格しておいてよかった」と感じる日が訪れるかもしれません。

　情報処理技術者試験に合格すると，一時金がもらえる会社が多いと思います。会社によっては基本給がアップすることもあります。そうなると，残業代やボーナスもアップします。システムアーキテクト試験，IT ストラテジスト試験，IT サービスマネージャ試験など，試験区分によって異なる会社もありますから，しっかりと調べておくとよいでしょう。

（2）情報処理技術者試験に合格しても仕事ができるとは限らない？

　筆者は，情報処理技術者試験に興味をもち始めた 1987 年ごろから「情報処理技術者試験に合格していても仕事ができるとは限らない」，「A さんは情報処理技術者試験に合格しているのに仕事ができない」という意見を聞きます。例えば，筆者の知人に汎用コンピュータの OS を開発していた方がいて，そのような意見を私に漏らしていました。当然，私は聞き流していました。

　その方が現場を離れて人事担当になったときです。「岡山さん，情報処理技術者試験の合格者の輩出，本当に，よろしくお願いします」と，深々と頭を下げて私に言いました。ここで言いたいのは，"情報処理技術者試験に対して否定的な意見というのは，意見を言う人の立場によって，コロコロと変わる程度のもの"ということです。本書を手にしている皆さん，しっかりと学習して合格し，合格のメリットを享受できるようにしておきましょう。

（3）情報処理技術者試験なんて流行らない？

　　情報処理技術者試験の全盛期には，試験区分別に合格者のネームプレートを作成して，目立つ場所に展示している会社がありました。経営者が情報処理技術者試験の合格者数に着目していた時代です。確かに，その頃と比べると盛り上がりが足りません。

　　しかし，皆と違うことをすると，予想外のメリットを享受できるのも事実です。筆者の家族に，保健学博士がいます。その保健学博士が言うには，「医学博士や工学博士に比べて保健学博士は人数が少ないので，学部の新設時などに重宝される」ということです。情報処理技術者試験なんて流行らないと思って合格を先延ばしにしていると，大きなチャンスを逃しかねないのです。

　　現在もシステムの発注時に，受注側のプロジェクトメンバに必須となる情報処理技術者試験の試験区分別の合格者数を指定して，それを発注条件に入れる組織があります。情報処理技術者試験に合格しておくことで，あなた自身の実績価値を更に高めることができるのです。

コーヒーブレーク
「踊る論文指導」

　　もし，皆さんが情報処理技術者試験の合格手当を毎月もらえる会社に勤務していたとしましょう。その場合，標準報酬月額が上がります。情報処理技術試験の収入上昇分の何割かは，年金として皆さんが生きている限りもらえるのです。仮にシステムアーキテクト試験合格の手当が月5千円，年間6万円の収入とします。年金としては半分の年間3万円とします。これだけの年金をもらうには，概算すると，筆者の年齢では一括60万円払う必要があります。

　　以上，会社から手当としてもらって，退職後も，年金としてもらえるというおいしい話でした。

1.4 "論文なんて書けない" について考えてみる

　多くの受験者の方は，午後Ⅱ論述式試験の試験問題を読むと，"書けない"，"解けない"，"無理"と思ってしまうと思います。このような印象を"よし"として，受け入れてしまってください。これから本書を活用して学習したとしても，本番の試験のときに初めて見る試験問題に対して，今と同じように，"書けない"，"解けない"，"無理"と思うはずです。それでよいのです。

　では，本書を活用して学習した結果，何が変わるのでしょうか。それは"専門家として考えをアピールできる点"です。本書で解説している論述テクニックを活用して，本番の試験では，初めて見る試験問題に対して，"書けない"，"解けない"，"無理"と思いながらも，一生懸命考えながら合格論文を仕上げることができるようになりましょう。

　本書の前身は，午後Ⅱ論述式試験のある複数の試験区分の情報処理技術者試験を対象とした一冊の本でした。その本を一冊購入すると，システムアーキテクト試験，ITストラテジスト試験，ITサービスマネージャ試験など，全ての試験区分の論述式試験をフォローすることができました。ここで言いたいことは，午後Ⅱ論述式試験突破のコツは，複数の試験区分の情報処理技術者試験に共通しているということです。実際に，ある会社のシステムアーキテクト試験の合格者は，翌年に行われたプロジェクトマネージャ試験に2年連続で全員合格していました。その午後Ⅱ論述式試験に共通する合格のコツを本書から学び取りましょう。

　論文を書けない理由として，次のトピックについて考えてみます。

(1)経験がないから書けない
(2)論文に書くネタがないから書けない

　なお，これらの他にも，字が汚いから自信がない，などありますが，字は汚くとも読めれば問題ありません。

（1）経験がないから書けない

　論文の書き方が分からない方は，"急がば回れ"です。本書の演習を飛ばさずに，始めから取り組み，論述テクニックを習得してみましょう。大変ですが，論文の書き方には共通点があります。苦労しても習得してしまえば，他の試験区分の受験勉強も楽になります。

　"経験がないから書けない"について書いてみましょう。大丈夫です。実は，実務経験は必須ではありません。

　筆者が試験対策を担当する会社では，入社する前から勉強を始めて，システムアーキテクト試験，プロジェクトマネージャ試験，ITストラテジスト試験，システ

ム監査技術者試験に連続合格という方が現れます。論述式試験は，実務経験が十分になくとも，論述テクニックを駆使して専門知識を基に書けば突破できます。

　本書の第1部では論述テクニックを，第2部では事例を紹介していますので，それらを専門知識として論述に活用するとよいでしょう。

（2）論文に書くネタがないから書けない

　論文を書くネタは，皆さんがもっている事例の詳細，問題文の趣旨，専門知識から，本試験の場で，一生懸命考えます。その作業を支援するのが論述テクニックです。ネタはその場で考えることもあるでしょうが，事前に用意することも大切です。次の例のように，"定量的な費用対効果の根拠を示して経営者から承認を得るという課題"など，課題を明示してから，検討した内容を書くように整理しておくと，本試験の場で活用しやすくなります。

　ITを活用した業務改革を提案する際，定量的な費用対効果の根拠を示して経営者から承認を得ることが課題となった。そこで私は，次のように説明しようと考えた。
①事業課題の鳥瞰図化
　　事業課題における現状と将来の見通しについて，業務改革メンバ間，及び，業務改革メンバと経営者間，それぞれにおいて誤解があると，業務改革は失敗すると考えた。共通の意識をもつことは重要である。そこで私は，経営課題を鳥瞰図のようにまとめて，経営課題などに関する意識の共有化を行った。
②メリットやリスクを踏まえた改革案の複数提示
　　事業課題の鳥瞰図化においてはITの活用におけるメリットを示しているが，メリットを享受するためにはリスクもある。そこで，業務改革に必要なコスト，経営課題解決のスピード，など，それぞれを重視した際のメリットやリスクを踏まえた改革案を複数提示することにした。
③活用するITの費用を加えたキャッシュフローの提示
　　改革案ごとのメリットのうち，定量化できるものをキャッシュインとして捉え，ハードウェアを含めたシステム開発費用，利用者の教育費用，データ移行費用，ランニング費用などを算出してキャッシュアウトとして捉え，各案のスケジュールに沿った，キャッシュフローを作成した。
以上の根拠に加えて，システム化の効果の定量化に関する詳細な説明を用意して定量的な根拠とした。

　このような論文ネタは，専門雑誌から収集することができます。なお，このようなネタを中心に本書に書いてしまうと，試験委員も読んでしまい，何らかの対策が講じられます。結果として，本を読んでも合格できない要因になってしまいます。面倒ですが，各自で収集してみてください。ただし，本書では，収集の仕方の例を示しておきます。一つの収集方法としては，記述式問題から収集する方法がありま

す。本書では第1部第7章で，記述式問題を使った論文ネタの収集について詳しく
説明しています。

1.5 本書の第一印象を変えてみる

　本書のページをめくったときの第一印象が悪いと，本書との出会いを有効に生かせず残念なことになります。本書を開くことも，何かの縁ですから，筆者としては，最後までしっかりと訓練して，皆さんに論述テクニックを習得してほしいです。英文の提案書を書くときに使っていたテクニックを流用しているので，実務でも役立つと考えています。

(1) 論述テクニックの例を見てみる

　本書をめくるとワークシートの記入などについて書かれていて，"本番の試験向けのテキストではない"という第一印象をもつ方がいます。ワークシートは"ただの論旨展開のひな型"です。簡単に頭の中に入ってしまいます。論旨展開のひな型が頭に入ると，問題文を使った論文設計ができるようになります。

　平成 29 年秋午後Ⅱ問 1 の論文設計の例を図表 1-3 に示します。なお，受験中に書いたものであり，第三者に分かるように書いたものではありませんから，内容については今の時点では分からないと思います。本書の演習を終えた時点で，7 割ぐらい分かると思います。残りの 3 割は設計内容ですから，私の頭にあるひな型の中にあります。

　これなら，解答とともに 2 時間内に書ける設計内容だと，納得してもらえるはずです。

(2) "論文を難関とは思っていない"という考えを変えてみる

　セミナーでは，"論文がある他の試験に合格しているから，論文を難関とは思っていない"という人がいます。それでは本書との縁が台無しになってしまいます。読んでもらえません。

　提案させてください。この本を手にしているのですから，以前の成功体験は忘れて，この本に書かれている論述テクニックを習得して合格してみてはいかがでしょうか。

　既にシステムアーキテクト試験，システム監査試験などに合格している方が，IT サービスマネージャ試験の試験対策講座を受講したときの話です。「今回は，岡山先生の合格方法で合格してみたいと思います」と言っていました。いろいろな合格方法があり，筆者はそのうちの一つの方法を教えています。この受講者のように，自分の中にいろいろな引き出しをもつという姿勢は大切です。過去の成功体験は隅に置いておいて，筆者がこの本に書いている論述テクニックを，皆さんの引き出しの一つにしてやってください。

問1

IT 導入の企画における投資効果の検討について

〔ア〕アパレルメーカの直営店におけるタブレット導入

企業が経営戦略の実現を目指して，IT 導入の企画において投資効果を検討する場合，コスト削減，効率化だけでなく，ビジネスの発展，ビジネスの継続性などにも着目する必要がある。IT 導入の企画では，IT 導入によって実現されるビジネスモデル・業務プロセスを目指すべき姿として描き，IT 導入による社会，経営への貢献内容を重視して，例えば，次のように投資効果を検討する。

（欄外：サイクルタイム ↓ KPI (2week) 2.2）

・IoT，ビッグデータ，AI などの最新の IT の活用による業務革新を経営戦略とし，売上げ，サービスの向上などを目的とする IT 導入の企画の場合，効果を評価する KPI とその目標値を明らかにし，投資効果を検討する。

・商品・サービスの長期にわたる安全かつ持続的な供給を経営戦略とし，IT の性能・信頼性の向上，情報セキュリティの強化などを目的とする IT 導入の企画の場合，システム停止，システム障害による社会，経営へのインパクトを推定し，効果を評価する KPI とその目標値を明らかにし，投資効果を検討する。

（欄外右：企画から販売までのサイクルタイムリダクション 売上UP 店舗の売場 タブレット）

（欄外左：KPIと経営戦略との整合性 2-1 3.1）

IT ストラテジストは，IT 導入の企画として，IT 導入によって実現されるビジネスモデル・業務プロセス，IT 導入の対象領域・機能・性能などと投資効果を明確にしなければならない。また，期待する投資効果を得るために，組織・業務の見直し，新しいルール作り，推進体制作り，粘り強い普及・定着活動の推進なども必要であり，IT 導入の企画の中でそれらを事業部門に提案し，共同で検討することが重要である。

あなたの経験と考えに基づいて，設問ア～ウに従って論述せよ。

（欄外右：①追加生産✕ ②生地メーカとの体制作り）

設問ア あなたが携わった経営戦略の実現を目指した IT 導入の企画において，（事業概要），（経営戦略），（IT 導入の目的）について，（事業特性）とともに 800 字以内で述べよ。 *1.2 1.3*

（欄外右：1.1 2.1）

設問イ 設問アで述べた目的の実現に向けて，あなたはどのような IT 導入の企画をしたか。また，ビジネスの発展，ビジネスの継続性などに着目した投資効果の（検討）として，あなたが重要と考え，工夫したことは何か。（効果を評価する KPI）とその目標値を明らかにして，800 字以上 1,600 字以内で具体的に述べよ。 *2.2 2.2*

（欄外右：2.2）

設問ウ 設問イで述べた IT 導入の企画において，期待する投資効果を得るために，あなたは（事業部門にどのようなことを提案）し，それに対する（評価はどうであったか。評価を受けて改善）したこととともに 600 字以上 1,200 字以内で具体的に述べよ。 *3.1 3.2*

（欄外右：改善 小まめな追加生産）

図表 1-3　受験中に書く論文設計の例

第2章

論述式試験を突破する

　本章の 2.1 では，論述式試験について概要を説明します。

　次の 2.2 では，採点者の立場になって論述式試験を考えてみましょう。"一方的に設問の問いに答えるように書いた論文"と"採点者の立場を知った上で書いた論文"では，得点に違いが現れるのは明らかです。

　後半では，論文の採点基準や採点方法について説明しています。採点する側の立場を理解した上で論述すると，"合格"も更に近づいてきます。

論述式試験とは何なのか

ここでは論述式試験についての概要を 5W2H で説明します。なお，試験の実施形態については，独立行政法人 情報処理推進機構（以下，IPA という）のホームページなどで，最新の情報を確認するようにしてください。

（1）What：論述式試験とは何なのか

①IT ストラテジスト試験の実施形態

試験の実施形態を図表 2-1 に示します。

午前 I 9:30～10:20 （50 分）	午前 II 10:50～11:30 （40 分）	午後 I 12:30～14:00 （90 分）	午後 II 14:30～16:30 （120 分）
多肢選択式 （四肢択一） 30 問出題 30 問解答 （共通問題）	多肢選択式 （四肢択一） 25 問出題 25 問解答	記述式 4 問出題 2 問解答	論述式 3 問出題 1 問解答

図表 2-1　試験実施形態

午後 II 論述式試験（論文）の前に実施される，午前 I 多肢選択式試験，午前 II 多肢選択式試験，午後 I 記述式試験は，足切り試験と考えてください。例えば，午前 I 多肢選択式試験を 60 点以上得点すれば，午前 II 多肢選択式試験の解答は採点されます。60 点未満ならば，それ以降の試験の解答は採点されません。なお，午前 I 多肢選択式試験には，免除制度があります。詳しくは IPA のホームページで確認してください。

各試験形態の突破率については，免除制度があるために，試験実施年度によって異なります。

②午後 II 論述式試験（論文）の実施形態

午後 II 論述式試験（論文）では，3 問中から 1 問を選択して 120 分以内で解答することが求められます。試験では，問題冊子と答案用紙が配られます。

問題冊子には注意事項が記載されており，その中で最も重要なことは，**「問題文の趣旨に沿って解答してください」**という文章です。**設問に沿って論述するだけでは問題文の趣旨に沿わない論文になる**こともあるので，注意が必要です。

答案用紙では，設問ア，設問イ，設問ウの書き始める場所が指定されています。答案用紙については，**試験開始前に開いてよいことを確認した上で，解答箇所を確認するようにしてください。**

（2）Who：誰が採点するのか

　論文は試験委員が採点します。試験委員の名前は IPA のホームページに公表されていますので，確認してみてください。知っている名前があるかもしれません。

　同様に IPA のホームページに公表されている試験委員の勤務先分類別人数一覧を図表 2-2 に示します。多くは一般企業です。したがって，**試験委員の方には実務家が多い**といえます。

勤務先分類	人数	
情報通信業	267	60.4%
（うち情報サービス業）	245	55.4%
製造業	54	12.3%
（うち情報通信機械器具製造業）	26	5.9%
教育，学習支援業	39	8.8%
サービス業	39	8.8%
金融・保険業	12	2.7%
その他	31	7.0%
合計	442	100.0%

・この勤務先分類別人数一覧は，総務省統計局統計センターの"日本標準産業分類"
　に従って勤務先を分類し，全試験委員を対象に集計したものです。
　（令和 4 年 5 月 1 日現在）

図表 2-2　試験委員の勤務先分類別人数一覧

　ここで，図表の教育，学習支援業に着目してください。このような試験委員の多くは大学の教授やそれに準ずる方（以下，大学の教授という）と考えています。私は，**大学の教授**は論文の採点には厳しい視点で臨むと認識しています。そのように考える根拠は，私の知っている大学の教授は，大学の教え子の書いた修士論文を添削して"一面真っ赤"にしていたらしいからです。もちろん，その大学の教授は，かつて試験委員でした。

　本書では，論文の体裁について，細かすぎる指示をしていると思う方もいるかもしれません。**私の知っている大学の教授が採点しても，論文の体裁上は問題のないように，本書では論文の書き方を細かく指示をしています。**

　試験対策のセミナでは，受講者から「そのような細かいことをしなくとも，他の試験区分の論述式試験を突破できた」という意見をいただくことがあります。合格したときの採点者は実務者であったかもしれません。いつも実務者が採点するとは限りません。年に 1 回しか実施されない試験です。**どのような採点者であっても，合格できるようにしておきましょう。**

Point ここが ポイント！！！！！！

★細かいことであっても論文の体裁を十分に整えて，論文に厳しい**大学の教授**が採点しても，午後Ⅱ論述式試験を1回目で突破できる論文を書きましょう。

★採点者である試験委員は，試験関連以外にも実務をもっていて多忙です。試験委員は貴重な時間を使って，問題を作り，解答を採点します。したがって，受験者も，試験委員に協力して採点しやすい解答を作成することが，合格への第一歩です。

（3）Why：なぜ，論述式試験があるのか

　受験者が，対象者像に合致して，業務と役割を遂行でき，期待する技術水準に到達していることを確認するために論述式試験を行います。図表 2-3 に IPA 発表の対象者像及び業務と役割を示します。

　ここで"対象者像"について考えてみましょう。「高度 IT 人材として確立した専門分野をもち，企業の経営戦略に基づいて，ビジネスモデルや企業活動における特定のプロセスについて，情報技術（IT）を活用して事業を改革・高度化・最適化するための基本戦略を策定・提案・推進する者」とあります。"企業の経営戦略"とか，具体的な内容がよく分からない言葉が使われていますが，これは経営者が定義する内容なので，その内容を理解できれば問題ありません。これを読んで，あまり難しく考えることはありません。心配しないでください。

　論文ではこれらの業務と役割が遂行できることを採点者にアピールすることが重要です。したがって，**絶対に"今後，～をできるようになりたい"などと書かない方が無難です。"業務と役割"に書かれている内容を，受験した時点において遂行できないことを採点者にアピールしない**ことです。

　ここで"業務と役割"の①について考えてみましょう。「業種ごとの事業特性を踏まえて，経営戦略の実現に向けた IT を活用した事業戦略を策定し，実施結果を評価する」と記述されています。ここでは"業種ごとの事業特性"が重要です。例えば，航空機産業では商品単価が高いために受注生産を採用していたとしましょう。大型ジェット旅客機を想像してみてください。"商品単価が高いために受注生産を採用"という内容が"航空機産業の事業特性"と考えればよいでしょう。

　ここで"情報技術（IT）"について考えてみます。もし，受注生産を採用しているという事業特性をもつ航空機産業において，情報技術（IT）を活用することで，

見込生産に切り替えることができたらどうでしょうか。受注後の納期が見込生産の方が短いので，競争優位に立てると思いませんか。このような情報技術（IT）を活用することで，競争優位に立つ戦略を考えるのが IT ストラテジストの仕事と考えてください。したがって，適切に業種ごとの事業特性を論じることができ，かつ，競争優位に立つための情報技術を論じることができれば，合格の可能性は高くなります。

対象者像	高度IT人材として確立した専門分野をもち，企業の経営戦略に基づいて，ビジネスモデルや企業活動における特定のプロセスについて，情報技術（IT）を活用して事業を改革・高度化・最適化するための基本戦略を策定・提案・推進する者。また，組込みシステム・IoTを利用したシステムの企画及び開発を統括し，新たな価値を実現するための基本戦略を策定・提案・推進する者
業務と役割	ITを活用した事業革新，業務改革，革新的製品・サービス開発を企画・推進又は支援する業務に従事し，次の役割を主導的に果たすとともに，下位者を指導する。 ①業種ごとの事業特性を踏まえて，経営戦略の実現に向けたITを活用した事業戦略を策定し，実施結果を評価する。 ②業種ごとの事業特性を踏まえて，事業戦略の実現に向けた情報システム戦略と全体システム化計画を策定し，実施結果を評価する。 ③情報システム戦略の実現に向けて，個別システム化構想・計画を策定し，実施結果を評価する。 ④情報システム戦略の実現に向けて，事業ごとの前提や制約を考慮して，複数の個別案件からなる改革プログラムの実行を管理する。 ⑤組込みシステム・IoTを利用したシステムの開発戦略を策定するとともに，開発・製造・保守などにわたるライフサイクルを統括する。

図表2-3　IPA 発表の対象者像及び業務と役割

（4）When：いつ採点するのか

　前述の試験委員の説明から実務家が多いことが分かりました。したがって，平日の仕事を終え夕食を取って，19 時ごろから始め，終電のある 23 時ごろまで採点すると考えています。

　ここで 19 時と 23 時では採点者のコンディションに違いがあり，23 時の方が集中力は落ちていると考えるのが妥当です。一方，**採点者は論文において専門家としての考えや根拠を高く評価します。なぜならば，問題文の趣旨に "あなたの経験と考えに基づいて，設問ア～ウに従って論述せよ" と必ず全ての問題に書いてある**からです。これらの点を踏まえ，本書では，**"～ため" という表現よりも，集中力が落ちていても考えや根拠を示していることが分かりやすい "～と考え" や "なぜならば，～"という表現を推奨**しています。

（5）Where：どこで論文を採点するのか

　　試験委員は，セキュリティが確保された会議室のような場所で採点を行うと考えるのが妥当です。採点者全員がデスクライトを使っているとは限りません。更に，長時間の採点で目が疲れます。したがって，**論文は大きな字で，適切な筆圧で濃く書く**ことが重要です。

　　コピーされた答案用紙を採点することも考えられます。したがって，**コピーに負けない濃い字で書く**ようにしましょう。

（6）How：どのように採点するのか

　　IT ストラテジスト試験では，多くの問題において，設問イの後半部分が IT ストラテジストとしての考えをアピールする重要ポイントです。設問イの後半に採点者へのキラーメッセージが書いてあれば，最初の合格ポイントを無事にクリアしたことになります。ここで言う**キラーメッセージとは，採点者が"これが書いてあれば合格"と判定する"専門家としての考えや，そのように考えた根拠"**です。

（7）How many：どのくらいの時間をかけて採点するのか

　　2 時間で書かれた論文を，採点者は 30 分くらいで採点するのだろうと，皆さんは思っているかもしれません。採点時間に関して，いろいろな人の話を聞くと，驚くほど短い時間で採点しているようです。したがって，その短い時間内に専門家としての能力を採点者にアピールする書き方をする必要があることが分かります。

　　前述のとおり，本書では，専門家としての考えや，そのように考えた根拠を採点者に示すために"～ため"という表現よりも，"～と考え"や"なぜならば，～"という表現を推奨しています。採点者が，終電を気にしながら，もう一部，論文を採点するケースを考えてみましょう。"～ため"と書いていると見落としやすいのですが，"なぜならば，～"と表現していると，目立つので，考えや根拠を示している箇所が採点者に分かりやすくなり，高い評価を得やすくなります。

　　採点者に合格論文であることをアピールするキラーメッセージは"なぜならば，～と考えたからである"，"なぜならば，～を根拠に～と考えた。"などと表現するとよいでしょう。

2.2 採点者を意識して論述する

　筆者は，採点もコミュニケーションの一種であると考えています。採点は双方向ではなく一方向ですが，答案用紙に書かれた解答によって，採点者の評価を"未定"から"合格論文"あるいは"不合格論文"に変えるからです。

　コミュニケーションでは，例えば，第一印象が大切です。したがって，採点者を意識して作成した解答と，そうではない解答では，得点に違いが表れると考えてよいでしょう。では，採点者を意識するには，どのようにすればよいかを考えてみます。

（1）採点者に気持ちよく採点してもらう

　試験委員には実務家が多く，多忙だということが分かりました。これはつまり，採点者に気持ちよく採点してもらう必要があるということです。具体的にはどのようなことか，考えてみましょう。

①　清潔な答案用紙を提出する

　採点する際に，答案用紙の間に消しゴムの消しカスや頭髪が挟まれたままになっていたら，どうでしょうか。誰だって，そのような答案用紙を読んで，気持ちよく採点することはできません。論述後は，答案用紙の間のごみを取って，清潔な答案用紙を提出しましょう。

②　濃い大きい字で書く

　試験の運営上，答案用紙はコピーを取ってから採点されるかもしれません。採点者は，実務が終わってから採点作業に入ります。したがって，目が大変疲れます。コピーしても読みやすい濃い字で，疲れても見やすい大きい字で書くようにしましょう。

③　短い文章で書く

　長い文章は，理解するのに時間がかかります。接続詞を少なく，短い文章で書くと，読みやすい文章になります。

④　問題に沿って，答えていることを明示する

　読んでいる文章が，どの問いに対するものなのか分からないときがあります。これでは採点に時間がかかります。気持ちよく採点してもらうためには，どの問いに対する文章なのかを明示するために「章立て」をする必要があります。「章立て」の方法については後述します。

⑤　不要な空白行の挿入や，過剰なインデントの設定をしない

　設問イとウが指定した字数を少し超えたような解答の場合，採点者は，減算する字数をカウントします。不要な空白行の数や過剰なインデントの字数を数えるのです。減算して設問イとウが指定した字数以上でない場合は不合格にします。これでは，効率的な採点はできません。不要な空白行の挿入や，過剰なインデントの設定をしないようにしてください。

（2）採点者に安心して採点してもらう

　これから，合格レベルの論文の書き方について学習していきますが，論文を読んでいて，「この論文を書いた受験者には対象者像にふさわしいという以前に改善すべき点がある」と思うことがあります。次の点には「絶対に」注意してください。

①　プロフェッショナルらしい質問書を書く

　試験を開始すると，最初に答案用紙の先頭に添付してある“論述の対象とする構想，計画策定，システム開発などの概要”，あるいは“論述の対象とする製品又はシステムの概要”（以下，質問書という）に答える必要があります。この質問書において，「答えない項目」がある，「分からない」を選択する受験者がいます。上級エンジニアである IT ストラテジストが，システムの開発期間や費用を「分からない」では，合格できないと考えてよいでしょう。

　質問書を軽視しないで，プロフェッショナルらしさを採点者に与える回答に仕上げてください。

Point ここが ポイント！！！！！！！

★1人月の単価を妥当な金額にしておく

　質問書の一つのポイントとして，システム開発の規模における，総開発工数と開発費総額の関係があります。開発費総額において，「ハードウェア費用を含まない」を選択した場合，開発費総額を総開発工数で割ると，1人月の単価が出てきます。筆者は，これをチェックします。多分，採点者もチェックするでしょう。これが60万円から200万円くらいの間になるのが一般的と考えています。

★“質問書の記入”を受験番号の記入や問題番号の選択と同様に重要と考える

　アイテック公開模試の午後Ⅱ答案を採点する際，筆者は質問書の記入漏れを確認して問題がなければ“OK”と記入します。稀ですが“OK”ではなく，“Good”と記入してしまうことがあります。質問書を読んでいて解答者の合格への気合を感じて書いてしまいます。したがって，“Good”の判定基準を説明してくださいと言われても，具体的には説明できません。

　本試験の採点者は，質問書から午後Ⅱ論述式試験における合否判定の第一印象を得ます。質問書の記入を後回しにして，記入を忘れてしまった場合を想定してみてください。採点者の第一印象は“不合格”となるでしょう。本試験では，受験番号の記入や問題番号の選択と同様に，質問書の記入についても見直すようにしてください。

② ある漢字について，誤字を書いたり，正しい字を書いたりの混在をしない

　他人に文章を読んでもらう際に，書いたものを読み直して，必要に応じて修正するのは，社会人としての基本的なエチケットです。一つの論文の中で，ある漢字について，誤字を書いたり，正しい字を書いたりすることは，読み直しをしていないことを証明しています。問題に書いてある漢字を間違えることも同様です。基本を守れない受験者は合格できないと考えてください。

③ 問題文に書かれている漢字を別の漢字やひらがなで書かない

　基本的な注意力がない受験者と判断されても，仕方がありません。読み直しの際には，問題文を読んでから論文を読むとよいでしょう。

④ 自分の専門分野のキーワードの字を間違えない

　情報セキュリティに関する論文において「暗号」を「暗合」と書いたり，病院の医療システムを題材にした論文で「看護」を「患護」と書いたりして，自分の専門分野のキーワードの字を間違えて書いている論文があります。このような誤字がある論文は，採点者に対して「本当に専門家なのか」という不信感を抱かせます。

⑤ 最後まで，一定の「ていねいさ」で字を書く

　だんだん字が荒くなっていく論文を読んでいると，採点者は論文に不安定さを感じます。内容がよくても，不安定さを感じる論文に合格点をあげることはできません。一定の「ていねいさ」で字を書くようにしましょう。

（3）採点についての誤解を解く

　最後に，採点者や論文への誤解について説明します。

　理想は字がきれいで，設問ア，イ，ウで 2,800 字程度の論文が書けることです。しかし，そのような論文でなくとも，合格レベルの論文は多数あります。内容で勝負しましょう。

① 字がきれいでないと合格できないという誤解

　字がきれいに書けなくても，採点者はしっかり読んでくれます。採点者には，教育に携わる方も多くいます。したがって，人を教育するという観点から解答を採点してくれます。字をきれいに書くのが苦手な方も，ぜひ，論文にチャレンジしましょう。

　筆者は字がきれいではありません。20 名の受験者がいるとすると，1 名いるかどうかという低いレベルです。しかし，事実として論述式試験に複数回合格しています。おそらく，**筆者の字が「デッドライン」**と推測されます。本書には筆者の字が掲載されていますから，その「デッドライン」を確認して安心してください。偶然ですが，筆者が知っている試験委員や採点者の中には筆者レベルの字を書く方もいます。きれいな字ではなくても OK ですが，読んでもらえる字を書く必要はあると思われます。

② 成功談を書かないと合格できないという誤解

　論文は成功談を書くことが当たり前のようです。ただし，筆者を含めて多くの先生が「厳しく評価して問題点を今後の改善したい点に論旨展開する」ということを基本的に推奨します。筆者もこのような展開で論述し，合格しています。

　失敗談でも，**きちんと問題点を挙げて，解決の方向性を示している論文は，読んでいて気持ちがいいです。**本当のことを書いている，本音で書いているという気持ちになれるからです。逆に，要求定義など，難易度が高い局面に関する評価を"十分満足のいく成功を収めた"と書かれると，読んでいて疑問に感じます。

Point ここが ポイント！！！！！！！！

★評価では，高度の情報処理技術者の視点の現れ，視座の高さを示せ

　　以前に入手した情報処理技術者試験のガイドブックによると，採点者の方は，受験者の論述から，「成功した」，「うまくいった」という気持ちが分かるそうです。また，成功した事例を探して論述しているかもしれないと考えるそうです。しかし，中には，これでどうして成功するのか分からないような論述に出会うこともあるそうです。「○○は問題にならなかったのだろうか」と疑問点に気付くことも多いそうです。

　　それらの課題を冷静に見つめて，論述した事例では問題にならなかったが，改善が必要だと認識した事項について淡々と書かれていると，「そうだよね。よく気が付いたね」と共感を覚えながら読むことになるそうです。これが，高度の情報処理技術者の視点の現れであり，視座の高さであろうと言っています。

③ 設問ア，イ，ウで 2,800 字程度書かないと合格できないという誤解

　合格者が 2,800 字論述していた経験を根拠にして，このようなことが書いてある本が多いのは事実です。筆者の著書でも同様のことを書いていました。しかしながら，字数については，問題冊子に書いてあるとおり，設問アが 800 字以内，設問イが 800 字以上 1,600 字以内，設問ウが 600 字以上 1,200 字以内書いてあれば，合格圏内と考えてください。ただし，**空白行や過剰なインデントについては減算**されますから，余裕をもった字数で論文を書き上げることは大切なことです。

④ 設問ア，イ，ウで 2,800 字程度書くと合格できるという誤解

　2,800 字クラスの論文を 2 時間で書ける受験者の合格率は，経験からいうと高いです。しかし，3,200 字程度の論文を 2 時間で書き上げても合格できない受験者がいることも事実です。このような受験者に共通している点は，論文が冗長的であるという点です。すなわち，対策を選択した根拠などで，いつも同じことを

書いているということです。このような論文にならないためには，しっかりとした論文設計や，**重要なこと以外は繰り返して書かない**などの注意が必要となります。

⑤　設問アは800字の最後の行まで書かなければならないという誤解

　　筆者が20年以上前に論文指導を受けた際に，講師は，"設問アは800字の最後の行まで書かなければならない。なぜならば，自分が担当した業務について書くことがないとは，論述力がないことをアピールしていることと同じだからである"と説明していました。この影響を受け，筆者も，同じことを長い間，指導していました。しかし，受験者の立場に立つと，設問アを800字の最後の行まで書くことよりも，もっと重要なことがあります。**最後まで，論文を書き上げることです**。

　　設問アは簡潔に表現できていれば700字でも問題ありません。なぜならば，問題冊子にそのようなことは書かれていないからです。また，設問アの配点は少ないので，たとえ減点されたとしても，合否には大きく影響しません。それよりも，合格に必須となる「最後まで書き上げること」の方が重要です。予定した時間どおりに設問アを終了して，時間内に最後まで論文を書き上げるようにしてください。これが何よりも重要なことです。

　　そして，**論述に慣れてきたら，設問アは800字の最後の行まで書いてください。なぜならば，合格レベルの論文の多くは，設問アがしっかり書かれているからです**。

コーヒーブレーク
「踊る論文指導」

　2時間以内で書ける文字数で論文練習をしましょう。
　論文添削をしていると，制限字数目一杯に書いてある論文を添削することがあります。最近，そのような論文が多い傾向があります。目一杯とは，設問ア800字，設問イ1,600字，設問ウ1,200字，合計3,600字です。規定文字数を満たしていれば，文字数と点数の関係はないと考えてください。3,600字書いている人に，"2時間以内に書ける字数に抑えましょう"とはコメントできません。2時間以内に3,600字を書ける可能性があるからです。何かよいコメントがありましたら，教えてください。

2.3 論述式試験突破に必要な要素を明らかにする

論述式試験突破に必要な要素を，もう一度分かりやすく，段階的に解説します。

（1）論述式試験の答案を採点してもらうために必要な要素を明らかにする

第一歩は記述式試験を突破することです。論述式試験の答案が採点されるという方は，記述式試験を突破できる実力がある方です。筆者が言いたいのは，記述式試験を突破できた段階で，論文を書くために必要な，ある程度の実力が備わっているはずなのですから，**記述式試験を突破する実力を生かして論述式試験を突破しないことは，「もったいない」**ということなのです。

（2）合否判定の対象となるために必要な要素を明らかにする

合否判定の対象となるために必要なこととして，「2 時間で，設問アを 800 字以内，設問イを 800 字以上 1,600 字以内，設問ウを 600 字以上 1,200 字以内の字数で書いて，問題に書かれている全ての問いに答え，論文を最後まで書き終える」ことです。その他にはどのようなことがあるでしょうか。考えてみましょう。

① 「である」調で統一して書く

「ですます」調で書かれた論文もありますが，ほとんどの論文が論述の途中で，「ですます」調と「である」調の混在となってしまいます。これでは，論文として失格です。「ですます」調を最後まで貫くことは，どうやら難しいようです。

論文は，「である」調で書くと決まっているわけではありません。「ですます」調では合格できないのなら，問題冊子にその旨が書かれているはずです。しかし，経験的に言うと，「ですます」調で書かれた論文は合格レベルに達しないものが多いです。したがって，「である」調で書くようにしましょう。

② 守秘義務を遵守する

顧客名に関する固有名詞については，明示しないようにしてください。守秘義務違反として，採点は中止になると考えられます。「○○株式会社」，「○○銀行」は，「A 社」，「A 銀行」としましょう。想像してしまうイニシャルによる表現もやめた方がよいです。

③ 試験区分とあなたの立場を一致させる

あなたが受験する試験区分の対象者像に合った立場で，論文を書くことが求められています。例えば，IT ストラテジスト試験において，システムアーキテクトの立場で論述して，すばらしい論文を書いても合格することはできません。

　ITストラテジスト試験は，情報技術を活用して競争優位に立つための情報戦略を立案し実行する方が受験する試験区分です。例えば，システムアーキテクト試験との違いは，要件定義やシステム設計の視点ではなく，**情報技術の活用の視点で書く**ということです。情報技術を活用して，競合他社に打ち勝つ情報戦略などを論じます。

④　ローカルな言葉を使わない

　これは，「あなたが勤めている会社でしか通じない言葉を論文で使わない」ということです。あなたの会社以外の，第三者が読むということを意識して書くようにしてください。基本的には本試験の午前Ⅰ・Ⅱや午後Ⅰ・Ⅱの問題で使用されるキーワードを使って書くと考えるとよいでしょう。

（3）論述式試験合格を確実にする要素を明らかにする

　採点者による合格判定の対象となった論文に，どのようなことが書いてあると合格と判定されるのでしょうか。これまでに，次の二つは分かりました。

①　問題文の趣旨に沿って，簡潔で分かりやすい文章を書く
②　専門家として工夫した点，専門家としての考えやそのように考えた根拠を書く

　このうち，②について詳しく説明します。

・**課題を明示する**

　状況を説明しただけでは，課題は相手に伝わりませんし，課題を挙げたことにもなりません。例えば，「Aさんのセキがとまらない」という状況だったとします。これは解決すべき問題でしょうか。その日，Aさんは，会社に行きたくなかったのです。したがって，「Aさんのセキがとまらない」という状況は，課題ではないのです。

　課題を挙げるには，状況と理想を挙げてからそれらのギャップである課題を示すか，状況を説明して課題を示す必要があります。状況を説明しただけで，対策を講じるという展開の論文がありますが，それでは対策の妥当性に採点者が納得できない場合があります。それを回避するために，**対策について論じる前に"〜という課題があった"と書いて，課題を明示する**ようにします。

・**論文というコミュニケーションによって，相手の考えや行動が変わるようにする**

　コミュニケーションの一つの要素として，「相手の考えや行動が変わる」ということがあります。「土用の丑の日」のニュースを見た後に，「うなぎ」を食べたくなるということは，よくある話です。これもコミュニケーションによって，「相手の考えや行動が変わる」という一例です。

　論文はコミュニケーションの一つです。したがって，論文を読んだ後に，相手の考えや行動が変わることは論文の大切な要素です。そのためには，論文の中に主張を盛り込むようにします。**主張を述べ，その後に，"なぜならば，**

〜"と書いて根拠を示すこと，あるいは，"〜と考え"と書いて，専門家としての考えや，そのように考えた根拠を示すことが重要です。

・試験に出題されるキーワードを使う

　　本試験の午前Ⅰ－Ⅱや午後Ⅰ－Ⅱの問題で出題されているキーワードを使って，簡潔に書くということです。冗長な表現や稚拙な表現は，プロフェッショナルな印象を採点者に与えませんから注意しましょう。

・工夫したことをアピールする

　　IPAが発表した論述式試験の評価項目として「論述の具体性」があります。これについては，事例の詳細，専門家としての創意工夫（以下，工夫という），結果などが明確に論文に示されていることが重要な要素になります。公開模試や論文添削で数多くの論文を読んでいると，工夫のアピールの有無が合否を決める要素になることが分かります。多くの受験者は工夫を意図的に論文に盛り込んでいないからです。

　　では，もう一度，「工夫」とは，何でしょうか。

　　「工夫」とは，例えば「いろいろと考えて，適切な手段を見い出すこと」です。したがって，課題を示し，課題への対応の難しさを採点者に説明した後に，施策，活動，計画などを論じることで工夫したことをアピールできることになります。

　　ここで注意すべきことは，"1回の診察におけるスタッフ業務の削減時間をシミュレーションして算出することにした"を語尾だけを変えて，"1回の診察におけるスタッフ業務の削減時間をシミュレーションして算出するという工夫をした"などと論じても採点者に工夫は伝わらないということです。しっかりと，課題への対応の難しさを説明してから，工夫した内容を論じるようにしましょう。

・能力をアピールする

　　令和3年春午後Ⅱ　問1の解答例の出題趣旨を図表2-4に示します。

出題趣旨
企業は，ビジネス環境の激しい変化に対応するために，データとディジタル技術を活用して，デジタルトランスフォーメーション（DX）に取り組むことが重要になってきている。 　本問は，ITストラテジストが，DXを実現するために企画した新サービスについて，ターゲットとした顧客とそのニーズ，活用したデータとディジタル技術，DXを実現するための新サービスを具体化するための提案について具体的に論述することを求めている。論述を通じて，ITストラテジストに必要なDXを企画し，提案する能力などを評価する。

図表2-4　IPA発表の出題趣旨

　　この出題趣旨を読むと，「能力を評価する」ということが分かります。では，能力とは何でしょうか。能力とは「物事を成し遂げることができること」です。したがって，**"課題があって，いろいろ考えて対策を施したら，新たな**

課題が生じた。その課題も無事対処して課題を解決した”という展開を論文に
盛り込むことができれば，能力をアピールできたことになります。
・具体的に書く

　　事例を挙げて書く方法が，理想的です。その場合は，“具体的には〜”と書
いて，事例を挙げます。しかし，経験に基づいて書ける方はよいですが，知識
で書いている方にとっては，事例を挙げて書くことは難しい要求です。そこ
で，5W2H を論述内容に適用して，**できるだけ数値を論文に盛り込むように**
します。これについては，第 3 章「3.3【訓練 2】トピックを詳細化して段落
にする」で演習します。

コーヒーブレーク
「踊る論文指導」

　　試験会場で論述する公開模擬試験の論文などには見られませんが，自宅で受験した公開模擬試験の論文や，通信教育の論文で，設問ア800字，設問イ1,600字，設問ウ1,200字と各設問の制限字数までしっかりと論述されたものに，採点・添削する立場として出合うことがあります。これは最近の傾向です。3,600字を2時間以内で論述し，箇条書きなどを活用して整理がされ，趣旨に沿って専門家としての工夫や考えなどがアピールされていれば，問題ありません。私は「本試験では，箇条書きの項目数を減らして，2時間という制限時間切れのリスクを回避するとよいでしょう」などとコメントすればよいからです。

　　問題は，自信満々な“ものがたり”が書かれている場合です。懸命に3,600字を書いた解答者に，例えば，“趣旨に沿って，専門家としての考えや，そのように考えた根拠をもっと鮮明に採点者にアピールしましょう”とコメントを書いても伝わらないことは明らかです。理由は，解答者の自信が論文を読み進めるにつれて伝わってくるからです。そのような場合，解答者の立場や解答者の学習効果を最大限に高めるという点を考慮してコメントします。

　　あるとき，解答者の自信が伝ってくる“ものがたり”が書かれている3,600字の論文を添削することになりました。そのとき，試験対策セミナで知り合った受講者からの“プロとして本当のことをコメントした方が最終的には解答者が喜ぶ”という意見を思い出しました。15分ほど考えた挙句，“解答者は合格できなくて本当に困っているのだ。プロとして，適切なコメントしなければならない”と決断し，筆者の意見を率直に書きました。細かいことは書けませんが，その後私は3年間ほど，その試験区分の論文添削から仕事を降ろされました。

　　趣旨に沿って，工夫や専門家としての考えや，そのように考えた根拠をアピールしていれば，設問ア700字，設問イ850字，設問ウ650字でも，合格できるでしょう。

　　字数を多く論述するよりも，論文設計に注力しましょう。

2.4 論文を評価する

「論述式試験は難しい」と一般に思われていますが，今までの説明で，そのような誤解が少しずつ解けてきたのではないでしょうか。また，どのようなことをすれば論文合格に近付くかについて，皆さん，概要が少しずつ分かってきたのではないでしょうか。

（1）論文の採点方法と採点の観点を知る

論述式試験では，論文採点はどのように行われているのでしょうか。これについては詳しく公表されていません。一般的な観点から推測すると，採点項目と採点基準に従って定量的な評価がされていると考えられます。そうでないと，合格した論文が，なぜ合格レベルなのか，客観的に説明できなくなってしまうからです。なお，一説には，論文の評価の客観性を確保するために，一つの論文は2人の採点者によって採点されているという話もあります。

論文採点の観点として考えられるのは，次のようなことです。

① 「質問書」にはプロフェッショナルな印象を採点者に与えるように書く

構想，計画策定，システム開発などの名称，対象とする企業・業種，システムの構成，構想，計画策定，システム開発などの規模などを質問書としてアンケート形式で問われているのは，受験者のバックグラウンドを確認するためです。したがって，質問書の回答で専門家としての印象をしっかり採点者に与える必要があります。今後，質問書がどのように変更されるか分かりませんが，基本的には次の項目を守って，しっかり質問書に答えるようにしましょう。

- 選択した問題の趣旨，質問書の内容と本文の内容が一致している。
- 30字以内で記入が求められている，構想，計画策定，システム開発，製品又はシステムの名称などについては，質問書に挙げられている例に従って，名称を修飾して，相手に分かりやすく表す。
- 「分からない」は絶対にやめる。どうしても「分からない」場合には，理由を簡潔に書いておく（第9章の9.2を参照）。
- 対象者像に書かれている内容に従って，あなたの担当業務を選択する。
- 問題の趣旨，質問書における"あなたが担当した業務"，論文の内容，以上三つを整合させる。（整合性がないケース：事業戦略について出題されているにもかかわらず，"あなたが担当した業務"において"事業戦略策定"が選択されていない）

Point ここが ポイント！！！！！！！

★質問書にある「名称」で合格を推測する

　質問書の最初にある，「構想，計画策定，システム開発などの名称」，「製品又はシステムの名称」についての30字以内の記述によって，採点者は，論文の合否を推測するようです。しっかりと，質問書の例に倣って名称を修飾してアピール性の高いものにしましょう。

② 出題意図に答えている

　設問で問われている全ての内容に対して，採点者が分かりやすいように答える必要があります。このことには次の四つの意味があります。

・**設問で問われている項目に，漏れなく答えている**

　　設問で問われている全ての項目に漏れなく答えないと，論述式試験は突破できません。

・**問題文の趣旨に沿って書いている**

　　設問文に答える内容の論文を書いただけでは，論述式試験を突破することは難しいです。問題文の趣旨に沿って書くことが重要です。特に“〜が重要である”，“〜する必要がある”などに関する展開は，意識的に論文に盛り込むようにします。

・採点者に分かりやすい文章を書いている

　　場合によっては，「**難しいことをあえて書かない**」ことも必要です。採点者に伝わる内容を書いてください。

・ある文章が，どの問いに対する答えの部分なのかを，採点者に分かりやすく示している

　　採点者がある文章を読んでいて，その文章が，設問文のどの問いに答えるものなのか分からないのでは，効率的な採点ができません。したがって，論文では，必ず，「**設問文に沿った章立て**」をするようにしてください。

③ プロフェッショナルな知識と経験に基づいた課題対応力がある

　知識や経験を基に課題に対応する，すなわち，課題に対していろいろ考えて，良い対応策を見い出すという展開を論文に盛り込むことが大切です。これが「工夫した点」となって，合格レベルに論文が近付く要素になります。

④ プロフェッショナルな課題解決能力

　実際の業務において，課題解決は一筋縄ではいきません。一つの課題を解決しようとすると，いろいろな課題が生じてきます。これらを解決して「物事を成し遂げる力量」があるかどうかが評価されます。

⑤ 現状の問題把握能力と今後のプロフェッショナルな力量の成長性

　結果がどうなって，これからどうするのかが明確に書かれていなければ，試験の対象者像にふさわしい役割を果たしていないと判断されてしまうと考えてくだ

さい。これらをきちんと書くことができない受験者は，試験区分の対象者像において必要とされる，一歩前の業務しか経験していないとみなされてしまいます。

⑥　表現能力

　内容面だけではなく，上級技術者として必要なドキュメンテーションスキルについても問われます。内容の理解しやすい記述が必要で，「読ませる力」が重要となります。これが表現能力です。

（2）論文の評価基準を知る

　採点の観点をまとめると，論文の評価基準は，次のように設定することができます。アイテックの通信教育の添削では，これらの項目を全て評価基準としています。

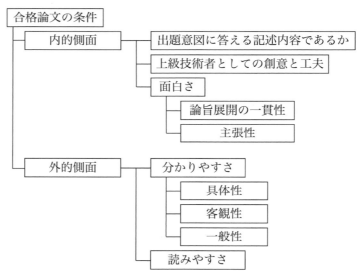

図表2-5　論文に要求される評価基準

（a）内的側面

①　出題意図に答える記述内容であるか

　試験の解答という意味では，最も重要な点です。出題意図に答えていない解答は，採点上全く得点できないことになります。論文対策を行って試験に臨む受験者の中には，準備した論文を題意に関係なくそのまま書いてしまう方がいます。これでは，立派な論文でも，採点上は低い得点となります。

　もう一つ重要なポイントですが，**どんなに立派な内容を書いても，最後まで論述を完了させていないと，合格は難しい**ということです。実際の試験では，残り時間をチェックしながら設問イに割ける時間を見極め，時間がきたら設問イを切り上げて設問ウに進む必要があります。

② 上級技術者としての創意と工夫が読み取れるか

　内容的には最も実務能力として評価される部分です。ここで問われている実務能力とは，上級技術者としての専門知識を，現実的な課題の中で的確に適用できる力があるかどうかということです。

③ 面白さ（論旨展開の一貫性，主張性）が感じられるか

・論旨展開の一貫性

　　「面白さ」とは，採点者が読んでいて引き込まれるような論旨展開になっているということです。**質問書と本文の間に一貫性がないと，採点者は気になって本文を読み進めることができません。**また，難しい課題をすぐに解決してしまっても信憑性に欠け，採点者は読み進めることができません。

　　前述のとおり，実際の業務において，課題解決は一筋縄ではいきません。一つの課題を解決しようとすると，いろいろな課題が生じてきます。これらを解決して「物事を成し遂げる力量」があるかどうかを評価します。

・主張性

　　一般的な内容を書き並べても，信憑性に欠けるために，採点者は論文を読み進めることができません。主張性とは，例えば，「設問アで述べた論述の題材を基に，課題あるいは課題に対する対策について説明する際に，**実際の例を挙げて，採点者を十分に納得させること**」と考えてください。

　　主張性を確保するためには，“〜について掘り下げて論述する”というキーセンテンスを意図的に活用するとよいでしょう。

（ｂ）外的側面

① 分かりやすさ

・具体性

　　根拠や結果をできるだけ，定量化して表現することが必要です。「大規模システム」と表現しても，採点者にはさっぱり分かりません。期間や工数を示して，定量的に表現するようにしましょう。ただし，**質問書の内容とあまり重複しないよう**にしてください。

・客観性

　　採点者に見解を納得してもらうためには，事例を挙げるとともに，対策を採用した根拠を述べることも重要です。具体的には，“なぜならば，〜”と書いて，対策を採用した根拠を明示するようにしましょう。

　　一方的な展開の論文，すなわち，“〜した”の連続は，採点者にとって苦痛となります。対策の根拠を示すために，“なぜならば，〜”と書いて，採点者を一服させてあげましょう。

・一般性

　　一般性とは，誰が読んでも分かる用語を用いて論文を表現しているということです。一般的ではない「略語」，特定の会社にしか通用しない用語を使って書いた論文は，評価が低くなります。

　　情報処理技術者試験の問題に使われる一般的な用語を用いて，簡潔で分かりやすい文章を書くようにしてください。

② 読みやすさ

　読みやすさには，内容の側面と，文章力の側面の二つがあります。なお，日本語としての体裁が整っていないものは，文章力がないと評価されます。次の点に注意しましょう。

- ・主語と述語の係り受け
- ・誤字
- ・脱字
- ・「門構えの略字」など，普段使われている略字
- ・禁則処理
- ・段落の分け方
- ・箇条書きの活用

　なお，対策を列挙する文章では，接続詞の「また」を多用せずに，箇条書きを活用して，見やすい論文に仕上げるようにしましょう。

Point ここが ポイント！

★最後まで書いて合格論文になる

　途中にどんなに立派な内容を書いても，最後まで書き終えていない論文では合格することは難しいです。"－以上－"と書いて論文を締めくくりましょう。

（3）採点の視点を知る

　　論述式試験の結果は，A～D の評価ランクで示されています。IPA の示す試験要綱には，受験者の論文を評価する際の視点などが示されています。

評価ランク	内　　容	合否
A	合格水準にある	合格
B	合格水準まであと一歩である	不合格
C	内容が不十分である 問題文の趣旨から逸脱している	
D	内容が著しく不十分である 出題の要求から著しく逸脱している	

図表2-6　IPA が示す午後Ⅱ（論述式）試験の評価ランクと合否の関係

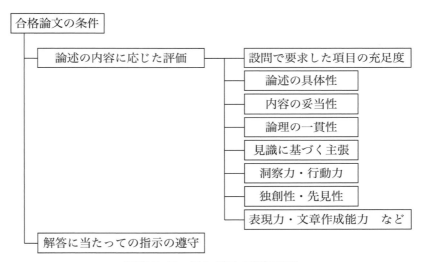

図表2-7　IPA が示す評価項目

IPA が示す評価項目について実際に評価する際の採点方式は，明らかにされていません。前述の論文の評価基準と，IPA が示す評価項目との関係は，おおむね次のとおりと予想します。

IPAの評価項目	通信教育の評価基準	ポイント
設問で要求した項目の充足度	出題意図に応える記述内容であるか	設問に従って論文が構成され，試験の解答となっていること
論述の具体性	分かりやすさ（具体性）	自分自身の経験，創意工夫，結果が明確に示されていること
内容の妥当性	出題意図に応える記述内容であるか	問題文に従って論旨展開され，題意に合った記述内容となっていること
論理の一貫性	面白さ（論旨展開の一貫性）	論文の導入部である設問アから最後の設問ウまで一貫していること
見識に基づく主張 洞察力・行動力 独創性・先見性	面白さ（主張性）	試験区分にふさわしい視座と視点をもち，上級技術者としての実務能力を表現していること
表現力・文章作成能力	分かりやすさ（客観性，一般性），読みやすさ	事実と意見が区別され，一般的な用語を用いて，正しい表記法に従っていること

図表 2-8　IPA の評価項目とアイテックの通信教育の評価基準との関係

P_{oint} ここが **ポイント！**

★第三者に分かりやすい文章を書くためには，新聞，雑誌，小説を意図的に読む

　どの情報処理技術者試験にも合格した経験がない受験者に対して，試験の対策セミナーを実施しました。合格発表後，初めての情報処理技術者試験の合格が論述式問題のある試験区分という方に，インタビューしました。その方は本を読むのが大好きで，お小遣いの全てを本に費やすという話でした。第三者に分かりやすい文章を書くためには，やはり，新聞，雑誌，小説を読むことが大切なようです。

第3章

基礎編

　この章以降の【訓練】は，主に，ITストラテジストに関する実務経験が少ない方，あるいは，専門知識はあっても実務経験がない方を対象にしています。実務経験のある方も"手書き"に慣れるために訓練に参加してみてください。意外な改善すべき点が発見できるかもしれません。

3.1 五つの訓練で論文が書けるようになる

　これから，論述式試験を突破するために必要な訓練を行います。簡単な訓練から始めますが，それぞれの訓練には，意味があります。例えば，【訓練1】では作文を書きますが，この訓練によって，「また，〜した。また，〜した」という語尾が「した」の連続になる「作文」を書かなくなります。【訓練2】では，トピックを詳細化しますが，数値を文章の中に入れ，定量的に表現する訓練によって，客観性の高い文章を書けるようになります。

　「急がば回れ」です。少し時間がかかりますが，しっかりと訓練に参加しましょう。

（1）論文が書けるようになる五つの訓練を知る

　記述式問題を突破できるということは，80字程度の記述力があるということです。次に，80字の記述力を，2時間で2,400字程度を書ける論述力にアップするための訓練について説明します。

①【訓練1】(1)「作文」や(2)「論文風」の文章を書く

　最初に，「作文」と「論文」との文章の違いについて理解しましょう。まずは，小学生の気持ちになって，気楽に文章を書いてみましょう。

②【訓練2】トピックを詳細化して段落にする

　一つのトピックに基づいて文章を書いてみましょう。これは記述式問題の解答を，論述式問題の解答にステップアップさせる第1段階です。

③【訓練3】問題文にトピックを書き込む

　問題文には論述に必要なトピックが書かれていることは，既に説明しました。しかし，これだけでは，論文は書けません。問題文を基にして，もっとトピックを挙げましょう。

④【訓練4】ワークシートに記入する

　論文設計のためのワークシートを使って論文を設計してみましょう。3回くらい訓練を行えば，ワークシートがなくても，論文を設計できるようになります。

⑤【訓練5】ワークシートを基に論述する

　ワークシートができ上がったら，そこに書かれているトピックを基にして論述します。ここでは，「【訓練2】トピックを詳細化して段落にする」で訓練したテクニックを使って，論述することを学びます。

　これらの訓練については，【訓練1】を本章の3.2で，【訓練2】を3.3で，また，【訓練3】〜【訓練5】は第5章で詳しく説明しています。順を追って訓練し，論述式試験突破に向けた論述力を身に付けましょう。

【訓練１】「作文」や「論文風」の文章を書く

（1）作文を書いてみよう

　最初ですから，小学生のときを思い出して，400字程度の作文を書いてみましょう。題目は，「今日，朝起きてから，今までの出来事」です。

「今日，朝起きてから，今までの出来事」　　　　　　　3年1組　岡山昌二

　今日，妻のA子に朝，起こされた。とても眠かった。でも，仕事だと思い，頑張って起きた。すばやく支度を済ませて，仕事場に出かけた。電車の中でも眠くて，頭がはっきりしなかった。
　土曜日なので，昨日よりも早く着くと思って時計を見た。すると，なんか時刻が違うと思った。眠いので考えられなかったが，気合いを入れて見ると，やはり，早かった。ちょっと，腹が立ったが，共働きなので仕方がないと思った。やっぱり，今度から，自分で目覚ましをセットしようと思った。

Just Do it!　関所No.1

　やっと皆さんの番になりました。本番の試験に備えた，手書きの訓練を始めましょう！
　最初にBかHBの芯の入ったシャープペンシルと消しゴムを用意してください。次にこの本の巻末にあるＢ４サイズの紙を本書から切り離しましょう。"巻末ワークシート 1"にある，「【訓練1】作文を書いてみよう」の原稿用紙に400〜600字ほどの作文を書いてみてください。目的は「昔のように手書きに慣れる」ことです。手先や手首を柔らかく動かすために，作文を書いてみましょう。制限時間は15分です。

（2）作文と論文の違いを知る

　一見，馬鹿らしい訓練ですが，論述式試験において作文を書いてしまわないためには重要な訓練です。論文を添削する場合，添削者は，皆さんが2時間かけ，苦労して書いた論述式問題の解答に対して，「論文ではなく作文になっています」とは，なかなかコメントできないものです。したがって，作文になっていないかを自分でチェックできるように，しっかりと，「作文」と「論文」の違いを確認してください。「作文」を「論文風」に仕上げるためには，次の主張性と客観性を盛り込むことが重要です。

①　主張性

　論文と作文の一番の違いは，「主張性」です。作文では，中途半端な表現，あいまいな表現を使ってもかまいませんが，論文では禁物です。論文において**"思う"は絶対に使わない**でください。あいまいな表現をされると，読み手，すなわち採点者が困ってしまいます。

　論文において，主張性を確保するには，事例を挙げて説明することです。"〜について掘り下げて論述する"，"具体的には次に述べるような対策を講じた"というキーセンテンスを意図的に活用して，事例へ論旨展開することが重要です。

②　客観性

　語尾が"〜した"の連続では，主観的な表現ばかりとなって，採点者は疲れてしまいます。客観性を確保するために，具体的には，"なぜならば，〜"と書いて，対策を採用した根拠を明示するようにしましょう。

③　具体性

　論文で，数十時間や数百台と書かれても，採点者はイメージがわきません。"20時間〜30時間"，"100台〜150台"，と，定量的に書くようにしてください。

（3）論文風の文章を書いてみよう

　手書きで文章を書きます。原稿用紙を用意してください。

　では，主張性，客観性，具体性に留意しながら，論文風の文章を書いてみましょう。**書けない漢字があった場合は，ひらがなで書くのではなく，辞書を引いて漢字を調べて書く**ようにしてください。

「起床時刻のセットの重要性」　　　　　　　　岡山昌二

　朝の目覚まし時計は，頼りになる妻がいても，自分で起きる時間をセットすることが重要である。なぜならば，誤って1時間早く起きても，自分が悪い，仕方がないで済むからである。具体的には，次のようなことが起きた。　100字
　今日の朝は，妻のA子に起こされた。とても眠かった。でも，仕事だと思い，頑張って起きた。30分で支度を済ませて仕事場に出かけた。電車の中でも眠かった。土曜日なので，昨日よりも10分ほど早く着くと思って時計を見た。すると，何か時刻が違うと思った。頭に気合いを入れて，よく考えると，やはり時間が1時間早かった。早く起こされた私は，妻に対して腹が立った。　200字 / 300字
　このように自分の人生，他人に腹を立てても，その分，損をするだけである。私のように共働きの家庭では特に，自分の責任で生活する工夫が重要である。　400字

　どうでしょうか。奥さんに起こしてもらっている方，明日から，自分で目覚まし時計をセットする気持ちになったでしょうか。そのような気持ちになれば，この文章には，コミュニケーションにおける主張性があることになります。また，主張したいことに対して，根拠が述べられているので，客観性も確保されていると考えることができます。

Point ここが ポイント！

★論文では"と判断する"，"である"，を使う

　論文ではあいまいな表現を絶対に使わないでください。"思う"と書かれると，そのあいまいさから，採点者は読んでいて不安になってきます。

★論文はひらがなではなく，漢字で書く

　論文に使いたい漢字があるのに，書くことができない場合があります。重要なキーワードではない場合は，別の言葉で書くようにしてください。「専門家ならば書けるレベルの漢字を書けない」という印象を採点者に与えることは，受験者が思っている以上にマイナスイメージになります。

Just Do it ! 関所 No.2

　「やらなくても，できるよ」なんて思わないで演習を続けましょう。作文にこそなっていなくても，もしかしたら報告書みたいな論文になっているかもしれません。1 回の受験で合格できると考えれば，この程度の演習は苦にならないはずです。

　書いた作文の右側，すなわち“巻末ワークシート 1”にある，「【訓練1】論文風の文章を書いてみよう」の原稿用紙に 400〜800 字ほどの文章を書いてみてください。目的は「採点者に自分の考えをはっきりと示す文章を書くことができる」です。あいまいなことを主張しても合格はできません。論述式試験で合格するためには，採点者に専門家としての主張や考えをしっかりと伝えることが重要です。

　書いた作文を基に，次の点に留意して論文ふうの文章にチャレンジしてみてください。

　　①　主張したいことを書き，次に“なぜならば，〜”と書いてその根拠を明示する。
　　②　主張性を確保するために，“具体的には”と書いて事例を挙げる。
　　③　“〜が重要である”と書いて事実を考察し，主張したいことを別の表現で言い換えて主張性をアップさせる。別の表現が難しい場合は，主張を二度繰り返してもよい。
　　④　“思う”など，あいまいな表現は使わない。
　　⑤　具体性を確保するために，できるだけ定量的に示す。

　最初の文章が主張になっていることが重要です。「今日は電車が混んでいた。なぜならば，4 月の初旬で新入社員が通勤電車に乗るようになったからである」など，“主張”の代わりに“状況”を書かないようにしましょう。

（4）設問イにおいて報告書を書かない方法を知る

　さあ，最初の訓練はどうでしたか。作文を書かないためには，作文を書いてみることです。では，報告書を書かないためにはどうしたらよいでしょうか。

　そのポイントは，設問イの解答の書き方にあります。設問イの解答に，手順や状況を長々と書いても採点者は読みません。なぜならば，採点者が評価することは，考え方，工夫した点や能力だからです。

　なお，設問アでは説明は OK です。システム化全体計画の概要などをしっかりと説明してください。

　報告書を書かない方法としては，状況説明に終始しないことです。次に，**手順などを説明する際には，手順において特に重要と考えたポイントを示して，その根拠を述べる**ようにします。こうすれば，採点者に対して考え方をアピールできます。その際，手順の箇条書きに終始しないことが重要です。

Point　ここが ポイント！

★設問イやウにおいて項目を列挙しただけでは得点できない！！
　項目を列挙する際には，重視した点を根拠とともに明示すると，得点になります。論文では，採点者に「専門家としての考えや，そのように考えた根拠」をアピールしましょう。

3.3 【訓練２】トピックを詳細化して段落にする

　論述式問題を記述式問題としてとらえると，問題文からトピックを挙げられることは分かりました。次は，そのトピックを論文に仕上げる訓練の第一歩として，トピックを基にして段落を書く訓練をします。

（１）トピックを基に，5W2Hで段落を書いてみよう

　トピックをどのように膨らませて論文に仕上げるかを考えていたところ，新入社員研修で私が講演している「報告書の書き方」のことを思い出しました。5W2Hです。これを応用して，一つのトピックを膨らませることができます。

　では，5W2H を挙げてみましょう。

① Why　　　　　なぜ
② Where　　　　どこで
③ When　　　　いつ
④ What　　　　何を
⑤ Who　　　　　誰が
⑥ How　　　　　どのようにして
⑦ How many　どのくらい

　次に，"RFID の採用を計画した"というトピックで，5W2H について考えてみます。

① Why	なぜ	商品情報の提供を迅速にするために
② Where	どこで	百貨店で顧客と対面している場所で
③ When	いつ	情報化戦略の策定時において
④ What	何を	RFID の採用
⑤ Who	誰が	IT ストラテジストとして私は
⑥ How	どのようにして	バーコード，QR コード，RFID を比較検討した上で
⑦ How many	どのくらい	3 万点ほどの在庫を

　実務経験に基づいて書いても，専門知識に基づいて書いても結構です。例を参考にして，自分で 5W2H を挙げてみましょう。

　5W2H が挙がれば，それで一つの段落を書いてみます。始めは結論と，その根拠から書いてみましょう。結論は，"RFID の採用を計画した"です。

　では，訓練開始です。一つの段落を書いてみましょう。なお，段落の開始は「字下げ」を忘れないでください。

情報化戦略の策定時において，ITストラテジストとして私は，情報技術としてRFIDを採用することを計画した。なぜならば，対面販売において，商品情報を迅速に顧客に提供するためである。具体的には次のとおりである。　　100字

対面販売において顧客は店頭に置いている商品以外にも，サイズ違い，色違いなどの類似品についての商品情報，在庫情報について質問する。従来ならば，類似商品に関する情報，店頭以外のバックヤードや他店舗における在　　200字

庫状況は手作業で管理しているため，顧客に直ちに回答することは難しかった。そこで私は，バーコード，QRコード，RFIDを比較した上で，約3万点ある商品をRFIDで管理することを計画した。　　300字

Point ここが ポイント！ ！ ！ ！ ！ ！ ！

★知識で書く場合でも，できるだけ数値を盛り込む

　　数値が入っていると，信憑性が増してきませんか。論文では，具体的に書くことが求められています。したがって，経験がないことを専門知識に基づいて書く場合でも，数値を入れて書くようにしましょう。

　　もちろん，経験に基づいて書く場合でも，定量的な表現をしましょう。

　　5W2Hで"RFIDの採用を計画した"というトピックを表現すると，こんなに字数が多い一つの段落が書けるのです。皆さんはどうでしたか。

　　しかし，実際に書いてみると，一つの段落で多くのことを書き過ぎている感もあります。そのため，論旨展開もギクシャクしています。実際には，この段落を更に分けて，論旨展開をなめらかにします。

　　ここでは，専門知識があれば"RFIDの採用を計画した"という一つのトピックを，これだけの文章に展開できることを確認してください。

（2）キーワードに基づいた段落の書き方を知る

　トピックに基づいて，5W2H で段落を書く以外に，キーワードに基づいて一つの段落を書く方法としては，次の二つがあります。

① キーワード中心型の段落構成
　「RFID」という**キーワードを中心**にして一つの段落を書く方法です。

② キーワード連鎖型の段落構成
　「RFID」というキーワードを基にして，**次々と関連するキーワードを連鎖させて**一つの段落を書く方法です。

P_{oint} ここが ポイント！！！！！！！

★キーワードを学習する際には，関連するキーワードも確認する
　キーワード単体で覚えても，必要なときに使うことは難しいものです。関連するキーワードを一緒に確認して，キーワード間の関連性も学習しましょう。そうすれば，キーワードを連鎖させて文章を書くことができるようになります。

★重要なキーワードを意図的に盛り込んで論述する
　題意に沿って論述したことを採点者に示すためには，重要なキーワードを意図的に論文に盛り込んでください。重要なキーワードは，多くの場合，問題のタイトル，設問文，「〜が重要である」及び「〜を踏まえて」という問題文の趣旨にある文章の中にあります。

（3）トピックに基づいて書いた段落を組み合わせれば論文になる

　　ここで示す論文の設計方法は，ブロックを組み立てて船や飛行機を作ることと似ています。子どものころ，ブロックを使って船や飛行機を作ったことを思い出し，皆さんも，段落というブロックを使って論文を書きましょう。ブロック（段落）を組み立てる設計図（論文設計書）があれば，船や飛行機（論文）を組み立てる（書く）ことができます。

Just Do it！　関所No.3

　　禁則処理を知っていますか？　いろいろなレベルがありますが，句読点で行を書き始めるのはやめましょう。

　　段落について，理解できましたか？　まだ，段落を書けそうもない方は是非とも演習に参加してください。

　　基礎の部分はもう少しで終わりですが，禁則処理や段落についての意識がないと，これから先の演習の効果が半減します。がんばりましょう。

　　"巻末ワークシート2"にある，「【訓練2】トピックを詳細化して段落にする」にトピックを5W2Hで詳細化してみましょう。詳細化は，自分の経験でも想像でもOKです。頭の体操だと思って詳細化しましょう。

　　トピックは何でもよいです。第2部にある論文事例から引用すると，次のようなトピックが挙げられます。これらからトピックを選んで，詳細化してみてください。

　　①経営戦略を踏まえてITを活用した事業戦略を策定した。

　　②経営戦略を踏まえてDX戦略を策定した。

　　③ターゲットとした顧客とそのニーズを活用しデータとデジタル技術を
　　　含めて，新サービスを企画した。

　　④企画した新サービスの費用対効果を検討した。

　　⑤DX推進のための情報基盤計画を策定した。

　　トピックを詳細化したら，その下の原稿用紙部分に一つの段落としてまとめてみましょう。論文では，段落が長いと採点者が読みにくいです。一つの段落を五つくらいの文章で構成するとよいでしょう。次の三つの点に注意してください。

　　①　段落の書き始めを字下げする。

　　②　句読点で行を書き始めないように禁則処理をする。

　　③　段落の区切り以外では改行しないようにする。

　　アイテックが開催している公開模試で分かることですが，段落を構成することができていない答案が2割ほどあります。この訓練を通して，しっかりと段落を構成できるようになりましょう。

第4章

論文を作成する際の約束ごとを確認する

　採点者は，基本的な約束ごとを守っていない答案を採点しません。論述式試験における約束ごとは幾つかありますが，その中でも特に，試験の際に配付される問題冊子で指示された基本的な約束ごとは，非常に重要です。

　この章では，問題冊子に明示された約束ごとを中心に，論述式試験に臨むに当たって，覚えておくべき約束ごとを，もう一度，確認します。

論述式試験における約束ごとには，試験の問題冊子で明示された非常に重要な約束ごと，質問書における約束ごと，一般的な論文における約束ごとがあります。

（1）問題冊子の指示をチェックする

本番の試験では問題冊子と答案用紙が受験者に配付され，問題冊子は持ち帰り可となっています。それでは，問題冊子や答案用紙から得られる情報に基づいて，論述の際の留意点を説明します。

① Ｂ又はＨＢの黒鉛筆又はシャープペンシルを使用する

自分の手に慣れた筆記用具を，複数本用意します。シャープペンシルを換えることによって指の疲れが気にならなくなることもあります。消しゴムについては，使用の際に答案用紙を汚さないように，使う都度，まずは消しゴム自体をきれいな状態にしてから使います。明らかに濃い鉛筆や薄い鉛筆を使った場合は，この指示に従っていないと判断され，評価を下げる場合がありますので注意してください。

② 問題文の趣旨に沿って解答する

設問文に答えるだけではなく，問題文をしっかり理解してから，論述することが大切です。

③ 答案用紙の解答欄は，「質問書」と「本文」に分かれている

答案用紙についての詳細な内容を書くことはできませんが，答案用紙は，"論述の対象とする構想，計画策定，システム開発などの概要"，あるいは"論述の対象とする製品又はシステムの概要"（以下，質問書という）と「本文」に分かれています。両方とも解答時間内に記入します。

④ 「質問書」は問題冊子の２ページ目に記載された記入方法に従って，全項目について記入する

問題冊子に書かれた記入方法について，図表 4-1 に示します。

この表の内容から，質問書では，受験する試験区分の専門分野に関連する，論述の対象となる実務経験について，その概要，立場や役割が問われることが分かります。

⑤ 「本文」の設問アは 800 字以内で記述する

設問アの最低字数は指定されていませんが，少なくとも 700 字以上は書くようにしましょう。時間があれば，最後の行まで埋めるようにしてください。

⑥ 「本文」の設問イとウは，設問イを 800 字以上 1,600 字以内かつ設問ウを 600 字以上 1,200 字以内で記述する

現状における留意点は次のとおりです。ただし，これらは本書執筆時の状況ですので，受験した際の指示に，必ず従うようにしてください。

試験種別	質問書への記入方法
ITストラテジスト試験 （令和4年春）	**"論述の対象とする構想，計画策定，システム開発などの概要"の記入方法（問1又は問2を選択した場合に記入）** 　論述の対象とする構想，計画策定，システム開発などの概要と，その構想，計画策定，システム開発などに，あなたがどのような立場・役割で関わったかについて記入してください。

図表4-1　「質問書」の記入方法

・合格論文に必要な字数は問題冊子に書かれている

　問題となる点は，合格論文に必要な字数と，設問イとウの字数の配分についてです。

　合格論文に必要な字数は，問題冊子に書かれているとおりです。必要な字数を書いても，論文が完結せず途中であったり，論文に冗長的な表現が多かったりすると，不合格になります。

・設問イとウの論述開始箇所は答案用紙に指定されている

　本試験では，答案用紙に設問イとウ，それぞれの論述開始箇所が指定されていることを確認してください。

・答案用紙の字数カウンタは各設問の最初からカウントされている

　答案用紙には論述量の目安となる字数が書かれています。本試験ではこの字数が各設問の最初から始まってカウントされていることを，確認してください。本試験の答案用紙は片面が400字です。

・答案用紙に示された800字分の行に達しただけでは800字以上ではない

　800字分の行に達していても，その行の数文字分を空白にして論文を終わらせた場合は，800字未満です。これでは採点対象とならない場合があります。**必ず800字分の行を書き終えて，次の行に達するまでがんばってください。**なお，設問ウは600字以上ですが，同様に考えてください。

　このように余裕分を考慮して，本書では2,400字（＝800字（設問ア）＋900字（設問イ）＋700字（設問ウ））ほど論述しましょうと書いています。

・過剰な空白行やインデントはカウントして減算される

　空白行については，カウントして，実際の字数から引かれると考えてください。この作業は採点者が行いますから，採点者の負担になります。採点作業は時間との戦いでもありますから，このような負担を採点者に与えないことも大切です。したがって，不要な空白行の挿入は控えましょう。過剰なインデントについても，同様です。

⑦　解答は丁寧な字ではっきりと書く

　きれいな字で書く必要はありません。採点者が読みやすい字で書きましょう。

$\mathbf{P}$oint ここが ポイント！！！！！！！

★字の「ていねいさ」を均一にして書く

　以前，合格確実といわれた方が不合格になり，その理由を聞いたことがあります。その方は，「問題を見て安心して始めはゆっくり，ていねいに書いた。そのうち，時間がなくなり，字が汚くなった。この変化が不合格の原因だ」と説明しました。だんだんと字が荒れてくると，内容も粗末になってきていると，採点者は感じるものです。

★答案用紙は下を1枚にして書くか，問題冊子を下敷きにする

　答案用紙は両面です。したがって，答案用紙の2枚目と3枚目，4枚目と5枚目は表裏になっています。1枚目，2枚目は問題がありませんが，3枚目を書く際に，その下で1枚目と2枚目が合わさっていると，そこに書かれた字がカーボンコピーの役割をして，1枚目と2枚目に書かれた字が互いに写ります。これでは読めない答案になってしまいます。

（2）質問書の指示をチェックする

　答案用紙は未記入でも持ち帰り不可となっています。したがって，答案用紙の一部である質問書に関する情報については，ここでは書けません。しかし，答案用紙の始めのページにある質問書は次の点で重要ですから，しっかりと書いてください。

① **質問書では，専門家として自分の経験を相手に伝え，相手に専門家であると認めさせる力をアピールする**

　問題冊子を読んで，解答する問題を選んだら，質問書に記入します。質問書では，その試験区分の専門分野に関連する，論述の対象となる実務経験について，その概要，立場や役割が問われます。その内容については，実務経験があれば書ける内容について問われると考えてください。

② **質問書がしっかり書けている人は論文もしっかりしている**

　論文の第一印象は設問アの前半です。しかし，答案の第一印象は質問書で決まります。では，質問書は何のために使われるのでしょうか。人と人とがコミュニケーションをするとき，まずは，相手と会ったときの第一印象を基にコミュニケーションを始めます。相手に見合ったコミュニケーションから始めるわけです。採点者にとって，質問書はコミュニケーションを始めるために必要な第一印象なのです。すなわち，**質問書は採点を始めるための第一印象**というわけです。

　　"質問書がしっかり書けている人は論文もしっかりしている"という言葉は，私の言葉ではありません。IPA のとある方が講演で話した言葉の一つです。これを言い換えると，「質問書をしっかり書けば，合格の可能性も高くなる」あるいは，「**質問書から受ける印象で，合否の当たりを付けて論文を採点している**」と言えるのです。

③　質問書と論文の一貫性も採点の対象としている

　論文を読んだだけで，受験者が試験区分ごとの「対象者像」に合致しているかどうかを読み手が判断することは難しいことです。このような判断を行う上で，論文では不足している部分を質問書で補うと考えてください。

　その際に注意すべき点は，受験する試験区分の対象者像，質問書の回答，論文の内容，この三つの一貫性です。IT ストラテジスト試験において，質問書の"あなたの担当業務"に"設計・開発・テスト・導入"と回答しては「システムアーキテクト試験を受けてください」ということになり，論文の評価では下がる可能性が高いと考えるべきでしょう。このように，**受験する試験区分の対象者像，質問書の回答と論文の内容の一貫性をしっかり確保する**ことが重要です。

Point　ここが ポイント！

★質問項目には，全て答えよ

　問題冊子には，"記入項目の中から該当する番号又は記号を○印で囲み，必要な場合は（　）内にも必要な事項を記入してください。複数ある場合は，該当するものを全て○印で囲んでください。"と書かれています。全ての質問項目に答えていない答案用紙を提出する受験者は，論文がよくても，専門家として認められない可能性が高いです。

④　特に"構想，計画策定，システム開発などの名称"に注力する

　コミュニケーションでは第一印象が重要となります。論文も一方向ですが，コミュニケーションです。したがって，第一印象が大切です。では，論文の第一印象はどこでしょうか。私は長い間，「設問アの前半です」と説明してきました。しかし，IPA 発表のとある資料によると，質問書の"名称"だそうです。これがしっかり書けている受験者は，内容もよいそうです。したがって，これで合否の当たりを付けるそうです。それを読んで以来，私は"構想，計画策定，システム開発などの名称（問 1 又は問 2 を選択した場合に記入）"，又は"製品又はシステムの名称（問 3 を選択した場合に記入）"も添削対象としています。

かつて受験した経験を基に質問書の内容を再現してみました。再現の精度は高くありませんが，参考にしてください。

論述の対象とする構想，計画策定，システム開発などの概要（　問1　又は　問2　を選択した場合に記入）

質 問 項 目	記 入 項 目
構想，計画策定，システム開発などの名称	
① 名称 30字以内で，分かりやすく簡潔に表してください。	ＡＩを活用した歯科医院における患者対応サービスの企画 【例】1.地方自治体住民サービス業務の統合システム化構想の策定 　　　2.デジタル技術を活用したサプライチェーン再構築の計画策定 　　　3.クラウドサービスを利用した薬品卸売業の物流管理システムの導入
対象とする企業・業種	
② 企業・機関などの種類・業種	1.建設業　2.製造業　3.電気・ガス・熱供給・水道業　4.運輸・通信業 5.卸売・小売業・飲食店　6.金融・保険・不動産業　7.サービス業　⑧情報サービス業 9.調査業・広告業　10.医療・福祉業　11.農業・林業・漁業・鉱業　12.教育(学校・研究機関) 13.官公庁・公益団体　14.特定しない　15.その他(　　　　　　　　　　　　)
③ 企業・機関などの規模	1.100人以下　2.101〜300人　3.301〜1,000人　④1,001〜5,000人　5.5,001人以上 6.特定しない　7.その他(　　　　　　　　　　　　　　　　　　　　　)
④ 対象業務の領域	1.経営・企画　2.会計・経理　③営業・販売　4.生産　5.物流　6.人事　7.管理一般 8.研究・開発　9.技術・制御　10.特定しない　11.その他(　　　　　　　　)
システムの構成	
⑤ システムの形態と規模	①クライアントサーバシステム　（サーバ約 30 台，クライアント約 200台） 2.Webシステム　　　　　　　ア.(サーバ約　　台，クライアント約　　　台) 　　　　　　　　　　　　　　イ.(サーバ約　　　台，クライアント分からない) 3.メインフレーム又はオフコン(約　　　台)及び端末(約　　　台)によるシステム 4.その他(　　　　　　　　　　　　　　　　　　　　　　　　　　　)
⑥ ネットワークの範囲	①他企業・他機関との間　2.同一企業・同一機関の複数事業所間　3.単一事業所内 4.単一部門内　5.なし　6.その他(　　　　　　　　　　　　　　　　)
⑦ システムの利用者数	1.1〜10人　2.11〜30人　3.31〜100人　4.101〜300人　5.301〜1,000人　6.1,001〜3,000人 ⑦3,001人以上　8.特定しない　9.その他(　　　　　　　　　　　　)
構想，計画策定，システム開発などの規模	
⑧ 総工数	(約　210　人月)
⑨ 総額	(約250百万円) (ハードウェア　　　　　の費用を　ア.含む　⑦含まない) 　　　　　　　　　(ソフトウェアパッケージの費用を　ア.含む　⑦含まない) 　　　　　　　　　(サービス　　　　　　の費用を　ア.含む　⑦含まない)
⑩ 期間	(2021 年　4　月)〜(2022 年　2　月)
構想，計画策定，システム開発などにおけるあなたの立場	
⑪ あなたが所属する企業・機関など	①ソフトウェア業，情報処理・提供サービス業など　2.コンピュータ製造・販売業など 3.一般企業などのシステム部門　4.一般企業などのその他の部門 5.その他(　　　　　　　　　　　　　　　　　　　　　　　　　　　)
⑫ あなたが担当した業務	①事業戦略策定　②情報システム戦略策定　③企画　4.要件定義　5.設計・開発・テスト・導入 6.運用・評価　7.その他(　　　　　　　　　　　　　　　　　　　)
⑬ あなたの役割	1.全体責任者　②チームリーダ　3.チームサブリーダ　4.担当者 5.企画・計画・開発などの技術支援者　6.その他(　　　　　　　　　)
⑭ あなたが参加するチームの構成	(約　4　〜　5　人)
⑮ あなたの担当期間	(2021 年　4　月)〜(2022 年　2　月)

　本試験では，特に⑨の "含む"，"含まない" に○印をつけたかを確認してください。

論述の対象とする製品又はシステムの概要 （問3を選択した場合に記入）

質 問 項 目	記 入 項 目
製品又はシステムの名称	
① 名称 30字以内で，分かりやすく簡潔に表してください。	火災消火活動をする消火ロボットシステム 　　　　　 【例】1.自動車制御及びナイトビジョン制御を統合した予測安全システム 　　　2.料理運搬用エレベータの制御システム 　　　3.魚釣りに使用されるマイコン内蔵型電動リール
対象とする分野	
② 販売対象の分野	1.工業制御・FA機器　2.通信機器　3.運輸機器　4.AV機器　5.PC周辺機器・OA機器 6.娯楽・教育機器　7.個人用情報機器　8.医療・福祉機器　9.設備機器　10.家電製品 ⑪.その他業務用機器　12.その他計測機器　13.その他(　　　　　　　　　　　)
③ 販売計画・実績	1.1点物　②1,000台未満　3.1,000〜10万台　4.10万1〜100万台　5.100万1台以上 6.その他(　　　　　　　　　　　　　　　　　　　　　　　　　　　)
④ 利用者	①専門家　2.不特定多数　3.その他(　　　　　　　　　　　　　　　)
製品又はシステムの構成	
⑤ 使用OS(複数選択可)	1.ITRON仕様　2.T-Kernel仕様　3.ITRON仕様・T-Kernel仕様以外のTRON仕様　4.Linux 5.Linux以外のPOSIX/UNIX仕様　6.組込み用Windows　⑦組込み用Windows以外のWindows ⑧Android・iOS　9.自社独自のOS　10.その他(　　　　　　　　　　) 11.使用していない
⑥ ソフトウェアの行数	①新規開発行数(約 3 万 行)　2.全行数(新規開発と既存の合計)(約 　　　行)
⑦ 使用プロセッサ個数	1.8ビット(　　個)　2.16ビット(　　個)　③32ビット(4 個) ④64ビット(8 個)　5.DSP(　　個)　6.その他(　　　　)(　　個)
製品又はシステム開発の規模	
⑧ 開発工数	(約 180 人月)
⑨ 開発費総額	(約 250 百万円)
⑩ 開発期間	(2021 年 4 月)〜(2022 年 2 月)
製品又はシステム開発におけるあなたの立場	
⑪ あなたが所属する企業・機関などの種類・業種	1.組込みシステム業　2.製造業　③情報通信業　4.運輸業　5.建設業　6.医療・福祉業 7.教育(学校・研究機関)　8.その他(　　　　　　　　　　　　　　　)
⑫ あなたの役割	①プロダクトマネージャ　2.プロジェクトマネージャ　3.ドメインスペシャリスト 4.システムアーキテクト　5.ソフトウェアエンジニア　6.ブリッジエンジニア 7.サポートエンジニア　8.QAスペシャリスト　9.テストエンジニア 10.その他(　　　　　　　　　　　　　　　　　　　　　　　　　)
⑬ あなたの所属チーム	チーム名(　製品企画チーム　　　　　　　　　　) チームの人数(約 5 人)
⑭ あなたの担当期間	(2021 年 4 月)〜(2022 年 1 月)

論文を作成する際の約束ごとを確認する

P_{oint} ここが ポイント！ ！ ！ ！ ！ ！ ！

★問1又は問2を選択した場合，質問書に書く名称はシステムの名称ではない

　質問書には"構想，計画，システム開発などの名称"と書かれています。アイテックの公開摸試では，"〜システム"という回答が散見されます。例に倣って，"〜計画"などにしましょう。

P_{oint} ここが ポイント！ ！ ！ ！ ！ ！ ！

★最初にやるべきことをやり，最後まで気を抜かない

　情報処理技術者試験では，問題番号選択や受験番号を答案用紙に記入していないと不合格です。

　大学入学試験では，受験番号の記入忘れを配慮してくれることもあるかもしれませんが，情報処理技術者試験では配慮してくれません。当たり前のことですが，試験が開始されたら，まず，受験番号を記入しましょう。

　論述式試験では，問題を選択したら，答案用紙の表紙にある問題番号に鉛筆で丸を付けるようになっています。情報処理技術者試験のガイドブックによると，採点者は，答案用紙に問題選択の丸が付いていないことに気付きながらも，試しに論文を採点することがあるそうです。そのような場合，よい論文であっても，点数は付けられないそうです。

　また，採点者が答案を読んでいて「こんなこと聞いていないのに」と思うことがあるそうです。すなわち，問題番号の選択を間違っているのです。このような場合は，「題意に沿っていない」という判定をするそうです。「百里の道も九十九里が半ば」です。最後まで，気を抜かないようにしましょう。

4.2 全試験区分に共通する論述の約束ごとを確認する

（1）一般的な論文の約束ごとを確認する

問題冊子に明示されていない，論文を書く上で必要な，一般的な約束ごとについて説明します。

① 「である」調で統一して書く

問題冊子には，「ですます」調で書くと評価を下げる旨は明示されていません。しかし，「ですます」調と「である」調が混合している文章は，減点の対象となると考えてください。また，経験からいうと，論文を「ですます」調で最後まで書ける方は少ないです。以上のことを考えると，「である」調に統一して書くことを推奨します。

② 禁則処理をする

いろいろなレベルの禁則処理がありますが，行の最初を句読点から始めることはやめるべきです。

③ 字数が多い英単語は工夫する

英単語を書く際に，半角文字と考えて1マスに2文字入れるという方法があります。これを論文の最後まで適用できればよいのですが，多くの論文では途中で1マスに1文字になったりします。本来ならば1マスに2文字ですが，本試験では1マスに1文字に統一した方が無難と考えます。そこで問題となるのが，字数が多い英単語です。一つの解決策として，カタカナで書くとよいでしょう。

なお，本書では，英数字を1マスに2文字入れています。

【答案用紙（本文）の使い方】

本文の部分は，1ページ400字の横書きの原稿用紙になっています。書いた文字を消す場合，**基本的には消しゴムで修正**します。問題は段落の途中の文章を修正する場合です。減点の対象となりますが，次のように訂正するとよいでしょう。

・**文章を挿入したい場合**

行間の空白部分を上手に利用して，小さい字で文章を挿入します。

```
プロトタイピングを事前に行い，性能要件を
達成することができることを確認することに
した。ただし，コストが増大し納期が遅れる
可能性があった。そこで私は〔プロジェクト〕マネージャと検
討し，要員のスケジュールを調整することで
対処した。具体的にはメンバの中からデータ
```

・段落の途中の文章を消す場合

　　鉛筆を定規代わりに利用して，二重線を引いて，空欄であることを明示するとよいでしょう。ポイントはきれいに見せることです。

プ	ロ	ト	タ	イ	ピ	ン	グ	を	事	前	に	行	い	，	性	能	要	件	を
達	成	の	可	能	性	＝	＝	＝	＝	＝	＝	を	確	認	す	る	こ	と	に
し	た	。	た	だ	し	，	コ	ス	ト	が	増	大	し	納	期	が	遅	れ	る

Point ここが ポイント！ ! ! ! ! ! ! !

★文章を推敲して訂正しても合格できる

　　段落の中ほどの文章を，このように文字を挿入して訂正した論文を筆者は提出したことがあります。結果は合格でした。書きっぱなしの文章よりも，きちんと推敲して意味の通る，分かりやすい論文が評価されると考えてよいでしょう。

（2）論述式問題における共通の約束ごとを確認する

　　情報処理技術者試験の論述式試験の各試験区分において，共通にいわれている約束ごとを確認します。

①　守秘義務を守る

　　顧客に対して私たちは秘密を守る義務があります。したがって，顧客に関する固有名詞は論文の中では使ってはなりません。なお，顧客ではない，ソフトウェア製品の製造元の会社などについては，基本的には守秘義務の対象とはなりません。

　　悪い例　弊社の顧客である(株)アイテックにおいて，人事システムを構築した。

　　良い例　弊社の顧客であるＢ社において，人事システムを構築した。

　　なお，業界によっては代表的な会社は数社しかなく，プロジェクトの規模などから推測できてしまう場合があります。このような場合でも，Ｂ社という表現で問題はありません。採点者も守秘義務があるからです。採点者が推測できるようなイニシャルを使うのは，絶対にやめましょう。

②　自分の組織内でしか通用しない表現を使わない

　　情報処理技術者試験，出題範囲，シラバスなどに使われている，一般的な用語を使って論述してください。例えば，Ａ通信サービス会社で使われる「Ｓ日」，あるいは，Ａ電力会社で使われる「本開日」という表現は減点の対象となりま

す。最悪の場合は意味が通じない論文と判断されて不合格となります。このようなときは，一般的な表現である「本稼働日」と記述してください。また，「プロジェクトマネージャ」を「プロマネ」などと最初から省略して記述することもやめましょう。なお，最近では「プロジェクトマネージャ（PM）」と表現している問題が出題されます。その場合は「PM」と書いても問題ありません。

③ 設問イでは，設問アで述べた内容を踏まえた論旨展開をする

合格を決める一つの要因に"一貫性"があります。例えば，設問アで述べた事業特性を，設問イで活用して論旨展開するようにしてください。具体的には，設問アにおいて，"事業特性は～"と書いて明示しておき，設問イにおいて，"～という事業特性を踏まえて"と書くようにしてください。簡潔に引用することがポイントです。

④ 問題点や課題については，全て解決する，あるいは解決の方向性を示す

設問イにおいて挙げた問題点や課題，あるいは，設問ウの評価において挙げた問題点や課題について，必ず，解決しましょう。解決できない場合は解決の方向性を示して論文を書き終えましょう。問題点や課題を挙げておきながら，それらを放置して論述を終了してしまうと，採点者が「この問題点はどうしたのだろうか？」という状態のままということになります。これでは，高い評価を得ることはできません。なお，設問文において課題だけを問うている場合は，課題だけでもよいです。

以上，いろいろな約束ごとを挙げましたが，初めから合格論文を書くことは難しいことです。まずは，全体で 2,400 字程度の論文を書いてみましょう。

次の章では，いよいよ「論文を設計して書く」演習を行います。

Point ここが ポイント！ ! ! ! ! ! !

★誤字をチェックしないと，論文を見直していないと判断される

同じ漢字を，誤って書いたり正しく書いたりと文字づかいが整っていない論文は，見直していないと推測されて評価を下げられても仕方がありません。また，問題文に書いてある漢字を，論文の中で誤って書いても評価を下げることになります。

★書けない漢字はひらがなで書くのではなく，別の単語で書く

添削の経験から，ひらがなで書かれた論文は，内容的にも稚拙な論文が多いです。しっかりと漢字で書いて，論文としての体裁を整えましょう。

第5章

論文を設計して書く演習をする

　そろそろ読むのに疲れましたか？ 元気を出して例にならって演習を
行いましょう。鉛筆をもって，さあ，開始です。

　組織では，ビジネス環境の激しい変化に対応するために，データとディジタル技術を活用して DX に取り組むことが重要となってきています。DX 推進において中心的な役割を担うのが IT ストラテジストです。そこで，IT ストラテジスト試験令和 3 年午後 II 問 1 "デジタルトランスフォーメーションを実現するための新サービスの企画" というタイトルの問題を演習問題として選択しました。設問アでは，事業環境，事業特性，DX の取組の概要について，設問イでは，ターゲットとした顧客とそのニーズ，活用したデータとディジタル技術とともに新サービスの内容について，及び，設問ウでは，経営層への提案内容，評価，評価を受けて改善した内容について，問われている問題です。

　この節では，論述において，知っていると便利な文章のひな型について説明します。必須ではないですが，気に入ったら，ひな型を使ってみてください，という程度の内容です。できるだけ多くの本試験問題のパターンに対応できるようにひな型を作成しています。

　なお，この "5.1" で説明する内容は，"Just Do it 関所 No.4" において，まとめて演習しますので，この節では，まだ，読むだけでもよいです。

Point ここが ポイント！！！！！！！！

★設問文だけを読んで論文を書こうとしない

　設問文だけを読んで論文を書こうとすると，①経験がないから書けない，②時間が足りない，③規定字数に満たない，という事態に陥ります。問題冊子をチェックしてください。問題文の出題の趣旨に沿って解答することが求められています。制限時間内に問題文の趣旨に沿った論文を書き上げるために，問題文にあるトピックを参考にしましょう。

ＩＴストラテジスト試験

問1　デジタルトランスフォーメーションを実現するための新サービスの企画について

　　企業は，データとディジタル技術を活用したデジタルトランスフォーメーション（DX）に取り組むことが重要になってきている。

　　流通業のグループ会社である倉庫会社では，物流保管サービスのプラットフォーマに変革するという DX を実現するための新サービスを企画した。具体的には，IC タグを使って商品 1 個単位に入出庫や保管を管理できるように物流保管システムを改修し，グループ外の一般企業にも，オープン API を用いた物流保管サービスを提供した。これによって，洋服一点ごとの管理ができる倉庫を探していた衣料品レンタル会社などを新規顧客として獲得している。

　　工場設備の監視制御システムなどを提供している測量機器メーカでは，サービス業にも事業を拡大するという DX を実現するための新サービスを企画した。具体的には，赤外線カメラなどを搭載したドローンを活用し，ドローンで撮影した大量の画像データを AI で解析することによって，高所や広範囲なインフラ設備を監視する年間契約制のサービスを提供した。これによって，インフラ点検を安全かつ効率的に行いたい道路運営会社や電力会社を新規顧客として獲得している。

　　IT ストラテジストは，DX を実現するための新サービスを企画する際には，ターゲットの顧客を明確にし，その顧客のニーズを基に新サービスを検討する必要がある。

　　さらに，DX を実現するための新サービスを具体化する際には，収益モデル，業務プロセス，新サービスの市場への普及方法，リスク対応策，協業先などを検討し，投資効果と合わせて経営層に提案することが重要である。

　　あなたの経験と考えに基づいて，設問ア～ウに従って論述せよ。

設問ア　あなたが携わった DX を実現するための新サービスの企画について，背景にある事業環境，事業特性，DX の取組の概要を，800 字以内で述べよ。

設問イ　設問アで述べた DX を実現するために，あなたはどのような新サービスを企画したか，ターゲットとした顧客とそのニーズ，活用したデータとディジタル技術とともに，800 字以上 1,600 字以内で具体的に述べよ。

設問ウ　設問イで述べた DX を実現するための新サービスを具体化する際には，あなたは経営層にどのような提案を行い，どのような評価を受けたか。評価を受けて改善したこととともに，600 字以上 1,200 字以内で具体的に述べよ。

（1）ひな型を確認する

　　論述に慣れていない方は，ひな型があると論述が容易になると考え，ひな型を用意しました。論述に慣れれば，ひな型に固執する必要はありません。筆者は，ひな型に従って論述することで，①採点者にとって採点しやすい論文になる，②合格論文に必要な工夫のアピール，能力のアピールを容易に論文に盛り込めるようになる，という利点があると考えています。**ひな型を意識して論文を設計できるようになる**ことが重要です。

　　ひな型について，次に説明します。なお，ひな型については，実際の論文の論旨展開に合わせて語尾などを適切に修正して活用します。

（a）業界ごとの事業特性を明示する展開

　　多くの問題では，設問アで事業特性について問われます。IT ストラテジストは，業界ごとの事業特性の特徴を踏まえて，事業戦略，情報システム化戦略，全体システム化計画，個別システム化構想・計画を策定し，実施結果を評価する人ですから，設問アにおいて，業種ごとの事業特性を明示しておきます。論述例としては「電子カルテサービスのユーザである医師は，各種医師会や学会などに属して活動している。そのため，医療関連ソフトウェア業界の事業特性としては，マーケティングにおいては，人から人へと評判が伝わることを利用するバイラルマーケティングが有効という点を挙げることができる」などと，業界ごとの事業特性を明示します。**業界ごとの事業特性を明示する展開のひな型は，"〜業界の事業特性としては〜という点を挙げることができる"あるいは"〜という〜業界の事業特性がある"**です。

（b）問われている内容を明示する展開

　　設問イでは，問題によって，いろいろな内容が問われます。この問題では，「ターゲットとした顧客とそのニーズ」などが該当します。論述例としては，「コロナ禍において，歯科医院では患者と歯科医院のスタッフ（以下，スタッフという）の接触を最小限にして病院を運営している。患者と医師との接触は仕方ないが，それ以外の診療受付，次回予約，料金精算において，スタッフと患者との接触を最小限にしたいという要望があると考え，ターゲットとした顧客は，このようなコロナ対策を徹底している中小の歯科医院である。ニーズとしては，A 社の顧客にインタビューしたところ，診療受付，次回予約，料金精算をスタッフと接触しないで済ませたいというニーズがあった」などと，問われている内容を明示します。**問われている内容を明示する展開のひな型は，"(問われている内容)は〜"，あるいは，"(問われている内容)としては〜"**などです。

　　このように書くのは当たり前と思うかもしれません。しかし，公開模試では，設問で問われていることをきちんと書いていない論文が散見されます。そこで，このようなひな型を作りました。

（c）課題を明示する展開

　　採点者は，解決すべき問題，課題が分からない状況で IT ストラテジストとしての施策を読んでも，施策の妥当性を判断できないことがあります。したがって，課題を明示してから施策を論じることで，施策の妥当性を採点者に示すようにします。論述例は「経営層からは，経営戦略との整合性については鳥瞰図を活用して分かりやすく表現できているが，他の DX 企画と比較して優れていることが判断できないという評価を得た。そこで私は，A 社における DX の取組は複数推進されているために，当該提案の優位性を明確にすることが課題となった」です。したがって，**課題を明示する展開のひな型は "〜が課題となった"** です。

（d）専門家としての考えをアピールする展開第1パターン

　　論文では，専門家としての活動をアピールすることも重要です。それ以上に，専門家としての考えや，そのように考えた根拠を採点者にアピールすることが重要です。専門家としての考えをアピールする展開の論述例は「コロナ禍において，歯科医院では患者と歯科医院のスタッフ（以下，スタッフという）の接触を最小限にして病院を運営している。患者と医師との接触は仕方ないが，それ以外の診療受付，次回予約，料金精算などにおいて，最悪の場合は患者がコロナ感染していることを根拠に，スタッフと患者との接触を最小限にしたいという要望があると考え，ターゲットとした顧客は，このようなコロナ対策を徹底している中規模以上の歯科医院である」です。このように論旨展開して専門家としての考えや，そのように考えた根拠を採点者にアピールします。なお，スタッフと患者との接触を最小限にしたいという要望があると考えた根拠は，最悪の場合は患者がコロナ感染していることです。

　　なお，考えをアピールした後に，IT ストラテジストとしての活動，施策，計画を論じます。したがって，**専門家としての考えをアピールする展開第1パターンのひな型は，"〜と考え〜"** です。

（e）専門家としての考えをアピールする展開第2パターン

　　筆者には，以前，企業において提案書をよく書いていた時期があります。筆者が書いた提案書をアジアパシフィックエリア担当のマネージャがレビューするのですが，高い頻度で，根拠を述べろ，と指摘されていました。そこで私は，提案書を書く際に，事前に "because" を多発することで，レビューにおける指摘を減らすことができました。そうです。人を納得させるためには，根拠を述べることが重要なのです。そこで私は，論文においても "なぜならば〜" という展開を盛り込むことにしました。

　　論述例としては，「A 社の経営戦略と当該提案の整合性を示すために，バランススコアカードの四つの視点から整理した鳥瞰図を作成した。なぜならば，経営戦略と当該提案を，バランススコアカードの四つの視点で網羅的に分析することを根拠に，漏れなく重複なく分析できると考えたからである。」などと展開します。

　　ここで「なぜならば，漏れなく重複なく分析できると考えたからである。」だけでは，採点者へのアピールは弱いと考えてください。「なぜならば，事業戦略と経

営戦略との整合性を確認できると考えたからである」,「なぜならば,経営者による迅速な意思決定を支援できると考えたからである」などと,都合のよいことをいくつでも書けるからです。「経営戦略と当該提案を,バランススコアカードの四つの視点で網羅的に分析することを根拠に」などと,専門家としての考えに加えて,そのように考えた根拠を述べることも必要です。**専門家としての考えをアピールする展開第2パターンのひな型は,"なぜならば,〜"**です。

（f）工夫をアピールする展開

　　工夫とは,いろいろと考えて,よい手段を見つけ出すことです。工夫をアピールする際,「〜した」を「〜という工夫をした」と,ITストラテジストとしての活動,施策,計画の表現を,語尾だけ変えているケースが散見されます。これでは,採点者は工夫として認めてくれません。そこで,困難な状況からのブレークスルーという展開を盛り込むことで,採点者に工夫をアピールします。アピールしたい内容を書く前に,困難な状況を採点者にアピールします。論述例を次に示します。

　　「スタッフ業務の削減時間について,顧客への営業活動時に顧客へ具体的に示すという課題が新たに生じた。顧客の規模,例えばスタッフ数や1日の患者数などによって,業務の削減時間が異なるため,顧客に一概に削減時間を提示できないという難しい問題があった。そこで私は,標準モデルを作成して,1回の診察におけるスタッフ業務の削減時間をシミュレーションして算出することにした。具体的には,標準モデルとした1回の業務削減時間を基に,顧客ごとに異なる事情を加味した削減時間を求めて,それに顧客における1日の診療回数を乗算することで,顧客における1日の業務削減時間を求めることができるように計画した。」

　　したがって,**工夫をアピールする展開のひな型は,"〜という難しい問題に直面した。そこで私は〜"**です。

（g）事業特性を踏まえる展開

　　設問アで論じた事業特性を,設問アの後半,設問イや設問ウで引用して,事業特性を踏まえる展開として活用します。これによって,論文における一貫性を採点者にアピールします。論述例としは,前述の「医療関連ソフトウェア業界の事業特性としては,マーケティングにおいては,人から人へと評判が伝わることを利用するバイラルマーケティングが有効という点を挙げることができる」という記述を基に,「バイラルマーケティングが有効という,医療関連ソフトウェア業界の事業特性を踏まえて,既存顧客への販売促進を中心に活動すること,その際,既存顧客から将来の顧客になり得る知人に,他システムとの連携が容易などというA社の電子カルテサービスの強みを宣伝してもらうという,普及方法を提案した」を挙げることができます。**事業特性を踏まえる展開のひな型は,"〜という〜業界の事業特性を踏まえて〜"**です。

　　ここで,「事業特性を踏まえて〜」だけでは,採点者へのアピールは弱いと考えてください。しっかりと,引用することが重要です。そのためには,設問アにおいて,事業特性を簡潔に表現することが必要となります。

（h）“とともに”を明示する展開

　　設問イや設問ウでは，“〜とともに”という表現が盛り込まれることがあります。当該問題では設問イにおいて，「ターゲットとした顧客とそのニーズ，活用したデータとディジタル技術とともに」が該当します。ここで，まず，留意すべき点は，設問文におけるキーワードの出現順と同じ順番で，論文において論じればよい，ということではないということです。言い換えると，設問文の最後に“活用したデータとディジタル技術”というキーワードが現れているので，設問イの最後において“活用したデータとディジタル技術”について論ずればよい，ということではない，ということです。論旨展開を考えて，“活用したデータとディジタル技術”というキーワードについて論じるようにしてください。この問題では，設問イで問われている“企画した新サービス”の前に“活用したデータとディジタル技術”を論じるようにしています。“とともに”を明示する論述例を次に挙げます。

　　活用したデータは，診察室に設置したカメラから送られている映像データである。この映像データを分析する際に活用したディジタル技術が音声認識技術とAIである。具体的には，映像データを，音声認識技術を使ってAIが分析して，診療室における，①マイナンバーカードによる本人確認，②患者の体温の測定，③うがい薬による口内の消毒の完了確認をする。診療が完了した後は，④次回の診察の予約，⑤電子決済などをする。なお，次回の予約などではAIと患者が会話する。

　　したがって，“とともに”を明示する展開のひな型は，“（問われている内容）は〜”，あるいは，“（問われている内容）としては〜”です。設問文において，「〜とともに」と指定されているにもかかわらず，どこに書いてあるか分からない論文が散見されるので，このようなひな型を作ってみました。

（i）能力をアピールする展開

　　物事を成し遂げることができる展開を盛り込んで，もっと採点者に，ITストラテジストとしての能力をアピールしましょう。そのためには，課題に対して活動，施策，計画を論じた後に生じた，新たな課題を明示して，その課題を解消する展開を論文に盛り込みます。論述例は，次のとおりです。

　　「新サービスが顧客にとってどのようなメリットが生じるかを示すという課題があった。そこで私は，患者とスタッフの関わりを中心に，旧業務モデルと，新サービスを利用した新業務モデルの両方を作成して，新サービスを利用することで，スタッフと患者の接触をどのくらい削減できるか，スタッフ業務をどのくらい削減できるかを示すようにした。ただし，スタッフ業務の削減時間について，顧客への営業活動時に顧客へ具体的に示すという課題が新たに生じた。顧客の規模，例えばスタッフ数や1日の患者数などによって，業務の削減時間が異なるため，顧客に一概に削減時間を提示できないという難しい問題があった。そこで私は，標準モデルを作成して，1回の診察におけるスタッフ業務の削減時間をシミュレーションして算出することにした。具体的には，標準モデルとした1回の業務削減時間を基に，顧客ごとに異なる事情を加味した削減時間を求めて，それに顧客における1日の診療回数を乗算することで，顧客における1日の業務削減時間を求めることができるように計画した。」

したがって，採点者に**能力をアピールする展開のひな型**は，"ただし，〜という**新たな課題が生じた。そこで私は〜**"です。

（2）章立てをする

　設問文に沿って章立てをします。自分が書きやすいように章立てをするのではなく，採点者が採点しやすく章立てをすることが重要です。したがって，設問文に沿って章立てをします。設問文のキーワードを囲って，章と節の番号を振っていきます。具体的には，第1章第2節の場合は，"1.2"と記入します。

　前述のとおり，"〜とともに"という記述については，キーワードの出現順番で論述するのではなく，論旨展開を考えて論述する順番を決めます。

【問題への記入例】

設問ア　あなたが携わったDXを実現するための新サービスの企画について，背景にある事業環境，事業特性，DXの取組の概要を，800字以内で述べよ。

設問イ　設問アで述べたDXを実現するために，あなたはどのような新サービスを企画したか，ターゲットとした顧客とそのニーズ，活用したデータとディジタル技術とともに，800字以上1,600字以内で具体的に述べよ。

設問ウ　設問イで述べたDXを実現するための新サービスを具体化する際には，あなたは経営層にどのような提案を行い，どのような評価を受けたか。評価を受けて改善したこととともに，600字以上1,200字以内で具体的に述べよ。

　節のタイトルについては，前図にあるように，設問文にあるキーワードからピックアップします。章のタイトルは，章に含まれる節のタイトルをつなげるとよいでしょう。ただし，長すぎた場合は，簡潔にまとめます。

【章立ての例】

- 　第1章　新サービスの企画
- 　　1.1　背景にある事業環境
- 　　1.2　事業特性
- 　　1.3　DXの取組の概要
- 　第2章　企画した新サービス
- 　　2.1　ターゲットとした顧客とそのニーズ
- 　　2.2　活用したデータとディジタル技術
- 　　2.3　企画した新サービス
- 　第3章　経営層への提案，評価，改善
- 　　3.1　経営層への提案
- 　　3.2　評価と改善した内容

（3）趣旨の文章を節に割り振る

　　章立てができました。ここで趣旨に沿って論述するために，趣旨にある各文章と，章立てした節とを対応付けします。これによって，各節において，どのようなことを論じればよいかが分かります。割り振った例を次に示します。なお，再度，確認しますが，例えば"2.2"とは論文の章立ての第2章第2節を示します。

問1　デジタルトランスフォーメーションを実現するための新サービスの企画について

　1.1
　企業は，データとデジタル技術を活用したデジタルトランスフォーメーション（DX）に取り組むことが重要になってきている。

　2.3
　流通業のグループ会社である倉庫会社では，物流保管サービスのプラットフォーマに変革するというDXを実現するための新サービスを企画した。具体的には，ICタグを使って商品1個単位に入出庫や保管を管理できるように物流保管システムを改修し，グループ外の一般企業にも，オープンAPIを用いた物流保管サービスを提供した。これによって，洋服一点ごとの管理ができる倉庫を探していた衣料品レンタル会社などを新規顧客として獲得している。
　　2.1

　2.3
　工場設備の監視制御システムなどを提供している測量機器メーカでは，サービス業にも事業を拡大するというDXを実現するための新サービスを企画した。具体的には，赤外線カメラなどを搭載したドローンを活用し，ドローンで撮影した大量の画像データをAIで解析することによって，高所や広範囲なインフラ設備を監視する年間契約制のサービスを提供した。これによって，インフラ点検を安全かつ効率的に行いたい道路運営会社や電力会社を新規顧客として獲得している。
　　　2.1

　ITストラテジストは，DXを実現するための新サービスを企画する際には，ターゲットの顧客を明確にし，その顧客のニーズを基に新サービスを検討する必要がある。
　　　　　　　　　　　　　　　　　　　　　　　　　　　　　　　　　　　　2.1
　　　　　　　　　　　　　　　　　　　　　　　　　　　　　　　　2.2，2.3
　さらに，DXを実現するための新サービスを具体化する際には，収益モデル，業務プロセス，新サービスの市場への普及方法，リスク対応策，協業先などを検討し，投資効果と合わせて経営層に提案することが重要である。
　　　　　　　　　　　　　　　　　　　　　　　　　　　　　　　3.1

　あなたの経験と考えに基づいて，設問ア～ウに従って論述せよ。

設問ア　あなたが携わったDXを実現するための新サービスの企画について，背景にある事業環境，事業特性，DXの取組の概要を，800字以内で述べよ。
　　　　　　1.1　　　　　1.2　　1.2　　　1.1

設問イ　設問アで述べたDXを実現するために，あなたはどのような新サービスを企画したか，ターゲットとした顧客とそのニーズ，活用したデータとデジタル技術とともに，800字以上1,600字以内で具体的に述べよ。
　　　　　　　　　　　　2.3　　　2.1　　　　　　　　　　2.2

設問ウ　設問イで述べたDXを実現するための新サービスを具体化する際には，あなたは経営層にどのような提案を行い，どのような評価を受けたか。評価を受けて改善したこととともに，600字以上1,200字以内で具体的に述べよ。
　　　　3.1　　　　　　　　　3.2　　　　　　　3.2

（4）問題文にトピックを書き込む

　設問イについては，趣旨にある文章を章立てに割り振ることで，各節において，どのような内容を論じればよいか分かるはずです。設問アは，事業特性などが問われますから，事前に準備した内容を問題文の趣旨に合わせて微調整すればよいでしょう。

　問題は設問ウです。多くの本試験問題では，問題文の趣旨に設問ウに関係する文章は少ないです。しかし，経営層への提案内容や経営層からの評価などについて高い頻度で問われます。いくつかのパターンを用意しておくとよいでしょう。設問ウについては，ある程度は事前に設計しますが，設問イを書いていると，事前に設計した内容とは異なる展開になることもあるので，設問ウの設計には，設問イよりも時間をかけないようにしましょう。

　では，問題の趣旨を膨らませるように，直前の図にある問題文にトピックを書き込んでみましょう。トピックは，自分の経験からでも，専門知識からでも OK です。**ひとりブレーンストーミングをやる感じ**で書き込みます。

　トピックを書き込んだのが次図です。頭に浮かんだ内容を全て書く必要はありません。論文を書き始めるまでの備忘録のようなものです。本番の試験では，次図を作成した段階で論文設計は終了で，論文を書き始めます。論文設計に慣れていないうちは，ワークシートを作成してから論述を開始します。

　慣れていないうちは，次図を見てもチンプンカンプンだと思います。理由は論文を設計した人の，論文を論述するまでの備忘録だからです。前述の**ひな型，及びこれから説明するワークシートの記入方法が分かれば，問題の趣旨に，皆さんの実務経験や専門知識などを盛り込む形で，次図のように問題文にトピックが書けるようになる**と考えています。したがって，ワークシートの記入方法を習得した上で，もう一度，皆さんの手で，問題文にトピックを書き込んでみてください。

　なお，趣旨に沿った論文にするために，趣旨にある重要な文章に波線を引きます。具体的には，語尾が“〜重要である”あるいは“〜する必要がある”という文章に着目して波線を引きます。この問題では，「ターゲットの顧客を明確にし，その顧客のニーズを基に新サービスを検討する必要がある」，「収益モデル，業務プロセス，新サービスの市場への普及方法，リスク対応策，協業先などを検討し，投資効果と合わせて経営層に提案することが重要である」が重要な文章に該当します。なお，「収益モデル，業務プロセス，新サービスの市場への普及方法，リスク対応策，協業先など」において，“など”と書いてあるので，これは例示と考え，全てについて論じる必要はありません。一方，「投資効果と合わせて経営層に提案すること」については必須と考えた方がよいでしょう。

　このテキストでは，次図（以下，論文設計完成版という）を作成したら，論文設計完成版の設計内容をワークシートにまとめて，ワークシートを基に論述します。**本試験の場では，"論文設計完成版"を基に論述する**ことになります。これから演習を行うことで，ワークシートを頭の中で展開できるようになります。前述のひな型と一緒にワークシートの内容を覚えてしまうとよいでしょう。

問1　デジタルトランスフォーメーションを実現するための新サービスの企画について

1.1
企業は，データとディジタル技術を活用したデジタルトランスフォーメーション（DX）に取り組むことが重要になってきている。

2.3
流通業のグループ会社である倉庫会社では，物流保管サービスのプラットフォーマに変革するという DX を実現するための新サービスを企画した。具体的には，IC タグを使って商品 1 個単位に入出庫や保管を管理できるように物流保管システムを改修し，グループ外の一般企業にも，オープン API を用いた物流保管サービスを提供した。これによって，洋服一点ごとの管理ができる倉庫を探していた衣料品レンタル会社などを新規顧客として獲得している。　*2.1*

2.3
工場設備の監視制御システムなどを提供している測量機器メーカでは，サービス業にも事業を拡大するという DX を実現するための新サービスを企画した。具体的には，赤外線カメラなどを搭載したドローンを活用し，ドローンで撮影した大量の画像データを AI で解析することによって，高所や広範囲なインフラ設備を監視する年間契約制のサービスを提供した。これによって，インフラ点検を安全かつ効率的に行いたい道路運営会社や電力会社を新規顧客として獲得している。　*2.1*

IT ストラテジストは，DX を実現するための新サービスを企画する際には，ターゲットの顧客を明確にし，その顧客のニーズを基に新サービスを検討する必要がある。　*2.1* *2.2, 2.3*

さらに，DX を実現するための新サービスを具体化する際には，収益モデル，業務プロセス，新サービスの市場への普及方法，リスク対応策，協業先などを検討し，投資効果と合わせて経営層に提案することが重要である。　*3.1*

あなたの経験と考えに基づいて，設問ア〜ウに従って論述せよ。

（手書き注記）バイラルマーケティング
（手書き注記）新サービスの有効性を顧客に示す課題 シミュレーション
（手書き注記）ハードルレートのクリア
（手書き注記）バイラルマーケティングが有効
（手書き注記）キャッシュフロー図
（手書き注記）コロナ対策

設問ア　あなたが携わった DX を実現するための新サービスの企画について，背景にある事業環境，事業特性，DX の取組の概要を，800 字以内で述べよ。
（手書き注記）1.1 / 1.2 / ソフトウェア企業 A社 / 2.3

設問イ　設問アで述べた DX を実現するために，あなたはどのような新サービスを企画したか，ターゲットとした顧客とそのニーズ，活用したデータとディジタル技術とともに，800 字以上 1,600 字以内で具体的に述べよ。
（手書き注記）2.1 / 2.2
（手書き注記）中規模以上の歯科病院
（手書き注記）受付や次回予約を AI がするサービス / 診察室にあるカメラからの動画データ / 音声認識 AI

設問ウ　設問イで述べた DX を実現するための新サービスを具体化する際には，あなたは経営層にどのような提案を行い，どのような評価を受けたか，評価を受けて改善したこととともに，600 字以上 1,200 字以内で具体的に述べよ。
（手書き注記）3.1 / 3.2
（手書き注記）患者との接触を減らしたい
（手書き注記）提案と経営戦略との整合性 / 提案の優位性 / ポートフォリオ作成

Point ここが ポイント！！！！！！！！

★問題文を最大限活用して，合格論文を書く

　　問題文は合格論文の要約です。自分が挙げたトピックを肉付けして，要約から合格論文を作成しましょう。

　　ただし，問題文の引用による字数の水増し，問題文の例と一般論との組合せだけによる論旨展開は採点者によい印象は与えません。掘り下げて具体的に書くようにしましょう。

Point ここが ポイント！！！！！！！！

★トピックを挙げることは，論文設計を成功させる第一歩

　　トピックを挙げるという作業は，この時点で非常に重要な作業です。**「ブレーンストーミングを一人でやる」**という気構えでがんばってください。これができないと，論文設計が上手にできません。

【訓練４】 ワークシートに記入する

それでは，問題文に書き込んだ章立てやトピック，具体的には，"5.1"で作成した"論文設計完成版"を基に，ワークシートに記入してみましょう。これから，ワークシートへの記入例を示しますが，これから示す記入例は分かりやすく文章で表現しています。**皆さんが記入するときは備忘録程度の記入でOK**です。

再度，確認します。**ワークシートに記入するトピックは，どこからもってくるの？** と読んでいて思うかもしれません。実務経験や専門知識を基に書いた"論文設計完成版"に，更に，実務経験や専門知識を加味して，ワークシートに記入します。

なお，この"5.2"で説明する内容は，"Just Do it 関所 No.4"において，まとめて演習しますので，実際には，まだ，記入しなくともよいです。

（１）ワークシートを確認する

巻末にある"巻末ワークシート 3"と"巻末ワークシート 4"を切り離します。"巻末ワークシート 3"が未記入，"巻末ワークシート 4"が記入済です。"巻末ワークシート 3"については，コピーして使ってくだい。

これから記入方法を説明しますが，分からなくなったら，記入済の"巻末ワークシート 4"で確認するようにしてください。

では，未記入のワークシートの左側を見て，全体が設問ア，イ，ウに分かれていることを確認してください。これから，設問ア，イ，ウという順番で書き方を説明します。

（２）章立てをワークシートに記入する

章立ては，ワークシートにおいて横長の網掛部分に書き込みます。問題によっては，章立てが入らない横長の網掛部分もあります。この問題では，設問ウの自由記入欄ウ－3 の上にある網掛部分は空白となります。作成済みの章立ての例を次に示しているので，これをワークシートに記入していきます。

　趣旨に沿った論文にするために，問題文にある趣旨から重要な文章を抽出します。具体的には，"〜重要である"や"〜必要がある"となっている文章に着目します。まず，"IT ストラテジストは，DX を実現するための新サービスを企画する際には，ターゲットの顧客を明確にし，その顧客のニーズを基に新サービスを検討する必要がある"という文章に着目します。設問イにある"DX を実現するために"という記述から，これは設問イに関する文章であることが分かります。したがって，ワークシートの設問イにある重要趣旨の後に「ターゲットの顧客を明確にし，その顧客のニーズを基に新サービスを検討する」と記入します。

　次に趣旨にある"DX を実現するための新サービスを具体化する際には，収益モデル，業務プロセス，新サービスの市場への普及方法，リスク対応策，協業先などを検討し，投資効果と合わせて経営層に提案することが重要である"という文章に着目します。この文章は，設問ウの"DX を実現するための新サービスを具体化する際には"という記述から，設問ウに関する文章であることが分かります。したがって，ワークシートの設問ウにある重要趣旨の後に「収益モデル，業務プロセス，新サービスの市場への普及方法，リスク対応策，協業先などを検討し，投資効果と合わせて経営層に提案する」と記入します。なお，この文章では"〜など"と表現されているので，収益モデル，業務プロセス，新サービスの市場への普及方法，リスク対応策，協業先は例示と考えてください。"投資効果と合わせて経営層に提案する"ことは必須と考えるとよいでしょう。

　設問アの章立てとしては，ワークシート一段目の網掛部分のカラムに，「第 1 章　新サービスの企画」と記入し，その下の網掛部分に，「1.1 背景にある事業環境」と記入します。ワークシートの設問アの中段にある網掛部分には，「1.2 事業特性」を，下段の網掛部分には「1.3 DX の取組の概要」と記入します。これで設問アは終わりです。

　設問イの章立てでは，まず，ワークシートの設問イの最上段にある網掛部分に，「第 2 章　企画した新サービス」と記入し，その下の網掛部分に「2.1 ターゲットとした顧客とそのニーズ」と記入します。その下に網掛部分が二つあるので，順番に「2.2 活用したデータとディジタル技術」，「2.3 企画した新サービス」と記入します。

設問ウの章立てでは，ワークシートの"設問ウ"の網掛部分の最上段に「第3章 経営層への提案，評価，改善」，その下の網掛部分に「3.1 経営層への提案」，その下の網掛部分に「3.2 評価と改善した内容」と記入します。この問題では，ワークシートの自由記入欄ウ－3とその上の網掛部分は使いません。

　この例では，評価と改善した内容を同じ節で論じています。皆さんが，これらを分けて論じたい場合は，設問ウの自由記入欄ウ－2の上に"3.2 評価"，その下の網掛けに"3.3 改善した内容"とします。

　章立てを記入することについて，始めは大変かもしれませんが，慣れてくれば機械的にできると考えています。

P_{oint} ここが ポイント !｜｜｜｜｜｜｜

★設問文の「どのように」と「どのような」を読み分ける
　これを失敗すると出題の趣旨に沿っていない論文になります。正確に読み分けながら章立てをしてください。

（3）設問アをワークシートに記入する

　"5.1"で作成した"論文設計完成版"を基に，ワークシートに記入するので，必ず，**"論文設計完成版"を参照しながら，読み進めてください。**なお，【】の中は，ワークシートの記入欄の名称を，〔〕の中は対応するひな型の名称を示しています。なお，ひな型については第5章第1節(1)で説明しています。

【自由記入欄ア－1】
〔問われている内容を明示する展開〕
　設問アでは，高い頻度で"背景にある事業環境"について問われるので，事前に用意するとよいでしょう。内容の方向性としては"厳しい事業環境である"でよいでしょう。ワークシートの記入では，次に，"⇒"の後に記入例を示します。
【自由記入欄ア－1】⇒「A社は電子カルテなどのソフトウェアパッケージを製造・販売する中堅のソフトウェア企業である。近年では電子カルテサービスを提供するSaaSも提供している。SaaS形態で電子カルテサービスを提供する同業他社は多く，価格競争を勝ち抜くか，差別化したサービスを提供して競争優位に立たなければ生き残れないという，事業環境が背景にあった」

【自由記入欄ア－2】
〔事業特性の明示〕

設問アでは，高い頻度で“事業特性”について問われているので，事前に用意するとよいでしょう。留意すべき点は，“業界ごとの事業特性”であるという点です。したがって，“医療関連ソフトウェア業界の事業特性”という表現をしている点に着目してください。

【自由記入欄アー2】 ⇒「医療関連ソフトウェア業界の事業特性としては，電子カルテサービスのユーザである医師は，各種医師会や学会などに属して活動している。そのため，マーケティングにおいては，人から人へと評判が伝わることを利用するバイラルマーケティングが有効という点を挙げることができる」

【自由記入欄アー3】

〔問われている内容を明示する展開〕

設問アでは設問で問われている内容について明示的に論じることが重要です。理由は明示的に論じていることから逃げている論文が多いため，そのような論文との違いを，明示的に論じることで採点者にアピールできるからです。

ここでは“DX の取組の概要”について問われています。経営戦略と DX 戦略との整合性確保や，要件定義の前に実証実験を行うなどの専門知識を活用して書くとよいでしょう。

【自由記入欄アー3】 ⇒「差別化戦略に基づいて DX 推進活動を立ち上げ推進している。DX の取組としてはテーマを決めて実証実験を行い，実現可能性を確認した上で企画書を作成するというステップを踏む。企画書が経営会議で承認されれば，プロジェクトが立ち上がり要件定義に進む」

（4）設問イをワークシートに記入する

次のように各記入欄を埋めていきます。最後に重要趣旨である“ターゲットの顧客を明確にし，その顧客のニーズを基に新サービスを検討する”という展開が盛り込まれていることを確認します。具体的には自由記入欄イー2 にある“診療受付，次回予約，料金精算をスタッフと接触しないで済ませたいというニーズを基に，私は AI を活用できないかを実証実験することにした”などが該当します。

【自由記入欄イー1】

〔“とともに”を明示する展開〕

“2.1 ターゲットとした顧客とそのニーズ”という章立てに従って，“ターゲットとした顧客”と“ニーズ”について論じます。

【自由記入欄イー1】 ⇒「スタッフと患者との接触を最小限にしたいという要望があると考え，ターゲットとした顧客は，このようなコロナ対策を徹底している中規模以上の歯科医院である。ニーズとしては，A 社の顧客にインタビューしたところ，診療受付，次回予約，料金精算をスタッフと接触しないで済ませたいというニーズがあった」

【自由記入欄イー2】

〔"とともに"を明示する展開〕

　"2.2 活用したデータとディジタル技術"という章立てに従って，"活用したデータ"と"ディジタル技術"について論じます。この二つについては，高い頻度で問われるので，事前に論述内容を用意しておくとよいでしょう。

【自由記入欄イー2】⇒「診療受付，次回予約，料金精算をスタッフと接触しないで済ませたいというニーズを基に，私はAIを活用できないかを実証実験することにした。活用したデータは，診察室に設置したカメラから送られている映像データである。この映像データを分析する際に活用したディジタル技術は音声認識技術とAIである。具体的には，映像データを，音声認識技術を使ってAIが分析して，診療室における，①マイナンバーカードによる本人確認，②患者の体温の測定，③うがい薬による口内の消毒の完了確認をする。診療が完了した後は，④次回の診察の予約，⑤電子決済などをする。なお，次回の予約などではAIと患者が会話する」

【自由記入欄イー3】

〔問われている内容を明示する展開〕

　"2.3 企画した新サービス"という章立てに従って，新サービスについて，ビジネスモデルの表現方法である"顧客"，"価値提案"，"収益や利益確保の方法"，"活用したIT"という四つの切り口で論じます。この切り口については，令和元年午後Ⅱ問2の設問イで明記されているので，ビジネスモデルを論じる際には，この切り口で論じることができるようにしておきましょう。今回は新サービスについてですが，この切り口を流用して新サービスについて論じます。

【自由記入欄イー3】⇒「新サービスでは，顧客は中規模以上の歯科医院であり，活用するITである音声認識技術とAIが，診察受付，体温測定，口内のうがいの確認，次回の診察予約，診察料金の精算をスタッフの代わりに行う。提供する価値は，①コロナ対策の徹底による患者への安心感から生じる当該歯科医院に関わる顧客ロイヤリティの強化，②顧客からスタッフへのコロナ感染による当該歯科医院の一時活動停止の回避，③コロナ対策による業務負荷の増大の抑制，などである。

　顧客に提供するこれらの価値に対して，顧客における費用は，電子カルテサービスに付帯する追加サービスとして，電子カルテサービスの20％増の使用料となる。

　収益や利益確保の方法，すなわち，A社における収益モデルは，当初は既存の電子カルテサービスの利用者に対してマーケティングを行い，新サービスの利用者を既存顧客の30％と設定してROIを計算して，A社のハードルレートを達成できることを確認した。収益の回収方法は，既存の電子カルテサービスと同様に請求する」

P_{oint} ここが **ポイント！**

★ワークシートは書けるところから書く

　ワークシートは最初の第1章から書かなければならないものではありません。埋めることができるところから埋めていきます。午後Ⅰ記述式問題と同じです。最初から順番に解こうとしては時間が足りません。解けるところから，すなわち，書けるところから書いていきましょう。

（5）設問ウをワークシートに記入する

　設問イと同様に重要趣旨である"収益モデル，業務プロセス，新サービスの市場への普及方法，リスク対応策，協業先などを検討し，投資効果と合わせて経営層に提案する"という展開が盛り込まれていることを確認します。"収益モデル，業務プロセス，新サービスの市場への普及方法，リスク対応策，協業先"については例なので，参考にする程度でよいです。次の記入例では業務プロセスではなく，業務モデルについて論じています。

　ただし，"投資効果と合わせて経営層に提案する"については必須で盛り込むようにします。したがって，【自由記入欄ウ－1】の最後に「④投資効果：投資効果については A 社のマーケティング部門の協力を得て，30％ほどの既存顧客が新サービスを利用するという販売予測を得た。これらと開発コストの概算値を基に ROI を計算して，A 社のハードルレートをクリアすることを示す資料を作成して提案した」と記入します。

【自由記入欄ウ－1】
〔専門家としての考えをアピールする展開第 1 パターン〕
　"3.1 経営層への提案"という章立てに沿って，提案内容について論じます。
【自由記入欄ウ－1】⇒「①キャッシュフロー図を活用した収益モデル：設問イで述べたとおり，新サービスに関わる，顧客，サービスの価値，収益の回収方法などをまとめた収益モデルを，1 ページにまとめて作成して経営層に提示した。新サービスの収益性を経営層に迅速に把握してもらう必要があると考え，初年度を投資によるマイナスとし，次年度以降をプラス収支としたキャッシュフロー図を作成し，当該提案の収益性の高さを示すようにした」

〔課題を明示する展開〕
　IT ストラテジストとしての活動，施策，計画などが妥当であることを，できる

だけ採点者に示すために，活動，施策，計画などをアピールする前に課題を明示します。

【自由記入欄ウ－１】 ⇒「②標準業務モデルによる顧客のメリットの提示：新サービスにおける顧客のメリットを示すという課題があった。そこで私は，患者とスタッフの関わりを中心に，旧業務モデルと，新サービスを利用した新業務モデルの両方を作成して，新サービスを利用することで，スタッフと患者の接触をどのくらい削減できるか，スタッフ業務をどのくらい削減できるかを示すようにした」

〔能力をアピールする展開〕
〔工夫をアピールする展開〕
〔専門家としての考えをアピールする展開第２パターン〕

課題に対して施策などを論じて終わりでは，採点者への能力のアピールが不十分である可能性があります。そこで，施策などによって生じた新たな課題を明示して，課題を解消する活動などについて論じて能力をアピールします。

"〜した"を"〜工夫した"と語尾だけ変えても，工夫を採点者にアピールできません。そこで，工夫する必要性を採点者に説明してから工夫した内容を論じます。

"なぜならば〜"という展開は，専門家としての考えをアピールする展開としては強力です。できるだけ根拠を盛り込むようにします。

【自由記入欄ウ－１】 ⇒「ただし，スタッフ業務の削減時間について，顧客への営業活動時に顧客へ具体的に示すという課題が新たに生じた。顧客の規模によって業務の削減時間が異なるため，顧客に一概に削減時間を提示できないという難しい問題があった。そこで私は，標準モデルを作成して，１回の診察におけるスタッフ業務の削減時間をシミュレーションして算出することにした。なぜならば，標準モデルとその削減時間を定めておき，標準モデルと対象モデルの差異が分かれば，標準モデルの削減時間から対象モデルの削減時間を推測できる。これを根拠に，標準モデルにおけるスタッフ業務の削減時間を算出しておくことで，標準モデルと顧客の歯科医院との差異が分かれば，顧客の歯科医院でのスタッフ業務の削減時間を算出しやすいと考えたからである。具体的には，標準モデルとした１回の業務削減時間を基に，顧客ごとに異なる事情を加味した削減時間を求めて，それに顧客における１日の診療回数を乗算することで，顧客における１日の業務削減時間を求めることができるように提案した」

〔事業特性を踏まえる展開〕

設問アで述べた業界ごとの事業特性を，設問ア以降で踏まえて論旨展開することで論文の一貫性を採点者にアピールします。

【自由記入欄ウ－１】 ⇒「③バイラルマーケティングによる市場への普及：バイラルマーケティングが有効という，医療関連ソフトウェア業界の事業特性を踏まえて，既存顧客への販売促進を中心に活動する，その際，既存顧客からその顧客の知人に他システムとの連携が容易などというＡ社の電子カルテサービスの強み

を宣伝してもらう，という普及方法を提案した」

【自由記入欄ウ－２】
〔課題を明示する展開〕
　"3.2 評価と改善した内容"では，経営層からの評価を基に，課題を明示します。

【自由記入欄ウ－２】⇒「経営層からは，他の DX 企画と比較して優れていることが判断できないという評価を得た。その結果，A 社における DX の取組は複数推進されているために，当該提案の優位性を明確にすることが課題となった。そこで私は，進行中の他の DX 関連提案について，投資金額と収益の概算値を調査して，各提案における当該提案の ROI の優位性を示すことにした。その際，DX 関連の提案に関わるリスクを考慮して，縦軸に効果，横軸に投資金額，円の大きさにリスクを採用したポートフォリオを作成して，当該提案が投資効率面で優れていることを示すように改善した」

Just Do it！ 関所 No.4

　「**本番の試験において，このように時間の掛かる作業をやっている時間はないよ**」と感じている皆さん，安心してください。本番でやる作業はもっとシンプルです。本番では，設問文を線で囲って数字を書いて章立てをして，各章各節と問題文の趣旨にある文章とを関連付けるだけです。本書の第 1 章の図表 1-3 の「受験中に書く論文設計の例」にある作業に倣うだけです。これなら，時間は掛かりません。問題冊子を開いてから，(1) 問題を読む，(2) 問題を選択する，(3) 論文を設計する，(4) 設問アの論述を終了する，まで 40 分以内にできそうです。

　「**演習と言っても，ワークシートの記入済シートがあるでしょ。なぜ，同じことをするの？**」と思っている皆さん，論文では，正解例がありません。記入例は私の経験や専門知識に基づいて書いたものです。皆さんの経験や専門知識に基づいて論文を設計することが重要です。そうしないと，本番で論述することはできません。時間の掛かる作業ですが，皆さんの経験や専門知識を活用して，論文を設計してみましょう。

　"巻末ワークシート 2"の"【訓練 3】問題文にトピックを書き込む（本試験過去問題改）"にある問題を使って，演習を行い，本書の 5-1(4)の"論文設計完成版"のように，問題文上に論文を設計します。論文設計する内容については，まずは，本書と同じように設計して，本書と同じ論文設計ワークシートを作成してみます。まずは，まねをして論述テクニックを頭に定着しやすくします。

　ここの演習における主な手順は次の二つです。その前に，巻末ワークシート2にある問題と，巻末ワークシート 3 をコピーします。演習内容が分からない場合は，巻末ワークシート4を参考にしましょう。

①論文設計完成版の作成

　具体的には，5.1 を読んで，巻末ワークシート2にある問題に，章立てやトピックの記入などの作業を行い，［論文設計完成版］を完成させる。

②論文設計ワークシートの作成

　具体的には，5.2 を読んで，［論文設計完成版］から，巻末ワークシート 3 に記入を行い，［論文設計ワークシート完成版］を作成する。

　この演習では，ひな型と論文設計ワークシートを，頭にしっかりと入れてください。そのようになれば，論文設計ワークシートは不要となり，論文設計完成版を作成すれば，論文を書けるようになるはずです。

　なお，論文設計ワークシートに記入する内容は，皆さんが分かればよいので，本書のようにていねいに書く必要はありません。

　では，演習を始めましょう。

P_{oint} ここが ポイント！！！！！！

★章立ての際，設問文にある“～とともに”には気を付ける

　設問文の終わりに“～を含めて”や“～とともに”という記述のある
設問では，キーワードの出現順に章立てをすると，論旨展開が不自然に
なることがあります。しっかりと設問文を理解して論旨展開を考えた上
で，章立てをするようにしましょう。

Just Do it！ 関所 No.5

　“Just Do it！ 関所 No.4”において確認した論述テクニックを確実
に頭に定着させるために，**皆さんの実務経験や専門知識を基に，**オリジナ
ル記入済ワークシートを作成してみましょう。
　ここの演習における主な手順は，“Just Do it！ 関所 No.4”と同じ
で，次の二つです。
①論文設計完成版の作成
　章立てについては，“Just Do it！ 関所 No.4”と同じにしてください。
②論文設計ワークシートの作成
　ワークシートは，全て埋める必要はありません。設問イの部分につい
ては７割ほど埋まればよいでしょう。
　では，演習を始めてください。

【訓練5】ワークシートを基に論述する

　論文の書き方について，設問ア，設問イ，設問ウと，全体を3分割して，それぞれについて，論述のポイントを説明します。"巻末ワークシート4"の"【訓練4】ワークシートに記入する（記入済）"の左側に，設問ア，設問イ，設問ウと記入されていることを確認してください。

　記入済ワークシートは，論述テクニックを照会するために，全てのパターンを盛り込んでいます。そのため，これから示す**論述例は問題文で指定されている制限文字数を超過する**点をご了承ください。

　重ねて述べますが，論文設計は重要ですが，**論文としての一貫性は，論述しながら確保するので，ワークシートの内容と論述内容には違いが生じています。**

（1）設問アを論述する

> "巻末ワークシート4"の"【訓練4】ワークシートに記入する（記入済）"の設問アの箇所を参照

　多くの問題では，設問アにおいて，経営戦略，事業戦略，事業環境や事業特性について問われます。これらは事前に用意しておくとよいでしょう。設問アの字数については，800字以内という条件が設定されています。できれば，700字以上，書くようにしてください。根拠は，公開模試の採点では，合格レベルの論文の設問アは700字以上書かれているからです。慣れてきたら，解答用紙の最後の行まで書いてみましょう。次の点に留意して論述します。次の□は，論述の際のチェック項目と考えてください。

　□経営戦略には差別化戦略などの競争戦略を含めて表現する。
　□事業特性は業界ごとの事業特性を論じる。
　□質問書に書いた内容と重複する内容を，過度に書かない。
　□ITストラテジストの立場や解答者の所属などを説明する。
　□可能ならば設問ア全体で700字以上書く。
　□問われている内容について，我田引水して論じない。

　設問アにおける論述のポイントを次に示します。
　①問われている内容を明示する展開のひな型，"（問われている内容）は〜"，あるいは，"（問われている内容）としては〜"を活用する。
　②業界ごとの事業特性を明示する展開のひな型，"〜業界の事業特性としては〜という点を挙げることができる"あるいは"〜という〜業界の事業特性がある"を活用する。
　③経営戦略を説明するときは，差別化戦略などの競争戦略を含める。

④設問イにつなげる文章を書く。自分の立場や所属，設問イで述べる活動の概要などを含めてもよい。

以上のポイントを踏まえてワークシートを基に論述すると，次のようになります。上の①～④は，次の論述例にある下線①から下線④に対応しています。

第1章　新サービスの企画

1.1　背景にある事業環境

　A社は電子カルテなどのソフトウェアパッケージを製造・販売する中堅のソフトウェア企業である。近年では電子カルテサービスを提供するSaaSも提供している。①SaaS形態で電子カルテサービスを提供する同業他社は多く，差別化したサービスを提供して競争優位に立たなければ生き残れないという，事業環境が背景にあった。

1.2　事業特性

　電子カルテサービスのユーザである医師は，各種医師会や学会などに属して活動している。そのため，②医療関連ソフトウェア業界の事業特性としては，マーケティングにおいては，人から人へと評判が伝わることを利用するバイラルマーケティングが有効という点がある。

　電子カルテサービスは，患者の予約を管理する予約管理サービス，タブレットなどで問診記録を取得するシステム問診票サービスなどとシステム間連携を取る必要がある。そのため，電子カルテサービスは，APIによるシステム間連が容易というサービスの特徴をもつ。③A社の経営戦略は，システム間連携の容易性の高さをもつサービスをそろえるという差別化戦略を採用して競合他社との競争優位に立つ，である。

1.3　DXの取組の概要

　差別化戦略に基づいてDX推進活動を立ち上げ推進している。DXの取組としてはテーマを決めて実証実験を行い，実現可能性を確認した上で企画書を作成するというステップを踏む。企画書が経営会議で承認されれば，プロジェクトが立ち上がり要件定義に進む。

　④私はA社のITストラテジストの立場で，コロナ禍でウイルス対策を実施している中規模以上の歯科医院におけるコロナ感染防止活動を支援する新サービスを次のように企画した。

Point ここが ポイント！！！！！！！

★経営者の観点で書き，システムアーキテクト試験やプロジェクトマネージャ試験の論文と差別化する。

（2）設問イを論述する

> "巻末ワークシート4"の"【訓練4】ワークシートに記入する（記入済）"の設問イの箇所を参照

　これから設問イの論述方法を説明します。

　設問イの論述文字数は，800字以上1,600字以内です。少なくとも，解答用紙の800字の行を超えて，次ページまで書くようにしてください。留意点を次に示します。

□空白行を入れない。

□過剰なインデントをしない。

□問題の趣旨を無視しない。

□800字未満になるので，解答用紙の800字の行で論述を終わらせない。

□800字を超過したからと，工夫や能力をアピールせずに設問イを終わらせない。

　設問イにおける論述のポイントを次に示します。

①専門家としての考えをアピールする展開第1パターンのひな型は，"〜と考え〜"を活用している。

②"とともに"を明示する展開のひな型は，"（問われている内容）は〜"，あるいは，"（問われている内容）としては〜"を活用している。

③ワークシートの設問イの重要趣旨に沿って論じている。

④"具体的には〜"と展開して，事例の詳細を論じている。

⑤ビジネスモデルの表現方法である"顧客"，"価値提案"，"収益や利益確保の方法"，"活用したIT"という四つの切り口で説明している。

　この問題において，趣旨に沿った論文にするためには，趣旨にある，どの文章が重要か考えてみてください。そうです。「〜重要である」，「〜必要である」という語尾の文章に着目すればよいです。ワークシートの設問イと設問ウの重要趣旨に記入してあることを確認してください。

　これらを踏まえてワークシートを基に論述すると，次のようになります。

第2章　企画した新サービス
2.1　ターゲットとした顧客とそのニーズ
　コロナ禍において，歯科医院では患者と歯科医院のスタッフ（以下，スタッフという）の接触を最小限にして病院を運営している。患者と医師との接触は仕方ないが，それ以外の診療受付，次回予約，料金精算などにおいて，①スタッフと患者との接触を最小限にしたいという要望があると考え，②ターゲットとした顧客は，このようなコロナ対策を徹底している中規模以上の歯科医院である。②ニーズとしては，A社の顧客にインタビューしたところ，診療受付，次回予約，料金精算をスタッフと接触しないで済ませたいというニーズがあった。

2.2　活用したデータとデジタル技術
　③診療受付，次回予約，料金精算をスタッフと接触しないで済ませたいというニーズを基に，私はAIを活用できないかを実証実験することにした。②活用したデータは，診察室に設置したカメラから送られている映像データである。②この映像データを分析する際に活用したディジタル技術は音声認識技術とAIである。④具体的には，映像データを，音声認識技術を使ってAIが分析して，診療室における，(1)マイナンバーカードによる本人確認，(2)患者の体温の測定，(3)うがい薬による口内の消毒の完了確認をする。診療が完了した後は，(4)次回の診察の予約，(5)電子決済などをする。なお，次回の予約などではAIと患者が会話する。
　実証実験は成功し，私は実証実験の結果を，次のように企画書に整理した。

2.3　企画した新サービス
　新サービスでは，⑤顧客は中規模以上の歯科医院であり，⑤活用するITである音声認識技術とAIが，診察受付，体温測定，口内のうがいの確認，次回の診察予約，診察料金の精算をスタッフの代わりに行う。⑤提供する価値は，(1)コロナ対策の徹底による患者への安心感から生じる当該歯科医院に関わる顧客ロイヤリティの強化，(2)顧客からスタッフへのコロナ感染による当該歯科医院の一時活動停止の回避，(3)コロナ対策による業務負荷の増大の抑制，などである。
　顧客に提供するこれらの価値に対して，顧客における費用は，電子カルテサービスに付帯する追加サービスとして，電子カルテサービスの20％増の使用料となる。

⑤収益や利益確保の方法，すなわち，A社における収益モデルは，当初は既存の電子カルテサービスの利用者に対してマーケティングを行い，新サービスの利用者を既存顧客の30％と設定してROIを計算して，A社のハードルレートを達成できることを確認した。収益の回収方法は，既存の電子カルテサービスと同様に請求する。

Point ここが ポイント！ ！！！！！！

★論文を事前に設計することは重要だが，論文を書く時は，設計内容を参考程度に扱い，問題の趣旨に沿うことや，論文全体の整合性を重視して書く
★システムアーキテクトが書ける部分は簡潔に書き，ITストラテジストに特化した部分をしっかりと書く

（3）設問ウを論述する

"巻末ワークシート４"の"【訓練4】ワークシートに記入する（記入済）"の設問ウの箇所を参照

　設問イを書き終えたからと安心して，集中力を低下させないことが，設問ウでは重要です。文章から解答者の集中力の低下が採点者に伝わるからです。

　設問ウでは高い頻度で，評価について問われます。公開模試の論文では，評価において，9割くらいの論文が「おおむね，良い評価であった」，「高い評価を得た」と書いてあります。なお，実際に筆者が経営陣に提案した際には経営陣から高い評価を得たことはない，という印象が強いです。留意点を次に示します。
□改善点を論じる際に，役割と対象者像に書かれている内容を，"今後，〜できるようになりたい"などと書いて，自分がITストラテジストとして不適格なことを，採点者にアピールしない。
□問題のテーマから外れた内容を改善点で論じない。
□最後に問われている点は，"改善した内容"か"今後改善したい内容"かを設問文で確認する。
□"－以上－"で論文を締めくくる。

設問ウにおける論述のポイントを次に示します。

①専門家としての考えをアピールする展開第1パターンのひな型，"〜と考え〜"を活用している。

②課題を明示する展開のひな型，"〜が課題となった"を活用している。

③能力をアピールする展開のひな型，"ただし，〜という新たな課題が生じた。そこで私は〜"を活用している。

④工夫をアピールする展開のひな型，"〜という難しい問題に直面した。そこで私は〜"，あるいは，"困難な状況であった。そこで私は〜"を活用している。

⑤専門家としての考えをアピールする展開第2パターンのひな型，"なぜならば，〜"を活用している。

⑥"具体的には〜"と展開して事例の詳細を盛り込んでいる。

⑦事業特性を踏まえる展開のひな型は，"〜という〜業界の事業特性を踏まえて〜"を活用している。

⑧ワークシートの設問ウの重要趣旨に沿って論じている。

⑨"今後改善したい内容"ではなく，設問文に沿って"改善した内容"について論じている。

⑩論文の最後を"－以上－"で締めくくる。

これらを踏まえてワークシートを基に論述すると，次のようになります。

第3章　経営層への提案，評価，改善

3.1　経営層への提案

　A社の経営層へは次のような提案を行った。

(1)キャッシュフロー図を活用した収益モデル 〔100字〕

　設問イで述べたとおり，新サービスに関わる，顧客，サービスの価値，収益の回収方法などをまとめた収益モデルを，1ページにまとめて作成して経営層に提示した。①新サービスの収益性を経営層に迅速に把握してもらう 〔200字〕 必要があると考え，初年度を投資によるマイナスとし，次年度以降をプラス収支としたキャッシュフロー図を作成し，当該提案の収益性の高さを示すようにした。

(2)標準業務モデルによる顧客のメリットの提示 〔300字〕

　②新サービスにおける顧客のメリットを示すという課題があった。そこで私は，患者とスタッフの関わりを中心に，旧業務モデルと，新サービスを利用した新業務モデルの両方を作成して，新サービスを利用することで，ス 〔400字〕 タッフと患者の接触をどのくらい削減できるか，スタッフ業務をどのくらい削減できるかを示すようにした。

　③ただし，スタッフ業務の削減時間について，顧客への営業活動時に顧客へ具体的に示すという課題が新たに生 〔500字〕

じた。④顧客の規模によって業務の削減時間が異なるため，顧客に一概に削減時間を提示できないという難しい問題があった。そこで私は，標準モデルを作成して，1回の診察におけるスタッフ業務の削減時間をシミュレーションして算出することにした。⑤なぜならば，標準モデルとその削減時間を定めておき，標準モデルと対象モデルの差異が分かれば，標準モデルの削減時間から対象モデルの削減時間を推測できる。これを根拠に，標準モデルにおけるスタッフ業務の削減時間を算出しておくことで，標準モデルと顧客の歯科医院との差異が分かれば，顧客の歯科医院でのスタッフ業務の削減時間を算出しやすいと考えたからである。⑥具体的には，標準モデルとした1回の業務削減時間を基に，顧客ごとに異なる事情を加味した削減時間を求めて，それに顧客における1日の診療回数を乗算することで，顧客における1日の業務削減時間を求めることができるように提案した。

(3)バイラルマーケティングによる市場への普及

⑦バイラルマーケティングが有効という，医療関連ソフトウェア業界の事業特性を踏まえて，既存顧客への販売促進を中心に活動する，その際，既存顧客からその顧客の知人に他システムとの連携が容易などというA社の電子カルテサービスの強みを宣伝してもらう，という普及方法を提案した。

(4)投資効果

⑧投資効果についてはA社のマーケティング部門の協力を得て，30％ほどの既存顧客が新サービスを利用するという販売予測を得た。これらと開発コストの概算値を基にROIを計算して，A社のハードルレートをクリアすることを示す資料を作成した。

3.2　評価と改善した内容

経営層からは，他のDX企画と比較して優れていることが判断できないという評価を得た。②その結果，A社におけるDXの取組は複数推進されているために，当該提案の優位性を明確にすることが課題となった。

そこで私は，進行中の他のDX関連提案について，投資金額と収益の概算値を調査して，各提案における当該提案のROIの優位性を示すことにした。⑥具体的には，DX関連の提案に関わるリスクを考慮して，縦軸に効果，横軸に投資金額，円の大きさにリスクを採用したポートフォリオを作成して，⑨当該提案が投資効率面で優れていることを示すように改善した。

⑩ー以上ー

Point ここが ポイント！！！！！！

★論文を最後まで書いたら，2分間休んでから論文を見直す

　書いた論文を見直す習慣を付けましょう。そのためには，まずは休むことから始めます。

★論文設計は重要ですが，設計内容に忠実に論文を書く必要はない

　筆に任せて書くことも重要です。書いてしまったら，その内容を活かして論文を書き続けることも，時間内に論文を書き終えるためには必要なことです。

Just Do it！ 関所 No.6

　"Just Do it 関所 No.5 で作成した，皆さんの実務経験や専門知識を基に作成したワークシートを使って，"【訓練 5】ワークシートを基に論述する"を実際に演習して，オリジナルの論文を書いてみましょう。

　"巻末ワークシート 6"にある原稿用紙は，本試験で使用する解答用紙に合わせて作成しています。"巻末ワークシート 6"の1枚分をコピーすると2枚の400字原稿用紙（25字×16行＝400字）になります。設問アは 2 枚，設問イは4枚，設問ウは3枚，合計9枚の原稿用紙が必要になります。

　論述の際は，本試験の仕様に合わせて，設問アは先頭ページから，設問イは3ページ目から，設問ウは，7ページ目から論述するようにしてください。

　最初の論述は，13 時間ほどかかる人もいます。他人が書いた論文を書き写すだけで2時間以上かかることもあります。それでも，合格できるようになりますので，がんばりましょう。

　論文を書き終えたら，第三者に読んでもらい，分かりやすい文章になっているかを確認してもらうとよいでしょう。自分でも，趣旨にある"〜必要である"や"〜重要である"などを含む文章に着目して趣旨に沿って書いているか，工夫や専門家としての考えをアピールしているか，事業特性を踏まえて論じているか，自画自賛の評価になっていないか，改善点が問題のテーマから外れていないか，などの観点から評価して，課題を明らかにし，演習を繰り返して合格論文を目指しましょう。

第6章

添削を受けて書き直してみる

6.1　2時間以内で書く論文の設計をする
(1)2時間以内で書く論文の設計をする
　　第5章では，全ての論述テクニックを紹介したため，結果的には，規定字数を超える論述例になっています。では，規定字数内で書くようにすると，ワークシートをどのくらい埋めればよいかを確認しておきましょう。

6.2　添削を受けてみる
(1)添削を受けてみる
　　次に論文の添削をします。公開模試における論文の採点の経験を基に，論文における指摘対象，すなわち，添削の対象となる箇所の発生頻度を示しながら，添削しています。
(2)採点結果を確認する
　　添削された論文の点数を確認します。60点以上がA判定の合格レベル，50点以上59点までがB判定の不合格レベルです。

6.3　論文を書き直してみる
(1)論文を書き直す
　　添削での指示を基に論文を書き直します。
(2)書き直した論文の採点結果を確認する
　　添削内容を基に書き直した論文の点数を確認しましょう。

6.1 2時間以内で書く論文の設計をする

　第5章では，全ての論述テクニックを紹介したため，結果的には，規定字数を超える論述例になっています。では，2時間以内，規定字数内で書くようにすると，ワークシートをどのくらい埋めればよいかを確認しましょう。

（1）2時間以内で書く論文の設計をする

　論文を規定字数内に収め，2時間以内で書ける論文の設計をするために，ワークシートにある設問イの部分のカラムを，7割くらい埋めればよいでしょう。

　"巻末ワークシート4"（以下，ワークシート4という）では，設問イの記入欄がほとんど埋まっていました。このワークシートを基に，設問イの記入量を7割ほどに絞ったワークシートを作成して，"巻末ワークシート5　2時間で書ける分量に絞ったワークシート（記入済)"（以下，ワークシート5という）に掲載しています。

　まず，"ワークシート4"と"ワークシート5"の記入内容を対比させてみましょう。設問アについては，若干の違いしかありませんが，設問イ，ウについては記入量が減っていることを確認してください。

　これから，"ワークシート5"の内容を基に論述します。ただし，次の節の"6.2"に掲載している論文は，添削を受ける都合上，改善すべき点を多く含む論文であることに留意してください。具体的には，"6.2"に掲載している論文は，"ワークシート5"の内容を十分に反映した論文ではない，ということです。

　なお，"ワークシート5"の内容を十分に反映した論文は，"6.3 論文を書き直してみる"に掲載しています。次節の添削指示では，コメントの中に"頻度高"などと，皆さんが書いた論文における添削事項の発生頻度を示します。学習の参考にしてください。

公開模試における論文の採点の経験を基に，高い頻度で発生する添削指示内容を盛り込んで，筆者が添削対象となる論文を作成しました。いわゆる，“あるある論文”です。類似の添削指示の発生頻度を示しながら，添削しています。50％くらいの頻度で現れる場合は“頻度高”，30％くらいの頻度の場合は”頻度中”，10％くらいの頻度の場合は“頻度低”としています。

（1）添削を受けてみる

次に，設問ア，イ，ウと分けて，添削例を示します。

（a）設問アの添削を受けてみる

設問ア

第1章　新サービスの企画

1.1　背景にある事業環境

①A社は電子カルテシステムなどのソフトウェアパッケージを製造・販売する中堅のソフトウェア企業である。（100字）近年では電子カルテサービスを提供するSaaSも提供している。SaaS形態で電子カルテサービスを提供する同業他社は多く，（200字）価格競争を勝ち抜くか，差別化したサービスを提供して競争優位に立たなければ生き残れなかった。

1.2　事業特性

②A社の事業特性としては，③電子カルテサービスのユーザである医師は，各種医師会や学会などに属して活動しているため，マーケティングにおいては，人から人へと（300字）評判が伝わることを利用するバイラルマーケティングが有効という点を挙げることができる。

電子カルテサービスは，患者の予約を管理する予約管理サービス，タブレットなどで問診記録を取得するシス（400字）テム問診票サービスなどとシステム間連携を取る必要がある。そのため，電子カルテサービスは，APIによるシステム間連携が容易というサービスの特徴をもつ。④A社（500字）の経営戦略は，システム間連携の容易性の高さをもつサービスをそろえて競合他社との競争優位に立つ，である。

1.3　DXの取組の概要

差別化戦略に基づいてDX推進活動を立ち上げ推進している。DXの取組としてはテーマを決めて実証実験を行い，（600字）

下線①
章立てにある“背景にある事業環境”を文章の中で使って明示的に論じましょう。（頻度高）

下線②
A社の事業特性ではなく，A社が属している業界の事業特性について論じましょう。（頻度高）

下線③
事業特性をもっと簡潔に表現しましょう。（頻度高）

下線④
経営戦略には差別化戦略などの競争戦略を含めましょう。（頻度高）

下線⑤

設問アの最後は，設問イにつなげる文章を書きましょう。
（頻度中）

下線⑥

可能ならば 700 字を超過しましょう。（頻度中）

実現可能性を確認した上で企画書を作成するというステップを踏む。企画書が経営会議で承認されれば，プロジェクトが立ち上がり要件定義に進む。⑤⑥

700字

┌─ 添削者コメント ─────────────────

設問文に沿って章立てをしている点，事業環境，事業特性，経営戦略を明示的に論じている点がよいです。章立てにあるキーワードを使って文章を書くことを徹底しましょう。

（b）設問イの添削を受けてみる

設問イ

第２章　企画した新サービス
2.1　ターゲットとした顧客とそのニーズ

①コロナ禍において，歯科病院では患者と歯科医院のスタッフ（以下，スタッフという）の接触を最小限にしたいという要望がある。②ターゲットとした顧客は，このようなコロナ対策を徹底している中規模以上の歯科医院である。

2.2　活用したデータとディジタル技術

③ニーズを基に，私はAIを活用できないかを実証実験することにした。④なぜならば，実現可能性を確認するためである。⑤診察室に設置したカメラから送られている映像データをAIが分析して，診療室における，(1)マイナンバーカードによる本人確認，(2)患者の体温の測定，(3)うがい薬による口内の消毒の完了を確認する。診療が完了した後は，(4)次回の診察の予約，(5)電子決済などを確認する。

2.3　企画した新サービス

　新サービスでは，⑥顧客は中規模以上の歯科医院であり，⑥活用するITである音声認識技術とAIが，診察受付，体温測定，口内のうがいの確認，次回の診察予約，診察料金の精算をスタッフの代わりに行う。⑥提供する価値は次のとおりである。

(1)コロナ対策の徹底による患者への安心感から生じる当該歯科医院に関わる顧客ロイヤリティの強化
(2)顧客からスタッフへのコロナ感染による当該歯科医院の一時活動停止の回避
(3)コロナ対策による業務負荷の増大の抑制

⑦また，新サービスにおいて新機能をリリースすることでAIが機能アップできるように企画した。

⑦また，新サービスにおける新機能を顧客体験価値に基づき，短いサイクルで提供できるようにマイクロサービスアーキテクチャを採用することとした。

⑧この企画によってA社は新サービスを立ち上げ，競争優位に立つことができた。したがって，この企画は高く評価できる内容であると判断する。

（右欄：100字／200字／300字／400字／500字／600字／700字／800字／900字）

- 添削者コメント -
ビジネスモデルを表現する際に使う観点で新サービスを論じている点がよいです。"収益や利益確保の方法"についても論じるとよいでしょう。

下線①
下線部以外でもよいですから，どこかで"～と考え"などと展開して専門家としての考えを盛り込んでみましょう。（頻度高）

下線②
"2.1ターゲットとした顧客とそのニーズ"という章立てにあり，なおかつ，設問で問われている"ニーズ"というキーワードを使って明示的に論じましょう。（頻度高）

下線③
どのようなニーズなのか採点者が分かるように簡潔に引用するとよいです。例："～というニーズを基に"（頻度中）

下線④
この文はなくともよいでしょう。"なぜならば～"を使うときは，専門家としての考えや，そのように考えた根拠をアピールするときに使いましょう。（頻度高）

下線⑤
章立てのタイトルにあるキーワード，"活用したデータ"と"ディジタル技術"を使って明示的に論じましょう。（頻度高）

下線⑥
顧客や活用するITに加えて，ビジネスモデルを表現する際の要素である"収益や利益確保の方法"についても論じると更に良くなります。（頻度中）

下線⑦
"また，～した"という展開は，論文全体の論旨展開を台無しにする可能性があるので，やめた方がよいでしょう。（頻度高）

下線⑧
このような自画自賛を書いても採点者はこの論文を高評価しないと考えます。したがって，書かない方がよいでしょう。（頻度中）

（c）設問ウの添削を受けてみる

設問ウ

第3章　経営層への提案，評価，改善

3.1　経営層への提案

　　A社の経営層へは次のような提案を行った。

(1)標準業務モデルによる顧客のメリットの提示

　①新サービスにおける顧客のメリットを示すために，患者とスタッフの関わりを中心に，旧業務モデルと，新サービスを利用した新業務モデルの両方を作成して，新サービスを利用することで，スタッフと患者の接触をどのくらい削減できるか，スタッフ業務をどのくらい削減できるかを示すようにした。

　②ただし，スタッフ業務の削減時間について，顧客への営業活動時に顧客へ具体的に示すために私は，③標準モデルを作成して，1回の診察におけるスタッフ業務の削減時間をシミュレーションして算出し，その結果を標準モデルとともに顧客に示せるように提案した。

(2)バイラルマーケティングによる市場への普及

　④事業特性を踏まえて，既存顧客への販売促進を中心に活動する，その際，既存顧客からその顧客の知人に他システムとの連携が容易などというA社の電子カルテサービスの強みを宣伝してもらう，という普及方法を提案した。

(3)投資効果

　投資効果についてはA社のマーケティング部門の協力を得て，30%ほどの既存顧客が新サービスを利用するという販売予測を得た。これらと開発コストの概算値を基にROIを計算して，A社のハードルレートをクリアすることを示す資料を作成した。

3.2　評価と改善した内容

　⑤経営陣からは高い評価を得た。⑥経営陣への追加資料として，当該提案の優位性を明確にする資料を作成して⑦改善した。

　　　　　　　　　　　　　　　　　　　　　　　　　⑧－以上－

下線①
文章を分けましょう。"〜と考え"などと展開して専門家としての考えをアピールする展開を盛り込んでもよいでしょう。（頻度中）

下線②
文章を分けましょう。始めの文章では新たに生じた課題を明示するとよいでしょう。（頻度中）

下線③
対応の難しさなどを説明して工夫した点をアピールしましょう。"なぜならば〜"などと展開して専門家としの考えをアピールしてもよいでしょう。（頻度中）

下線④
"〜という〜業界の事業特性を踏まえて"などと，設問アで述べた事業特性を簡潔に引用するとよいです。（頻度中）

下線⑤
経営層からの評価については，厳しい評価という展開の方が，採点者から興味をもってもらえると考えます。

下線⑥
経営層からの厳しい評価を基に改善した展開にするとよいです。その際，評価内容を基に課題を示しましょう。課題から改善した内容に展開するとよいでしょう。（頻度高）

下線⑦
資料についてもっと具体的に論じましょう。（頻度中）

下線⑧
論文の終わりは，"－以上－"で締めくくりましょう。（頻度中）

─ 添削者コメント ─
設問ウでは，多くの解答者が避けてしまう投資効果について論じている点がよいです。どこかで"なぜならば〜"と展開して専門家としての考えをアピールしてみましょう。

添削例には現れていない，頻度低のコメントを次に挙げておきます。参考にしてください。

①採点者が採点しやすいように，設問文に沿った章立てをしましょう。

②段落の書き始めは，字下げをしましょう。

③長い段落は，採点者が読みやすく分割しましょう。

④複数の文章で段落を構成するようにしましょう。

⑤長文に留意しましょう。

⑥冗長な記述に留意しましょう。

⑦禁則処理をしましょう。

⑧箇条書きを活用して整理してみましょう。

⑨誤字に留意しましょう。

⑩ひらがなではなく，漢字で書くようにしましょう。

⑪二重否定は使わないようにしましょう。

（2）採点結果を確認する

　　添削された論文の点数を確認します。60 点以上が A 判定の合格レベル，50 点以上 59 点までが B 判定の不合格レベルです。添削対象となる論文は 53 点ですから，B 判定となります。次に，合格条件充足度評価表を掲載します。

合格条件充足度評価表　　　　　　　　　　　　　　　　ＩＴストラテジスト

	合　格　条　件		評　　価		得　点	
本　文	内容的側面	システム・プロジェクトの概要・特徴	システム・プロジェクトの概要・特徴が簡潔にかつ具体的に記述されている。	10　8　⑤　2　0	簡潔・具体的でない。	$\frac{5}{10}$ ①
		出題意図に応える論述	出題意図をくみ取り，これについて論じている。	10　8　⑤　2　0	出題テーマとずれている。	$\frac{5}{10}$ ②
		ＩＴストラテジストとしての創意工夫，行動力	IT ストラテジストの業務にふさわしい工夫，行動について述べている。	10　⑧　5　2　0	IT ストラテジストの業務行動になっていない。	$\frac{8}{10}$ ③
		工夫や対策の評価と課題の認識	結果の評価と今後の課題についての認識がしっかり表現されている。	10　8　⑤　2　0	しっかり評価していない。	$\frac{5}{10}$ ④
	表現方法の側面	面白さ　論旨の一貫性	冒頭の 800 字が主題の伏線になっていて，かつ本文において全体の論旨をしっかり展開している。	10　8　⑤　2　0	論旨を一貫してしっかり展開していない。	$\frac{5}{10}$ ⑤
		面白さ　主張性	一つ，二つに絞り込み，掘り下げて論述している。	10　8　⑤　2　0	掘り下げ不足である。	$\frac{5}{10}$ ⑥
		分かりやすさ　具体性	工夫内容を具体的に説明している。	10　8　⑤　2　0	表面的な説明である。	$\frac{5}{10}$ ⑦
		分かりやすさ　客観性	解決策の採用理由を事実（環境条件）に基づいて説明している。	10　8　⑤　2　0	理由が述べられていない。	$\frac{5}{10}$ ⑧
文章	一般性		一般的な，かつ，分かりやすい表現をしている。	10　8　⑤　2　0	表現が分かりにくい。	$\frac{5}{10}$ ⑨
	読みやすさ		章・節・項・段落分けは適切で，誤字脱字がなく，正しい日本語が使われている。	10　8　⑤　2　0	正しい日本語になっていない。	$\frac{5}{10}$ ⑩

総評

　　点数では，合格ボーダーライン上から少し下の点数です。"なぜならば〜"という展開を盛り込んで専門家としての考えをアピールしてみましょう。対応の難しさを採点者に説明して，工夫する必要性を採点者に理解してもらってから施策を論じると，より工夫した点を強調できます。

合計得点
（100 点満点）

53 点

6.3 論文を書き直してみる

　　2 時間で書く合格レベルの論文を書いてみました。本番の試験では，字数だけに限定すると，設問アは 700 字，設問イは 900 字，設問ウは 700 字ほど書けばよいです。次に挙げる論文は，どうにか 2 時間以内に論述できるレベルの文字数です。参考にしてください。なお，**2 時間で書き上げる内容にするため，及び，最終的な一貫性は論述する際に確保するため，ワークシートの内容と書き直した論文とは違う部分があります。**

　　書き直した論文に，コメントが入っていますが，筆者が論文を書いてコメントしています。したがって，自画自賛になっている点はご了承ください。

■（1）論文を書き直す

　　次に，書き直した小論文を，設問ごとに示します。

（a）設問アを書き直す

設問ア

第 1 章　　新サービスの企画
1.1　　背景にある事業環境
　①A 社は電子カルテなどのソフトウェアパッケージを製造・販売する中堅のソフトウェア企業である。近年では電子カルテサービスを提供するSaaSも提供している。SaaS形態で電子カルテサービスを提供する同業他社は多く，差別化したサービスを提供して競争優位に立たなければ生き残れないという，②事業環境が背景にあった。
1.2　　事業特性
　③電子カルテサービスのユーザである医師は，各種医師会や学会などに属して活動している。そのため，④医療関連ソフトウェア業界の事業特性としては，人から人へと評判が伝わることを利用するバイラルマーケティングが有効という点を挙げることができる。
　　電子カルテサービスは，患者の予約を管理する予約管理サービス，タブレットなどで問診記録を取得するシステム問診票サービスなどとシステム間連携を取る必要がある。そのため，電子カルテサービスは，API によるシステム間連携が容易というサービスの特徴をもつ。⑤A 社の経営戦略は，システム間連携の容易性の高さをもつサービスを揃えるという差別化戦略を採用して競合他社と

（欄外 字数表示）100字／200字／300字／400字／500字

下線①
対象企業の概要を説明している点がよいです。

下線②
章立てのタイトルにあるキーワードを使って論じている点がよいです。

下線③
話の脈絡を作って，事業特性を論じる展開がよいです。

下線④
A 社が属する業界の事業特性になっている点がよいです。

下線⑤
経営戦略に差別化戦略という競争戦略を含めている点がよいです。

の競争優位に立つ，である。

1.3　DXの取組の概要

　差別化戦略に基づいてDX推進活動を立ち上げ推進している。DXの取組としてはテーマを決めて実証実験を行い，実現可能性を確認した上で企画書を作成するというステップを踏む。企画書が経営会議で承認されれば，プロジェクトが立ち上がり要件定義に進む。

⑥私はA社のITストラテジストの立場で，コロナ禍でウイルス対策を実施している中規模以上の歯科医院におけるコロナ感染防止活動を支援する新サービスを次のように企画した。

600字

700字

800字

下線⑥
解答者の立場を説明して，設問イにつなげる展開がよいです。

118

（b）設問イを書き直す

設問イ

第２章　企画した新サービス

2.1　ターゲットとした顧客とそのニーズ

　コロナ禍において，歯科病院では患者と歯科医院のスタッフ（以下，スタッフという）の接触を最小限にしたいという要望がある。①ターゲットとした顧客は，このようなコロナ対策を徹底している中規模以上の歯科医院である。

①ニーズとしては，A社の顧客にインタビューしたところ，診療受付，次回予約，料金精算をスタッフと接触しないで済ませたいというニーズがあった。

2.2　活用したデータとデジタル技術

　診療受付，次回予約，料金精算をスタッフと接触しないで済ませたいというニーズを基に，私はAIを活用できないかを実証実験することにした。①活用したデータは，診察室に設置したカメラから送られている映像データである。この映像データを分析する際に①活用したデジタル技術は音声認識技術とAIである。②具体的には，映像データを，音声認識技術を使ってAIが分析して，診療室における，(1)マイナンバーによる本人確認，(2)患者の体温の測定，(3)うがい薬による口内の消毒の完了確認をする。診療が完了した後は，(4)次回の診察の予約，(5)電子決済などをする。なお，次回の予約などではAIと患者が会話する。

　実証実験は成功し，私は実証実験の結果を，次のように企画書に整理した。

2.3　企画した新サービス

　新サービスでは，③顧客は中規模以上の歯科医院であり，③活用するITである音声認識技術とAIが，診察受付，体温測定，口内のうがいの確認，次回の診察予約，診察料金の精算をスタッフの代わりに行う。③提供する価値は次のとおりである。

(1)コロナ対策の徹底による患者への安心感から生じる当該歯科医院に関わる顧客ロイヤリティの強化

(2)顧客からスタッフへのコロナ感染による当該歯科医院の一時活動停止の回避

(3)コロナ対策による業務負荷の増大の抑制

　顧客に提供するこれらの価値に対して，顧客における費用は，電子カルテサービスに付帯する追加サービスとして，電子カルテサービスの20％増の使用料となる。③収益や利益確保の方法，すなわち，A社における収益

100字
200字
300字
400字
500字
600字
700字
800字
900字
1000字

下線①
設問文にあるキーワードを使って明示的に論じている点がよいです。

下線②
採点者に，直前に述べた内容を，これから具体的に説明する旨を示すことで，読みやすい論旨展開になります。

下線③
ビジネスモデルを表現する際の要素を明示的に論じて，新サービスを説明している点がよいです。

モデルは，当初は既存の電子カルテサービスの利用者に対してマーケティングを行い，新サービスの利用者を既存顧客の30％と設定してROIを計算して，A社のハードルレートを達成できることを確認した。収益の回収方法は，既存の電子カルテサービスと同様に請求する。

1100字

（ｃ）設問ウを書き直す

設問ウ

第３章　経営層への提案，評価，改善

3.1　経営層への提案

　A社の経営層へは次のような提案を行った。

(1)標準業務モデルによる顧客のメリットの提示

　①新サービスを利用する顧客のメリットを示すという課題があった。そこで私は，患者とスタッフの関わりを中心に，旧業務モデルと，新サービスを利用した新業務モデルの両方を作成して，新サービスによって，スタッフと患者の接触をどのくらい削減できるか，スタッフ業務をどのくらい削減できるかを示すようにした。②ただし，スタッフ業務の削減時間を営業活動時に顧客へ具体的に示すという課題が新たに生じた。③業務規模によって業務の削減時間が異なるため，顧客に一概に削減時間を提示できないという難しい問題があった。そこで私は，標準モデルを作成して，１回の診察におけるスタッフ業務の削減時間をシミュレーションして算出することにした。④なぜならば，標準モデルにおけるスタッフ業務の削減時間を算出しておくことで，標準モデルと顧客の歯科医院との差異が分かれば，顧客の歯科医院でのスタッフ業務の削減時間を算出しやすいと考えたからである。

(2)バイラルマーケティングによる市場への普及

　⑤バイラルマーケティングが有効という，医療関連ソフトウェア業界の事業特性を踏まえて，既存顧客への販売促進を中心に活動する，その際，既存顧客からその顧客の知人に他システムとの連携が容易などというA社の電子カルテサービスの強みを宣伝してもらう，という普及方法を提案した。

(3)投資効果

　投資効果については，A社のマーケティング部門の協力を得て，30％ほどの既存顧客が新サービスを利用するという販売予測を得た。これらと開発コストの概算値を基にROIを計算して，A社のハードルレートをクリアすることを示す資料を作成した。

3.2　評価と改善した内容

　⑥経営層からは，他のDX企画と比較して優れていることが判断できないという評価を得た。その結果，A社におけるDXの取組は複数推進されているために，当該提案の優位性を明確にすることが課題となった。

　そこで私は，進行中の他のDX関連提案について，投資

下線①
課題を明示してから施策を論じることで，施策の妥当性を採点者にアピールしていてよいです。

下線②
"ただし～"と展開してから新たに生じた課題を示して，能力をアピールする展開がよいです。

下線③
対応の難しさを説明することで，工夫する必要性を説明している展開がよいです。

下線④
専門家としての考えをアピールしていてよいです。なお，根拠を含めたい場合は，"なぜならば，標準モデルとその削減時間を定めておけば，標準モデルと対象モデルの差異が分かれば，標準モデルの削減時間から対象モデルの削減時間を推測できる。これを根拠に，標準モデルにおけるスタッフ業務の削減時間を算出しておくことで，標準モデルと顧客の歯科医院との差異が分かれば，顧客の歯科医院でのスタッフ業務の削減時間を算出しやすいと考えたからである"などと論じればよいでしょう。

下線⑤
設問アで述べた事業特性を簡潔に引用しながら，事業特性を踏まえる展開を盛り込んでいる点がよいです。

下線⑥
経営層からの高い評価を得た，などという多くの受験者が書く内容ではない点がよいです。

6

添削を受けて書き直してみる

100字
200字
300字
400字
500字
600字
700字
800字
900字
1000字

121

金額と収益の概算値を調査して，各提案における当該提案の ROI の優位性を示すように改善した。

－以上－

1100字

Point ここが ポイント！ ! ! ! ! ! ! !

★ITストラテジストは，ITを活用して競争優位に立つ，ことを採点者にアピールする

ITストラテジストは戦略家ですから，"**ITありき**"で論旨を展開すると，効果的に採点者に合格をアピールできます。この論文のように，"そこで〜というITを活用することにした"という論旨展開ではなく，"このようなITがあるので，そのITを活用して競争優位に立つ"という論旨展開の方がより戦略家を採点者にアピールできます。

★一般論の組合せを論じても，採点者に"合格"をアピールできない

IPAの講評を確認してみましょう。一般論を組み合わせても採点者には効果がないことが分かります。問題文のトピックをしっかりと掘り下げて，事例の詳細を論じることが重要です。

Point ここが ポイント！ ! ! ! ! ! ! !

★百里の道も九十九里が半ば

論文を書いていると，設問ウで「残りは少し」と安心しませんか。論文を書いている方を隣りで見ていると，設問イを書き終えて安心してしまい，設問ウの部分で筆が止まります。ここで安心しないで，集中力を最後まで持続させましょう。

（2）書き直した論文の採点結果を確認する

　　　　添削内容を基に書き直した論文の点数を確認しましょう。次に，合格条件充足度評価表を掲載します。74点，A判定，合格レベルの論文です。

合格条件充足度評価表　　　　　　　　　　　　　　　　ITストラテジスト

<table>
<tr><td colspan="3">合　格　条　件</td><td colspan="2">評　　価</td><td>得　点</td><td></td></tr>
<tr>
<td rowspan="8">本
文</td>
<td rowspan="4">内
容
的
側
面</td>
<td>システム・プロジェクトの概要・特徴</td>
<td>システム・プロジェクトの概要・特徴が簡潔にかつ具体的に記述されている。</td>
<td>10 ⑧ 5 2 0</td>
<td>簡潔・具体的でない。</td>
<td>$\frac{8}{10}$ ①</td>
</tr>
<tr>
<td>出題意図に応える論述</td>
<td>出題意図をくみ取り，これについて論じている。</td>
<td>10 ⑧ 5 2 0</td>
<td>出題テーマとずれている。</td>
<td>$\frac{8}{10}$ ②</td>
</tr>
<tr>
<td>ITストラテジストとしての創意工夫，行動力</td>
<td>ITストラテジストの業務にふさわしい工夫，行動について述べている。</td>
<td>10 ⑧ 5 2 0</td>
<td>ITストラテジストの業務行動になっていない。</td>
<td>$\frac{8}{10}$ ③</td>
</tr>
<tr>
<td>工夫や対策の評価と課題の認識</td>
<td>結果の評価と今後の課題についての認識がしっかり表現されている。</td>
<td>10 ⑧ 5 2 0</td>
<td>しっかり評価していない。</td>
<td>$\frac{8}{10}$ ④</td>
</tr>
<tr>
<td rowspan="4">表
現
方
法
の
側
面</td>
<td rowspan="2">面白さ</td>
<td>論旨の一貫性</td>
<td>冒頭の800字が主題の伏線になっていて，かつ本文において全体の論旨をしっかり展開している</td>
<td>10 ⑧ 5 2 0</td>
<td>論旨を一貫してしっかり展開していない。</td>
<td>$\frac{8}{10}$ ⑤</td>
</tr>
<tr>
<td>主張性</td>
<td>一つ，二つに絞り込み，掘り下げて論述している。</td>
<td>10 ⑧ 5 2 0</td>
<td>掘り下げ不足である。</td>
<td>$\frac{8}{10}$ ⑥</td>
</tr>
<tr>
<td rowspan="2">分かりやすさ</td>
<td>具体性</td>
<td>工夫内容を具体的に説明している。</td>
<td>10 ⑧ 5 2 0</td>
<td>表面的な説明である。</td>
<td>$\frac{8}{10}$ ⑦</td>
</tr>
<tr>
<td>客観性</td>
<td>解決策の採用理由を事実（環境条件）に基づいて説明している。</td>
<td>10 ⑧ 5 2 0</td>
<td>理由が述べられていない。</td>
<td>$\frac{8}{10}$ ⑧</td>
</tr>
<tr>
<td rowspan="2">文
章</td>
<td colspan="2">一般性</td>
<td>一般的な，かつ，分かりやすい表現をしている。</td>
<td>10 8 ⑤ 2 0</td>
<td>表現が分かりにくい。</td>
<td>$\frac{5}{10}$ ⑨</td>
</tr>
<tr>
<td colspan="2">読みやすさ</td>
<td>章・節・項・段落分けは適切で，誤字脱字がなく，正しい日本語が使われている。</td>
<td>10 8 ⑤ 2 0</td>
<td>正しい日本語になっていない。</td>
<td>$\frac{5}{10}$ ⑩</td>
</tr>
<tr>
<td>総
評</td>
<td colspan="6">　設問イにおいて工夫をアピールする展開や専門家としての考えをアピールする展開を盛り込むと更に良くなります。設問ウはよく書けています。2時間で書く論文としては，十分に合格レベルの論文です。本試験では，事前に設問ウに入る時刻を決めておき，時間切れにならないように，しっかりと時間管理をしましょう。</td>
</tr>
</table>

合計得点
（100点満点）

74点

P_{oint} ここが ポイント！！！！！！！！

★臨場感のある「当たり前」を論文で書く

　経験は一人一人違います。したがって，本人にとって当たり前なことも採点者にとっては新鮮なことがあります。採点者は，経験した人にしか分からない，臨場感のある「当たり前」を論文で表現してほしいそうです。

第7章

午後Ⅰ問題を使って
論文を書いてみる

　再チャレンジ受験者向けセミナを開催してほしいと依頼がありました。既にひと通りの私のセミナを受講している方が対象ということで，同じ内容ではない効果的なカリキュラムについて，悩んでいました。

　論文がある試験区分の合格者と話す機会があり，その中で記述式問題を使って論文を書くことの重要性を確認し，効果的かつ効率的なカリキュラムを組むことができました。この章では，午後Ⅰ問題を使って論文を書くという私のセミナの一部を紹介することで，皆さんの合格を支援したいと考えます。

7.1 問題の出題趣旨を確認する

あるとき知人と会う機会があり，論文がある試験区分の合格者である A 君が同席しました。

A 君「岡山さん，どうしよう。合格しちゃいました。部長に『論文のある情報処理の試験なんて合格できないです』と言って，情報処理技術者試験合格の代替となる認定試験の講習会に申込みしてしまいました。講習会の費用，高いんです」

私　「会社では，情報処理技術者試験合格か，その認定試験合格か，どちらかが必須で，情報処理技術者試験合格で講習会への参加が不要になったということですね」

この後に A 君は，"記述式問題のネタを使って，論述テクニックを活用しながら論文を書いて合格できた"と言っていました。ここで注意したいことは，"A 君は論述テクニックを取得済み"ということです。論述テクニックについては，既に説明していますから，この章では，論文の書き方ではなく，A 君を合格に導いた，**記述式問題から論文ネタを収集する**方法に絞って説明します。

（1）この章の流れを確認する

まずは，この章全体の説明の流れを確認しておきましょう。

①　対象とする記述式問題と論述式問題の出題趣旨の確認

午後 I 問題を使って論文を書いてみるためには，論文ネタを収集するための記述式問題と，論述するための論述式問題を決める必要があります。決める際には，IPA が発表している出題趣旨を確認するとよいでしょう。

②　記述式問題を演習する

まずは，通常の問題演習のように，記述式問題を解いてみましょう。理由は，本試験問題の数は限られているので，まずは午後 I 試験対策として問題を有効に活用するためです。本書には，論文ネタの収集の対象となる問題だけを掲載しています。解答は，IPA で公表している解答例を参照してください。

③　論述式問題を確認する

問題の趣旨や設問文をよく読み，趣旨や設問文において問われている内容を確認します。

④　論文ネタの収集演習をする

論述式問題において問われている内容を基に，午後 I 記述式問題から論文ネタを収集する演習を行います。その際，論文ネタとして不足している点や，記述式問題に書かれている内容と少し違う点があるかもしれません。これﾗについて

は，論述式問題で問われている内容に合わせて加工したり，不足している点を補足したりして，話の整合性を確保するようにしてください。

（2）対象とする記述式問題と論述式問題の出題趣旨の確認

ここでは，本試験問題を吟味して，次の二つの問題を選びました。

・記述式問題　平成24年秋　午後Ⅰ問1「産業用エネルギー機器の製造・販売を行う企業におけるメンテナンスサービス事業」
・論述式問題　平成25年秋　午後Ⅱ問1「経営戦略実現に向けた戦略的なデータ活用」

記述式問題，論述式問題，共に少し前の問題ですが，戦略的データ活用の基本的な内容が盛り込まれているオーソドックスな問題です。しっかりと論文ネタ収集をしておきましょう。

論文のネタを収集するだけでしたら，記述式問題だけで収集できます。しかし，論文の問題を確認しながらネタを収集する方が，始めは収集の仕方が分かりやすく，実践的でもあると考えて，記述式と論述式の問題をセットにしています。

では，それぞれの問題について，IPA発表の「出題趣旨」を記述式問題，論述式問題の順で確認していきましょう。

出題趣旨
ITストラテジストには，新事業を展開するための課題分析力，ステークホルダへの提案能力，新事業を支援するシステムの構想力が求められる。 　本問では，産業用エネルギー機器の製造・販売を行う企業における新事業の展開を題材にして，メンテナンスサービス事業を支援する情報システムに関して業務モデルを作成する能力を評価する。具体的には，メンテナンスサービス事業の収益の柱と顧客へのメリットとその理由，メンテナンスデータ収集システムの活用による販売代理店及び自社へのメリットとその理由について問う。

平成24年秋　午後Ⅰ問1の出題趣旨

出題趣旨の内容から，産業用エネルギー機器の製造・販売を行う企業がメンテナンスサービス事業を新事業として立ち上げることを題材にしている問題です。メンテナンスデータを収集して戦略的なデータ活用を行うと考えてください。

出題趣旨
企業・組織では，経営戦略実現に向けた施策を立案するために，事業に関連する社内外のデータに着目して，事業の現状を的確に把握したり，多方面から分析して変化の兆しをいち早く察知したりして，施策の立案に結びつける，戦略的なデータ活用の重要性が増している。 　本問は，経営戦略実現に向けた戦略的なデータ活用について，どのようなデータを対象に，どのように分析する方法を立案したか，また，分析した結果を踏まえてどのような施策を立案したかを具体的に論述することを求めている。 　本問では，論述を通じて，ITストラテジストに必要な分析力・企画力・洞察力・行動力などを評価する。

平成25年秋　午後Ⅱ問1の出題趣旨

出題趣旨の内容から，戦略的なデータ活用について，対象データ，データ分析方法，分析結果を踏まえた施策について問われていることが分かります。

（3）記述式問題を演習する

　午後 I 試験対策を兼ねて，次の"平成 24 年秋　午後 I 問 1 「産業用エネルギー機器の製造・販売を行う企業におけるメンテナンスサービス事業」"を解いてみましょう。

ITストラテジスト試験　平成 24 年秋　午後 I 問 1

問1　産業用エネルギー機器の製造・販売を行う企業におけるメンテナンスサービス事業に関する次の記述を読んで，設問 1〜3 に答えよ。

　A 社は，産業用エネルギー機器（以下，機器という）の製造・販売を行っている。近年は，業界での競合が激しく，A 社は市場シェアでは上位を占めているが，機器の製造・販売で利益を上げることが困難になっている。

　A 社は，機器の販売と修理サービスを販売代理店に委託している。A 社の製品企画活動では，販売代理店からの修理情報，顧客からの機器の運転や機能の利用に関する情報などを参考に，新機能，新機種を開発している。しかし，販売代理店からの情報は曖昧なところが多いので，開発を検討するには不十分である。

〔販売代理店の状況〕

　販売代理店の修理要員は，顧客から修理の依頼があると，顧客の事業所に出向いて機器の状況を調べ，故障箇所と故障原因を特定する。その結果，部品や消耗品の交換で済む簡単な修理については対応するが，高度な修理を要するときは A 社に修理を要請し，A 社の修理要員の訪問日時を調整する。

　A 社の顧客の多くは昼夜操業していることから，補修部品の取寄せ・欠品，修理要員の訪問日時の調整などで修理が長引いて，操業に大きな影響が出ることを懸念している。そこで，販売代理店は，A 社に対して，補修部品の在庫管理の充実及び修理要員の派遣の迅速化を要望している。

　販売代理店は，修理活動によって得た情報を活用して，顧客に対して機器の改造・取替え・増設の提案活動を行うことになっている。しかし，販売代理店の修理要員は，修理活動に関わる時間が多く，提案活動につながるような機器の運転状況，老朽化の状況の分析などに時間を割くことができないのが現状である。

〔補修部品の在庫計画の概要〕

　A 社は，補修部品ごとの出荷履歴，設計仕様上の耐用年数を考慮して，向こう 3 か月間の在庫計画を立案している。機器の老朽化の状況は，運転状況によって変動し，部品の劣化の状況にもばらつきが出る。補修部品は，部品ごとに一定数量のロットを，工場の操業度が低下する時期に生産している。しかし，補修部品は，販売代理店からの出荷要求が増減するので，需要予測が難しく，欠品の場合は特別に生産して対応している。全ての補修部品で欠品を起こさないようにするには在庫負担が大きい。

〔メンテナンスサービス事業の立上げ〕

　A 社にとって，修理サービス及び補修部品販売の売上高利益率は高い。しかし，修理サービスの需要が多いにもかかわらず，販売代理店からの高度な修理の要請にタイミングよく対応できていなかった。A 社は，収益構造の転換を早期に実現するために，経営会議でメンテナンスサービス事業の立上げを決定した。経営会議では，メンテナンスサービス拠点を全国に設置して，次の三つのサービスを提供することを取り決めた。

　① 　365 日 24 時間の修理サービス
　② 　販売代理店が行っていた修理サービスの一部
　③ 　低燃費運転，予防保全，故障原因の分析などのコンサルティングサービス

経営会議では，主に次のような意見が出された。

・メンテナンスサービス拠点を早期に全国に設置するためには，A 社の拠点が少ないので，既存の販売代理店の活用が必須である。販売代理店が，簡単な修理活動をするだけでなく，提案活動に多くの時間を割くことができるような施策を検討すべきである。

・メンテナンスサービスによって得られた情報を使って，生産計画の精度を向上させるとともに，製品企画活動を強化する方策を検討すべきである。

〔メンテナンスデータ収集システムの導入〕

　A 社は，経営会議での決定・意見を受けて，メンテナンスデータ収集システムの導入を決定した。機器の本体に通信モジュールを装備し，通信回線を介して機器の運転状況のデータを収集し，データベースに蓄積する。また，電圧降下，圧力上昇，温度異常などの警告，機器故障を判定して，A 社の監視用端末に表示する。当該顧客を担当する販売代理店でも状況を確認することができる。既設の機器については，修理サービスの向上をアピールして，顧客に通信モジュールの装備を勧める。

　メンテナンスデータ収集システムの導入によって，故障の前兆・発生を捉えることができ，機器本体の不具合箇所を特定することができる。また，不具合の内容によって，簡単な修理で済むか，高度な修理が必要かを前もって判断できるので，販売代理店及び A 社の修理要員は，あらかじめ必要な補修部品を携えて，修理に出向くことができる。

　A 社は，収集したデータを用いて，機器の運転状況，機能の利用状況を分析し，コンサルティングサービスを展開できるようになる。また，生産活動，製品企画活動に有効な情報も得られる。データの分析結果を提供することによって，販売代理店では，提案活動に活用できる。

設問 1　A 社のメンテナンスサービス事業について，(1)，(2)に答えよ。

　(1) メンテナンスサービス事業において収益の柱となる売上を，二つ答えよ。

　(2) メンテナンスサービス事業によって顧客が受けるメリットとその理由を，それぞれ 20 字以内で述べよ。

設問2　メンテナンスデータ収集システムを活用した，販売代理店の修理活動と提
　　　　案活動について，(1)，(2)に答えよ。
　　(1) 販売代理店の修理活動におけるメリットとその理由を，それぞれ 20 字
　　　　以内で述べよ。
　　(2) 販売代理店の提案活動におけるメリットとその理由を，それぞれ 20 字
　　　　以内で述べよ。

設問3　メンテナンスデータ収集システムを活用した，A 社の生産活動と製品企画
　　　　活動について，(1)，(2)に答えよ。
　　(1) A 社の生産活動におけるメリットとその理由を，それぞれ 25 字以内で
　　　　述べよ。
　　(2) A 社の製品企画活動におけるメリットとその理由を，それぞれ 25 字以
　　　　内で述べよ。

コーヒーブレーク
「踊る論文指導」

　平成24年の記述式問題をネタとして平成25年の問題を論述する？　ネタが古すぎない？　と皆さんは思っているはずです。機器に，IT として小型の通信モジュールを付けて機器の稼働データを収集して分析するという話は，IT ストラテジストとしては，必須の知識なのです。この分析では AI を活用できます。したがって，活用する IT は，小型の通信モジュールと故障時期予測 AI です。どうですか，DX と絡む内容と思いませんか。記述式問題の該当箇所を，AI を用いて表現すると次のようになります。

　過去の故障データや機器の稼働データを収集して AI が分析することによって，故障の前兆・発生を捉えることができ，機器全体の不都合箇所を特定することができる。また，不都合の内容によって，簡単な修理で済むか，高度な修理が必要かを前もって AI が判断することができるので，修理要員は，あらかじめ必要な補修部品を携えて，修理に出向くことができる。

　A 社は，収集したデータを用いて，機器の運転状況，機器の利用状況を分析し，コンサルティングサービスを展開できるようになる。また，A 社の製品企画にも有効な情報を得られる。

　これらの他にも，一部重複する部分がありますが，次のような論述ネタがあります。

①稼働データや過去の故障実績を，AI を活用して分析することで，故障時期の予測精度を高めることができる。
②故障時期の予測精度が上がると，予測に従い予防保守を行うことで，機器の稼働率が高まる。
③故障時期の予測精度が上がると，予測に従い保守部品交換などを行う。すなわち，保守部品の需要予測の精度が高まる。
④保守部品の需要予測の精度が高まることで，保守部品の在庫管理が適正化でき，在庫管理のコストが低減できる。
⑤保守部品の需要予測の精度が高まることで，保守部品の在庫切れが防止でき，その結果，修理の遅延などがなくなる。
⑥機器の稼働データを収集することで，稼働率の高い機器を識別することができる。したがって，その機器を受注生産から見込み生産に切り替えることができる可能がある。見込み生産に切り替えることで，競合他社と比べて納期を短縮することができ，競争優位に立つことができる。加えて，稼働率が高い機器を多くもつ企業に販売活動を行えば，受注の可能性も高まる。
⑦機器に通信モジュールを付けることで遠隔保守が可能になる。遠隔保守によって判明した交換部品とともに機器の修理ができるので，修理時間を短縮でき，機器の稼働率を上げることができる。
⑧遠隔保守によって，保守業務の作業時間を削減できるので，保守要員数を削減できる。あるいは，保守要員にコンサルティング業務など，他の作業を担当してもらうことが可能となる。

　このように，平成24年の記述式問題を少しカスタマイズすれば，IT として AI と通信モジュールを活用した24時間保守サービスを企画するという論文も書けるはずです。

7

午後Ⅰ問題を使って論文を書いてみる

7.2 論述式問題を確認する

（1）論述式問題を確認する

　記述式問題の演習を終えたら，もう一度，記述式問題の全体の流れを確認しておきましょう。

　この章では論述の題材とした論述式問題を確認します。どのような点が問われているのでしょうか。

IT ストラテジスト試験　平成 25 年秋　午後 II 問 1

問 1　経営戦略実現に向けた戦略的なデータ活用について

　事業者間の競争が厳しくなる中，新規顧客の獲得，顧客満足度の向上などの経営戦略を実現するために有効な施策を立案し，実施することが重要になっている。事業に関連する社内外の様々なデータに着目して事業の現状を的確に把握したり，多方面から分析を行って変化の兆しをいち早く察知したりして，施策の立案に結び付けることができる，戦略的なデータ活用が注目されている。

　例えば，戦略的なデータ活用による施策の立案としては，次のような事例がある。

・インターネット上の様々な Web サイトの情報を分析して一般消費者の潜在的なニーズ，他社の動向などを察知し，商品の企画，販売拡大などの施策を立案する。
・POS，電子マネー，ネット販売などの顧客の購買履歴データを分析し，商品の品ぞろえの見直し，顧客への新たな提案などの施策を立案する。
・設備，機器の稼働実績データを分析し，故障の予兆を察知して予防保全の提案を行ったり，運用改善の提案を行ったりする新たなサービスの提供などの施策を立案する。

　IT ストラテジストは，戦略的なデータ活用による施策の立案について経営者，事業責任者に説明するために，経営戦略上の有効性，運営体制，人材育成上の課題，他社の成功要因などの事項を検討しておくことが重要である。

　あなたの経験と考えに基づいて，設問ア～ウに従って論述せよ。

設問ア　あなたが携わった経営戦略実現に向けた戦略的なデータ活用について，対象となった事業の概要と特性，及び戦略的なデータ活用を行うことになった背景を，800 字以内で述べよ。

設問イ　設問アで述べた戦略なデータ活用について，活用したデータと分析方法を明らかにするとともに，分析結果を踏まえて立案し，実施した施策を，800 字以上 1,600 字以内で具体的に述べよ。

設問ウ　設問イで述べた施策について，経営者，事業責任者に説明するために，どのような事項を重要と考えて検討したか。また，立案し，実施した施策に対する経営者，事業責任者からの評価について，改善すべき点を含めて，600 字以上 1,200 字以内で具体的に述べよ。

問題の趣旨を読んで，求められている論旨展開を確認してください。一般的には趣旨にある，「〜重要である」，「〜必要がある」，「有効である」，「〜求められる」，「〜を踏まえて」に着目して，求められている論旨展開を確認するとよいでしょう。求められている論旨展開を確認することで，これから，どのような論文ネタを収集すればよいかを把握できます。これは本試験において，"問題の趣旨を確認することでどのような論文ネタを適用すればよいか"につながりますから，効率的，効果的な論文設計の演習とも考えてください。

（2）論述式問題の設問文で問われている内容をリストアップする

　設問ア，イにおいて問われている点をリストアップすると次のようになります。

　　①業界ごとの事業特性
　　②戦略的なデータ活用を行うことになった背景
　　③データの分析方法
　　④立案し実施した施策

　設問ウで問われている内容については，各自による演習に任せます。そのために，これから行う設問ア，イに注力した演習をします。
　これらの"問われている点"ごとに，論文ネタを記述式問題から収集していきます。ミニ演習という形で話を展開していきますので，理解を深めるために，読むだけではなく，必ず，演習をするようにしてください。
　なお，ミニ演習では，解答例を示していますが，ただの例にすぎません。論述式問題に正解はありませんから，参考程度と考えてください。各自の解答と異なる場合は，二つの論文ネタを効率的に収集できたことになります。
　記述式問題には，ミニ演習の対象となったトピック以外にも，多くの論文ネタが盛り込まれています。ミニ演習で終わらせずに継続して論文ネタを収集しましょう。

7.3 論文ネタの収集演習をする

　では，7.2(2)でリストアップした項目に沿って，平成 24 年秋　午後 I 問 1 の問題から論文ネタを収集する演習を行います。各自の専門知識や実務経験を盛り込んでアレンジしてしまって結構ですから，あまり記述式問題の内容に囚われないようにしましょう。

（1）業界ごとの事業特性を論じる

　記述式問題から，業界ごとの事業特性を抽出してみましょう。A 社の事業特性を挙げないようにしてください。"業界ごと"です。

> **ミニ演習 1**
> 　産業用エネルギー機器の製造・販売業界の事業特性を 70 字前後で述べよ。ただし，語尾は「〜という業界ごとの事業特性があった。」

（2）戦略的なデータ活用を行うことになった背景を論じる

　背景を論じる際には，いろいろな展開が考えられます。このミニ演習では，顧客が求めていることを明らかにして，顧客が求めていることを提供するという論旨展開で，背景を論じる例と考えてください。

> **ミニ演習 2**
> 　顧客は，何を向上させたいかを 10 字以内で述べよ。その向上ために A 社側で実現すべき事項をそれぞれ 20 字以内で二つ述べよ。

（3）データの分析方法を論じる

　分析方法を論じることは難しいです。記述式問題にも具体的には書かれていません。〔メンテナンスデータ収集システムの導入〕に "機器の運転状況のデータ" という記述があるので，参考にしてアドリブで解答してみましょう。

ミニ演習 3

　"修理部品の在庫管理の充実"のために必要となるデータ分析について，対象となるデータ，データの分析方法，分析結果を含めて，200字前後で述べよ。

　ただし，"対象となるデータ"，"分析方法"，"分析結果"というキーワードを使い，明示的に論じること。

（4）立案し実施した施策を論じる

　戦略的なデータ分析に関わる施策を論じます。〔メンテナンスデータ収集システムの導入〕の内容を踏まえて，施策をピックアップすればよいでしょう。

ミニ演習 4

　"修理部品の在庫管理の充実"及び"修理要員の派遣の迅速化"を図るために立案し実施した施策を，300字前後で述べよ。

論文ネタを確認する

解答例を確認してみましょう。一つの例として参考程度と考えてください。

（1）業界ごとの事業特性を論じる

 ミニ演習1 解答例
業界での競合が激しいために，市場シェア上位であっても，機器の製造・販売で利益を上げることが困難であるという業界ごとの事業特性があった。

【解説】
　問題文において，最初の段落に「近年，業界での競争が激しく～」という記述を参考にして解答を導いています。この業界ごとの事業特性を踏まえると，製品の製造・販売だけでは，利益率の向上が難しい点を踏まえて，新たなサービス提要によって利益率の改善を目指すなどの論旨展開が考えられます。

（2）戦略的なデータ活用を行うことになった背景を論じる

 ミニ演習2 解答例
顧客が向上させたいもの：工場の操業率
Ａ社側で実現すべき事項：
(1)補修部品の在庫管理の充実
(2)修理要員の派遣の迅速化

【解説】
　〔販売代理店の状況〕の最初の部分にある次の記述から解答を導きます。

　「販売代理店の修理要員は，顧客から修理の依頼があると，顧客の事業所に出向いて機器の状況を調べ，故障箇所と故障原因を特定する。その結果，部品や消耗品の交換で済む簡単な修理については対応するが，高度な修理を要するときはＡ社に修理を要請し，Ａ社の修理要員の訪問日時を調整する。
　Ａ社の顧客の多くは昼夜操業していることから，修理部品の取寄せ・欠品，修理要員の訪問日時の調整などで修理が長引いて，操業に大きな影響が出ることを懸念している。そこで，販売代理店は，Ａ社に対して，補修部品の在庫管理の充実及び修理要員の派遣の迅速化を要望している」

上の記述の「操業に大きな影響が出ることを懸念」という記述から，顧客は，“工場の操業率”を上げたいことが分かります。そのためには，「販売代理店は，A 社に対して，補修部品の在庫管理の充実及び修理要員の派遣の迅速化を要望している」という記述から，“補修部品の在庫管理の充実”，“修理要員の派遣の迅速化”を実現すればよいことが分かります。

　“戦略的なデータ活用を行うことになった背景”については，“顧客は，工場の操業率を上げたいこと”，そのためには，“補修部品の在庫管理の充実”，“修理要員の派遣の迅速化”を実現する必要があることなどを論じて，背景とするとよいでしょう。

（3）データの分析方法を論じる

> **ミニ演習3解答例**
> 　対象となるデータは，機器の運転状況のデータである。分析方法としては，データを機器ごとに累積して累積稼働時間を求める。一方，機器ごとの累積稼働時間に応じて必要となる補修部品を過去の実績データを基に抽出しておく。これらのデータを基に機器の累積稼働時間から必要となる補修部品を求め，分析結果とする。この分析結果を補修部品の需要予測に反映させて需要予測の精度を高めることで，“補修部品の在庫管理の充実”を図る。

【解説】
　〔メンテナンスデータ収集システムの導入〕に“機器の運転状況のデータ”という記述があります。これを分析することで機器の累積稼働時間が分かることになります。一方，〔補修部品の在庫計画の概要〕にある「機器の老朽化の状況は，運転状況によって変動し，部品の劣化の状況にもばらつきが出る」などの記述から，機器ごとの累積稼働時間に応じて必要となる補修部品を過去の実績データを基に抽出しておくことで，累積稼働時間に応じて必要となる補修部品が分かることが類推できます。以上の内容から，顧客の機器の運転状況データを累積して累積稼働時間を求め，累積稼働時間に応じた補修部品をあらかじめ求めておくことで，顧客の機器において今後必要となる補修部品を予測することができます。

　予測した情報を需要予測に反映させて需要予測の精度を高めることで，“補修部品の在庫管理の充実”が実現できると考えることができます。

　なお，ミニ演習では割愛しますが，“修理要員の派遣の迅速化”を実現するために，機器の故障診断データを分析するケースについても，同様に演習してみてください。

7

午後Ⅰ問題を使って論文を書いてみる

（4）立案し実施した施策を論じる

 ミニ演習４解答例
　24 時間 365 日修理サービスを立ち上げる。そのサービスを実現するために，顧客の機器に通信モジュールを設置して，顧客の機器の運転状況のデータや，機器の故障診断データを収集できる仕組みを構築する。
・運転状況のデータ分析による需要計画の精度向上
　運転状況のデータについては，これを基に，機器ごとに累積稼働時間などを求めて，補修部品の需要計画に役立てて，"修理部品の在庫管理の充実"を図る。
・遠隔診断による修理時間の短縮と操業率の向上
　機器の故障診断データについては，顧客の機器が故障した場合，遠隔診断を行い，必要となる補修部品を調達した上で修理要員修理に向かう。これにより，"修理要員の派遣の迅速化"より修理時間を短縮して顧客の工場の操業率の向上を図る。

【解説】
　〔メンテナンスデータ収集システムの導入〕の最初の段落に，「機器の本体に通信モジュールを装備し，通信回線を介して機器の運転状況のデータを収集し，データベースに蓄積する。また，電圧降下，圧力上昇，温度異常などの警告，機器故障を判定して，A 社の監視用端末に表示する」と記述されているので，これをヒントにして施策を考えるとよいでしょう。
　〔メンテナンスデータ収集システムの導入〕には，コンサルティングサービスなどの施策についても書いてあるので，これらを論文ネタとして収集しておきましょう。

　この章は，午後Ⅰ問題を使って論文を書いてみる，という趣旨で書かれています。第 1 部の各章で説明した論述テクニックと，この章で収集した論文ネタを活用して，平成 25 年午後Ⅱ問 1 の論述式問題の論文を書いてみましょう。論文ネタとして不足していますが，不足している部分は補ってください。本試験においても，不足している論文ネタは，その場で補う必要があるので，本番の試験への準備と考えればよいでしょう。

第8章

本試験に備える

　ここでは，試験の前までにしておくべき準備についてお話しします。
　論述式試験対策を十分に行っていても，いざ試験となると実力を発揮できない受験者もいることでしょう。この章に書かれたヒントを活用して，ゆとりをもって試験に臨んでください。

2時間で論述を終了させる
ために決めておくこと

（1）論述のマイルストーンと時間配分を決める

　　筆者自身の受験やセミナ経験に基づいて，次のようなマイルストーンを設定しています。

　　試験中は解答を書くことに精一杯の状態ですから，最小限のマイルストーンにすべきですし，所要時間には個人差があるからです。この例を参考にして，自分用のマイルストーンを設定してみてください。

14：30	試験開始 ①問題選択 　論文設計 　設問アの論述	①　試験開始〜35分で設問アの論述を終了する 　　問題選択から，論文設計，設問アの論述終了までを35分で終了させます。慣れてくると30分くらいでできるようになるでしょう。
15：05	②設問イの論述 （設問イ，ウで75分）	②　40分前に設問イの論述を終了して10分前に設問ウを完了する 　　論文の中核となる，設問イとウを75分で書きます。設問イが45分，設問ウが30分ほどの配分になるでしょう。
15：50	②設問ウの論述 （設問イ，ウで75分）	ここまでは，集中して問題に取り組んでください。決して，設問イを書き終えただけでは安心しないでください。
16：20	③2分間の休憩	③　2分間の休憩 　　あせって見直しをすると，消しゴムを使う際に，必要な箇所を消してしまったり，きちんと消されていないところに字を書いたりしてしまいます。そのようなことがないように，見直しをする前に2分間かけて気持ちを落ち着かせましょう。
16：22	④5分間の見直し	④　5分間で論文の見直し 　　誤字，脱字，主語と述語の係り受けをチェックします。ここでは，しっかりと消しゴムで消して修正します。大幅な修正の場合は，残り時間を確認してから，修正を開始するようにしてください。残り時間がない場合は，修正をしないか，少ない修正で済むように工夫しましょう。 　　最後に，受験番号の記入，問題番号の選択など，合格に必須な要件をチェックします。答案用紙の間に挟まった消しゴムのカスをきちんと取り除いておきます。
16：27 16：30	⑤3分間の予備時間 　試験終了	⑤　3分間の予備時間 　　不測事態の発生に備えて，予備時間を3分間，確保しておきましょう。

★答案用紙のカーボンコピー状態に気を付ける

答案用紙は400字の両面です。鉛筆で文字を書いた面を合わせて，裏から書くと，鉛筆で書いた文字が接触している反対側の答案用紙に相互に写ってしまい，読みにくい論文になります。答案用紙は，問題冊子を下敷きにして書くか，重ねて書かずに1枚ずつ書くようにしてください。

（2）問題の選択優先順位を決めておく

問題の選択は，合否に大きく関わります。別の問題を選択しておけばよかったと後悔しても，どうにもなりません。また，論述式問題では，難易度が高い問題と低い問題間で点数の調整は行われません。

では，問題の選択について考えてみましょう。

試験問題に直面すると，問題は次のパターンに分類できます。

① 準備した論文で対応可能な類似問題

添削済みの論文があり，既に合格レベルの論文を書いた経験がある問題が出題されたケースです。この時点で，かなり合格に近い状況ですが，決して喜ばないことです。私は，安心して論文を書いていて，最後に時間不足になって不合格になった受験者の方を知っています。

② 実務経験に関連した問題

既に経験したことのあるオフショアに関する問題などが出題されたケースが，これに該当します。

③ 工夫した点や能力がアピールできる問題

専門知識や実務経験が豊富で，問題文を読んで，すぐに工夫した点やアピールすべき能力が思いつく問題です。

④ 問題文と専門知識を基に，論述内容をその場で考える問題

特に実務経験もなく，専門知識がない場合，問題文を参考にして，解答を考えなければなりません。できるだけ，問題文にトピックが書かれている問題を選ぶとよいでしょう。

各自の実務経験や専門知識のレベルに応じて，優先順位を事前に決定しましょう。③や④を重視することを決定した上で学習をすると「予想した問題が出題されなかったために不合格だった」という状況を事前に回避できると筆者は考えていま

す。事前に優先順位を決めて学習することで学習効果も高まり，試験当日に迷ったり慌てたりしないで，落ち着いて問題の選択ができます。

　問題を選択したら，直ちに答案用紙の表紙の問題番号を選択してください。このとき，受験番号や生年月日も記入済みであること確認するようにしてください。平成 22 年春の午後 II 試験において筆者は時間ぎりぎりまで，受験番号を記入し忘れていました。終了時刻の 5 分前に行った論文の見直しで気づきました。

（3）論文の共通部分を事前に用意しておく

　一般に「論文の最初の部分，すなわち，設問アの前半の問いに対する答えについては事前に用意しておく」ことが鉄則です。「いざ，試験」という場面で最初からつまずいていたのでは，最後まで論文を書き終えることは難しいからです。

（4）題材の選び方を事前に決めておく

　試験の最中に迷いながら論述したり，題材選びを間違って後悔したりしないように，論述する題材の選び方を事前に決めておきます。次の方法があります。

　① 　問題に対応して複数の題材から臨機応変に選ぶ

　あらかじめ三つくらいの題材に絞り込んでおき，そのうちから最適な題材を一つ選んで論述します。これには，工夫した点や能力を最大限にアピールできるというメリットがあります。反面，題材を選ぶのに時間がかかるというデメリットがあります。

　② 　事前に一つの題材に決めておく

　どのような問題が出題されても，題材は一つと決めておきます。ある一つのプロジェクトを，題材として固定していかなる問題にも対応させます。これには，迷って時間を浪費しないというメリットがあります。反面，問題によっては，工夫した点や能力を最大限にアピールできない場合があるというデメリットがあります。

　このように，一長一短ありますから，どちらの方法に決めても結構です。ただし，①の方法に決めた場合は，複数の題材について設問アの前半部分などを事前に用意しておく必要があります。

　なお，どちらの方法を選んでも，基本的には，論文設計をしてから設問アを書くようにしてください。ほかの受験者がカチカチと書く音を出して論述している中で論文設計をするとあせってしまい，設計が不完全になるからです。

（5）消しゴムと筆を選ぶ

　この段階で，筆，いや，鉛筆，シャープペンシルを選んでいては遅いですから，既に 2 時間書いても疲れない自分に合ったものが選ばれていると思います。ここで言いたいことは，皆さんの論文の中には，きちんと消していないもの，必要な部分も消してしまっているもの，黒くこすれているだけのもの，などがあるということです。

　消しゴムを使って文字を消すときは，きれいに消して，必要なところを消さないように気を付けましょう。そのためには，急いでいてもきれいに消せる消しゴムを選ぶようにしてください。

Point　ここが ポイント！ ｜ ｜ ｜ ｜ ｜ ｜ ｜

★消しゴムを使うときは，黒い部分をこすりとってから使う
　前回使ったときに付着した黒い部分が消しゴムに残っていると，答案用紙を汚します。これをこすって取り除いてから，消しゴムを使うようにしましょう。

8.2 試験前日にすること

基本的に試験の前日は，勉強を適度に抑えて，早い時間に就寝しましょう。でも，その前に軽く論文を 1 本仕上げてください。これで自信が付きます。

（1）実戦的な論文設計方法を確認する

本書の第 1 章の図表 1-3 の「受験中に書く論文設計の例」をチェックして，試験本番で，この作業を確実に実施できることを確認しましょう。本番でも，このようにして論文を設計することで，問題の趣旨に沿った論文を完成させることができます。

（2）論文を 1 本書く

論述式試験を嫌いにならないでください。いろいろな方から話をうかがうと，残念ながら「さんざん論文を書かされたので，試験ではもう論文など書きたくない人」がいることが分かります。論述に慣れていないと最初は 13 時間くらい掛かります。これを繰り返していると自分の時間がなくなるため，はじめは動機付けができたとしても次第に嫌になってきます。この状態でどんなに論文練習をしても，これでは合格は危ういです。なぜなら，最も重要な試験の日には，論文を書くことが嫌いになっているからです。

はじめの動機付けを維持できるように自分をきちんとコントロールすることによって，このような状況に陥ることを回避することができます。**コントロール目標は，少なくとも試験前日に論文を 1 本書く**ことです。論文練習が嫌になったら，論文を書かないことも大切です。休みましょう。一度きっちりと訓練した人は，試験前日に 1 本書いただけで合格できたという例もあります。

ある組織では，試験対策として論文を多数書かされたので，誰も試験前日に論文を書く気が起きなかったそうです。結果は，全員不合格でした。このような状態に陥らないように，皆さんには論述することを好きになってもらいたいと思っています。多くの組織では，昇進試験において論文を書くことになります。筆者も昇進試験において論文を書きました。その経験から，ここで訓練した内容は皆さんの昇進試験でも役立つと思います。

★前日に論文を書いた人は合格率が違う

　ある組織で，前日に論文を書いた人の合格率を調査しました。その結果，50%前後の合格率であったとのことです。

（3）受験環境を整えるアイテムを揃える

　試験会場は，椅子や机が固定の場合は問題ありませんが，中には固定ではない場合があります。この場合に備えて机がカタカタしないように，机の足と床の間に挟んで安定させるための紙を用意しておきましょう。また，長時間の着席でお尻が痛くならないように座布団も用意しておくとよいでしょう。

　受験中の姿勢についてですが，長時間，頭を下にしておくと首が疲れます。長時間経っても大丈夫なように，頭の置き方を工夫するとよいでしょう。筆者は，あまり頭を下げないようにしています。

8

本試験に備える

本試験中に困ったらすること

　１年に一度しかない試験です。準備のし過ぎということはありません。用意周到で臨む必要があります。

（1）時間が足りない事態を予防する

　時間が足りない事態に陥らないように，論述中は，適宜，経過時間をチェックするようにしてください。万が一，時間が足りない事態に陥ったら，すなわち，設問ウを書けずに試験時間が終了したら，ほぼ不合格です。

　時間が足りない事態を予防するには，最悪でも，設問ウに移る時間を決めておいてください。設問アと設問イをいくら立派に書いても合格できません。事前に決めた時間が経過したら，うまく論旨を展開し，設問イを切り上げて，必ず設問ウも論述してください。

（2）文字数が足りない事態に対処する

　同じことを何回も書いてある冗長的な論文は合格できませんが，論文の主張を二度書いても，重要なポイントを強調していると判断されて，大幅な減点対象とならない可能性があります。したがって，文字数が足りない場合は，設問イや設問ウにおいて，論文の主張を書いて，合格の可能性を残しましょう。

　論文の主張は問題文に書いてあります。"重要である"というキーセンテンスで探すことができます。

（3）時間が余ったら，これを実行して合格を確実にする

　最後にきちんと論文を読み直して，誤字脱字，主語と述語の係り受けをチェックしてください。

　基本的には，消しゴムで修正してください。しかし，段落の途中で修正箇所の文字数が多くなったり少なくなったりした場合は，修正に時間が掛かる場合があります。この場合は，多少の減点覚悟で，吹出しを使って加筆，あるいは消しゴムで消して二重線を引いておいてください。第4章の4.2を参照してください。

（4）合格のための20か条

合格のために特に重要なポイントを 20 か条だけ選んで，次に示します。

合格のための 20 か条

項番	確認項目	チェック
①	合格のための 20 か条を思い出しているか	
②	「である」調で統一しているか	
③	字を濃く，大きく書いているか	
④	設問文に沿って正確に「章立て」をしているか	
⑤	設問文の問いに全て答えた章立てをしているか	
⑥	問題文の趣旨にある「〜が必要である」，「〜が重要である」，「〜しなければならない」，「〜を踏まえて」などを確認し，問題の趣旨に沿って論文を設計しているか	
⑦	課題に対して，対応の難しさなどを採点者に説明して，工夫した点をアピールするように設計しているか	
⑧	対策中に発生すると予測できる課題やリスクに対処するという展開を設計して，専門家としての能力をアピールしているか	
⑨	組織内でしか通じない用語を使わずに，一般的な専門用語を活用して簡潔に表現しているか	
⑩	設問アの文字数を 700 字〜800 字にしているか	
⑪	設問イとウの論述開始箇所は，答案用紙に指定されたとおりか	
⑫	箇条書を上手に活用しているか	
⑬	概要を述べてから「具体的には〜」などと詳細を論じる展開にして，読みやすい文書にしているか	
⑭	「〜と考え〜した」など専門家の考えを基に活動をアピールしているか	
⑮	「なぜならば」と書いて，専門家としての考えをアピールしているか	
⑯	業界ごとの事業特性を踏まえた論旨展開をしているか	
⑰	設問イの字数は 800 字，設問ウの字数は 600 字を確実に超えているか	
⑱	最後を「－以上－」で締めくくることを忘れていないか	
⑲	論文を見直して，略字，当て字，誤字脱字をチェックしているか	
⑳	答案用紙の間に挟まった消しカスの除去，受験番号や問題の選択の○印など記入を確認しているか	

P_{oint} ここが ポイント！！！！！！！！

★採点者に誠実さを示す

　答案用紙に空白マスや文字の挿入があった場合，減点の対象とされても仕方がありません。ただし，脱字や意味が通らない文章を書くよりは，結果的に得点が高くなります。アイテックが実施している公開模試を採点する場合ですが，筆者はこのように修正してある論文について，"きちんと見直しをしている"と判断して好印象を受けます。

P_{oint} ここが ポイント！！！！！！！

★採点者はルール違反しない限り，しっかり読んでくれる

　情報処理技術者試験ガイドラインのトピックに書かれている内容を紹介します。それによると，採点者が，ある答案用紙を開いてびっくりしたそうです。なんと，論文を縦書きで書いてあったそうです。論述式試験の問題冊子には「横書き」を指示していないので，採点者は時間をかけてしっかり読んだそうです。受験者がルール違反をしない限り，採点者はしっかり解答を読んでくれると考えてください。

★試験開始時刻までの待ち時間に，本書の内容を思い出す

　合格のための20か条の最初の項目は，冗談ではありません。本気です。私はいつも試験開始までの待ち時間に，自分がレクチャーした内容を思い出してから試験に臨みます。自分が期待した以上にスラスラと筆が進みます。皆さんも，必ず本書の内容を思い出して，合格を獲得してください。

第9章

受験者の問題を解消する

　最後に，筆者が受験者から受けた質問とその回答を紹介します。

　質問者には，セミナの受講生，株式会社アイテックが行っている通信教育の受講生などがいます。読者の皆さんと共通する質問があるかもしれません。学習の参考はもちろん，困難な状況に陥った際の回復の手助けになると思い，紹介させていただきます。

　なお，いろいろな方からの生々しい質問とその回答を集めたQ＆A集であるために，一部に冗長な内容がある点をご了承ください。

9.1 学習を始めるに当たっての不明な点を解消する

筆者は応用情報技術者試験の対策セミナの講師も務めていますが，その際，応用情報技術者試験に合格したら，次は何を受験するかという質問をすると，ネットワークやデータベースのスペシャリスト系を目指す方が圧倒的に多いことが分かります。スペシャリスト系以外のシステムアーキテクト，ストラテジ系やマネジメント系などの試験区別を受験しない理由を聞いてみると，実務経験がないから，論文があるから，などの回答をもらいます。しかし，マネジメント系やストラテジ系などの試験を目指さない本当の理由は，論文の書き方や合格レベルなど，論述式試験の実態がよく分からないからだと思っています。

それについては，本書によってかなり理解が進んだと思います。しかし，学習の開始時点，中盤，仕上げ，それぞれの局面において不明な点があると思います。それらを，適宜，解消するために，この章を書いてみました。まずは，学習を始めるに当たっての不明な点を解消していきましょう。

（1）学習を開始するに当たって不明な点を解消する

Q 合格する人の論文って，どのような論文ですか。

A オリジナリティが盛り込まれている論文です。

受験する試験区分と，皆さんの実務の分野が合っている場合は，実務経験を基本にして，本書の第1部で紹介している論述テクニックを活用して，第2部の事例にあるトピックを盛り込むなどして論述するとよいでしょう。

受験する試験区分と，皆さんの実務の分野が完全には合っていない場合について考えてみます。システムアーキテクトの実務に携わっている方がプロジェクトマネージャ試験を受験するときは，プロジェクトマネージャとも仕事をしているはずですから，そのプロジェクトマネージャの立場になって，論述すればよいでしょう。また，コンピュータシステムの基盤関連，サーバやネットワーク環境の構築の実務に携わっている方は，システムアーキテクトとも仕事をしているはずです。このようなことは，システムアーキテクト，ITサービスマネージャ，ITストラテジストなどの試験を受ける多くの方に当てはまると考えます。

受験する試験区分と皆さんの実務の分野が完全に合っていなくとも，立場を変えることで実務経験を論文の題材にして論述できます。したがって，事例の詳細を書

けば，論文にオリジナリティを盛り込むことは難しくないと考えます。問題は，実務経験と関係のない試験区分を受験する場合です。例えば，実務経験のない新入社員が受験する場合です。

　実務経験のない場合であっても，オリジナリティを盛り込んでいる論文を書ける方は合格できる可能性が高いです。実務経験のない場合，サンプル論文などの事例を参考に題材を考えると思います。その際，サンプル論文をそのまま流用する論文を書いている人よりも，サンプル論文の事例を，自分が考えたオリジナルの題材に適用して論述する人の方が合格の可能性が高いと，経験的に推察します。整理すると次のようになります。

　実務経験がない場合，サンプル論文の切貼りをして論文を書くよりも，サンプル論文の事例を自分のものにするために，一時的に完全消化して，その消化したものを，自分の考えた題材に適用するスタイルで論述演習をした方が合格の可能性が高まるということです。**本書の第 1 章図表 1-2 や，1-3 の作業をしているということ**ですね。サンプル論文の事例を，自分の考えた題材に適用しているので，完成した論文にはオリジナリティがあります。

 学習以外に合格に必要な要素は何でしょうか？

 動機付けと時間の有効活用です。

　ある受験者が「先生，早く論文を書かせてください。去年，同期が合格して，私は不合格，同期には絶対に負けたくはない」と筆者に詰め寄ってきました。すごい気迫です。最終的に，この方は合格しました。でも，自己採点の午前試験がぎりぎりでした。私は，この「同期には絶対に負けたくない」という動機付けが，合格を引き寄せたと思っています。本番では，朝から試験を始めて，午後Ⅱの終盤は，もう夕方になってきます。この時点での踏ん張りを支えるのが，この動機付けです。学習を開始する前に，何を糧に合格を引き込むのかを決めるようにしましょう。

　講師をしていて，「あなたは合格できるから大丈夫です」と言ってしまうことがあります。余計なプレッシャーを受講生に与えるので，本来は控えるべきです。それにもかかわらず，時間の有効活用をしている受講生を見てしまったとき，これを筆者は言ってしまいます。忙しくて学習時間を確保できない理由は，たくさんあります。例えば，講義開始を待つ時間が 1 分でもあれば，それを学習時間に回すべきです。

　余計なことを言うと，時間の有効活用を突き進めて考えると，"何かを失わないと，新しいものを得ることができない" ともいえます。例えば，同僚との昼食後の会話を少しの期間だけやめて，学習時間を確保するなどを検討する必要があるかもしれません。

（2）論文を設計するに当たって不明な点を解消する

 論文は何本も書く必要があるのでしょうか。

 少ない人で2〜3本書いて合格しています。

　合格までに書く論文の数ですが，個人差があるので何とも言えません。本をよく読む人は少ない数で合格できる可能性が高くなると考えています。

　本書によって習得してもらいたいことは次の二つであり，重要なことは，これらを分けて考えて欲しいということです。

①論文を設計できるようになること
②設計に基づいて論述できるようになること

　論述することは時間の掛かる作業です。したがって，①よりも②の作業に時間が掛かると考えるのが一般的でしょう。そこで次のように考えてください。②ができるようになり，いろいろな問題について①を繰り返して演習すれば，時間の掛かる②の作業をしなくとも，本番試験における問題に対応でき，効率的に合格の可能性が高められるということです。言い換えれば，設計に基づいて論述できようになれば，"いろいろな問題について論文を設計することで，その問題を解答できることと同じ効果を見込める"ということです。論文設計は論述より時間が掛からないので，効率的ですよね。

 問題文には，よく「あなたの経験に基づいて」とありますが，問題文のトピックを論文に引用することを優先すると，経験がない論文の題材について論述することになります。このような場合，次の点について，どちらを優先すべきであり，また採点上有利なのでしょうか？
①　「あなたの経験に基づいて」を重視して，問題文のトピックは無視し，設問に沿った論述をすべきである
②　専門家として，専門知識を基に，問題文のトピックを活用して，設問に沿った論述をすべきである

 ②を優先すべきであり，②が有利です。

最初に，問題文の趣旨に沿って書くことは必須であることを確認しておきましょう。問題冊子に書いてあるからです。次に問題文に書かれているトピックの活用について検討します。

　質問に答える前に，経験に基づいて論文を書ける，書けない，について話をしてみます。

　あなたの経験に基づいて書けるなら，①を選択すべきです。ただし，設問に全て解答するとともに，本試験の問題冊子に書かれているとおり，問題文の趣旨にも沿って書くことが求められていると考えてください。経験をそのまま，設問に沿って書いただけでは，合格できないケースがあるということです。合格するためには，問題文の例には従わなくともよいですが，設問のみならず，問題文の趣旨に沿って書かなければならないということです。

　経験に基づいて書くことができないなら，②を選択すべきです。すなわち，問題文に挙がっているトピックをなぞる程度に書くのではなく，それらのトピックを基に，更なる論旨展開をする方法です。このようにして問題文のトピックを活用すると，問題文の趣旨に沿って書くことになりますから，論文が B 判定になる最大の要因を回避できることにもなります。

　どちらを優先すべきであるかという点について，経験に基づいた論述の観点から書きましたが，少し分かりにくい点があると思います。どんなに経験がないとはいえ，実際には，専門知識と経験の両方を論文に書くからです。この点を踏まえると，最終的に質問に対しては②を優先すべきと回答します。なぜならば，経験がないとはいえ，論述には専門知識と経験の両方を書いてしまうことから，**経験も専門知識として論述のために再利用可能なように整理しておけばよい**からです。自分の経験を基に設問文に答える論文を書けたとしても，本試験では問題文の趣旨に沿って書くことも求められています。筆者の講師経験から①を優先すると，事実に沿って書くために，問題文の趣旨に沿って書くことを軽視しがちになるようです。これでは，問題文の趣旨に沿っていないことを理由に B 判定になります。

　どちらが採点上有利なのかという点については，IPA が発表する午後Ⅱ講評をホームページでチェックしてみると分かります。不合格の論文には問題文の趣旨に沿っていない論文が多いです。したがって，2 時間という短い時間内で，問題文の趣旨に沿って書ける②が有利と判断します。

Q 設問アの内容を踏まえて設問イを論述する，あるいは，設問アや設問イの内容を踏まえて設問ウを論述することは，必須なのでしょうか？

A 設問文や問題文に踏まえることを明示している場合は踏まえる展開をしてください。

　設問文において，設問イやウで，踏まえることを明示している場合は，必ず踏まえる展開をしてください。設問文に明示していなくとも，問題文の趣旨に書いてある場合も，踏まえる展開が求められていると考えてください。それ以外の場合，合格論文を書くためには，必須，というわけでありません。論文の一貫性がより向上し，説得力が増すと考えてください。踏まえる展開を盛り込むことで，一般的な対応ではなく，状況に応じた対応ができることを採点者にアピールすることができます。これによって，一般論を論じる受験者よりは，アドバンテージがあると考えることができます。

学習中の問題を解消する

本書を読んだ直後に合格レベルの論文が書けるわけではありません。論述テクニックを，①説明できる，②使うことができる，③使って合格できる，この三つのプロセスを経る必要があります。ここでは学習中の質問について答えてみます。

（1）論文を設計できる

> **Q** 本書の第1部を2回熟読しました。実際，何から始めたらよいのでしょうか？
>
> **A** Just Do it！ 関所No. 1〜6をやりましょう。

それが終わったら，新たに解きたい問題について，Just Do it！ 関所 No.4〜6 をやってください。

> **Q** 本書に，ワークシートを活用した論文の書き方が紹介されています。しかし，実際の試験においてはワークシートを書いている時間などないはずです。更に，このワークシートによる論文の書き方がどのような場面で役に立つのか，分かりませんでした。
>
> **A** ワークシートは論文設計方法を習得するためのツールです。

ワークシートについてですが，論文を書いたことのない，論文の書き方の分からない人のために，"ワークシートに基づいた論文の書き方"を紹介しています。本書では，"工夫のアピール"や"能力のアピール"などの論旨展開を利用して，問題文の趣旨に沿った論文を書けるようになるという意図で説明しています。

論文の書き方が役に立つ場面ですが，本番の試験で問題を見た場面で役立ちます。ワークシートにある，工夫のアピール，能力のアピールなどの論旨展開ができるようになれば，ワークシートを頭の中で展開することで，問題文の趣旨にあるトピックや，自分で追加したトピックを活用して論旨展開ができると考えています。

Q 質問書で“分からない”としか，答えられない質問項目があります。どうしたらよいでしょうか？

A “分からない”を選択してください。ただし，分からない理由を簡潔に書くとよいです。

　理由を“分からない”の下あたりに書いておくとよいです。質問書はコンピュータ採点ではありませんので，分からない箇所については，採点者に“受験者の誠意”が伝わればよい，と考えてください。“答えようと努力していない”，“記入漏れのミスがある”と採点者に判断されなければ問題ありません。

Q 本書で書いてある内容を全て反映しないと，合格論文にならないのでしょうか？

A いいえ。ただし，反映できるようになると合格の可能性は高まります。

　本試験の時間は限られています。短い時間内に合格を引き込むためには，いろいろな論述テクニックを取得しておく必要があります。取得した論述テクニックを時間内に，適宜，引き出して活用すればよいでしょう。多肢選択式問題や記述式問題では，本試験の採点で60点以上が合格です。それと同様に，本書の内容の6割ほどを本試験で実現できれば，合格レベルに達すると考えています。ただし，専門家としての“考え”をアピールすることは必須と考えてください。

（2）論述できる

 問題文の前の質問書の内容で答えられない項目があり未記入にしておきましたが，減点対象になるのでしょうか？

 未記入は，本試験の採点では減点対象になります。

　"ハイレベルなエンジニアとしてふさわしくない"と採点者に判断されないように，未記入だけはやめましょう。

 論文を書く上で，高いレベルの守秘義務についてはいかがでしょうか。

 あなたが判断すべきです。

　結論を先にいうと，これは，あなたとあなたの会社との契約，あなたの会社と顧客との契約に関係する話なので，私には契約の内容は分かりませんからあなたが判断すべきです。回答者はあらゆる責任を負うことはできません。以上を前提に，これからは一般的な話をさせていただきます。

　高いレベルの守秘義務の場合，試験関係者から万一漏えいした場合，重大な社会不安を引き起こす可能性があります。例えば，国防など国家機密に関する題材などは書くべきではないでしょう。

　また，宝くじシステムのように，システム名で顧客が一意に決まるシステム名の場合も守秘義務の問題が生じます。そこで私は，例えば，金融商品管理システムという表現で対処するように指導しました。参考にしてみてください。

Q 2部の事例集にある論文のように書かなければ，合格できないのでしょうか？

A そのようなことはありません。2部の事例集の主目的は，本書の読者による論文内のトピックの再利用です。

　2部の事例集の論文は，字数も多く，書かれているトピックも多いために，実戦的な合格論文ではないものがあります。本書の読者が，①論文を書く際の体裁を確認するため，②論文を書くためのトピックを集めるため，に事例集の論文を掲載していると考えてください。基本的には，事例集の論文は，事例集の論文に書かれているトピックを問題文の趣旨に合うように再構成することで，論文が書けるようになっています。

　では，実戦レベルの合格論文はどのように確認すればよいでしょうか。

　本書をしっかりと学習して，規定時間内に自分で論文を書いてみてください。本書を学習すれば，自分の欠点は自分で分かるはずです。その欠点を改善した論文があなたの実戦レベルの合格論文と考えてください。

Q 「なぜならば，〜」の後の記述について，重要なことは分かりましたが，やはり書けません。

A おまけ付きのお菓子法で考えてみては，どうでしょうか。

　論文設計する際に重要なことは，"採点者に何をアピールして合格を決めるかを明確化する"ことです。これをキラーメッセージと呼んでいます。キラーメッセージを自分で説明できないと論文を設計した意味がありませんし，合格も難しいでしょう。

　キラーメッセージの一つが，"なぜならば，〜"の後の文章です。ここで一つの発想法としておまけ付きのお菓子法を考えてみました。通常，見込まれる効果に加えて，副次的な効果をアピールする方法です。次のような例を挙げることができます。

　私はおまけ付きのお菓子を買うことにした。なぜならば，お菓子も美味しいし，楽しいオモチャも付いているからである。

　どうでしょうか。読んでいて納得しませんか。「なぜならば，〜」の後の文章は難しいです。しかし，その難しさを分かったということは，合格に近づいている証

拠です。「私はAを先に行った。なぜならば，AよりもBの方が順番が先だからである」などと書いていては，採点者を納得させることは難しいです。

（3）評価を上げることができる

 会社の先輩に論文を添削してもらっていますが，試験ではB評価から上がりません。どのような対策を講じればよいでしょうか？

第三者による添削が効果的です。

　いろいろな原因が考えられますが，会社の先輩に論文を添削してもらっていることを踏まえると，原因としては，**社内で内輪受けする内容を書いるために第三者が理解できず合格できない**，ということを挙げることができます。ある会社で，社内で相互に論文をレビューしていましたが，論文を5本以上書いても誰も合格できない状況でした。あるとき，本書を基にセミナを実施したところ，合格率が6割に達しました。内輪で優秀な論文は，第三者が読むと，内容が分かりにくい論文になっているようです。以上の点を踏まえると，先輩ではなく，会社以外の人にも読んでもらうことを考えてはいかがでしょうか。

 B評価は何が足りないのでしょうか？

 基本以外の全てが足りない可能性があると考えるべきです。

　論文の内容によって，いろいろと考えられますので，一般的な点から回答させてください。まず，午後Ⅱの評価の分布ですが，不合格のほとんどは B 評価です。したがって，**B 評価は，もう少しで合格ではない**と考えてください。B 評価であっても，もしかしたら，いろいろと改善すべき点があるということです。B 評価となる原因と対策について，次に説明します。
① 問題文の趣旨に沿っていない
　設問文に答えるだけでは，問題冊子に明記してある，問題文の趣旨に沿って書く，という条件を満たしていないということです。問題文を基にしっかりと論旨展開を設計する必要があります。これは，書ける内容を論述するのではない，ということでもあります。**合格するためには，問題文の趣旨に沿うように，論述内容をその場で考える**ことも重要です。

② 論文としての体裁に欠けている

　論文に"思う"は禁物と，20年以上前に教わりました。それを平成21年春のプロジェクトマネージャ試験で試してみました。設問ウで"思う"を連発です。やはり，B評価となりました。内容はともかく，**"論文としての体裁に欠けている"など，採点者に不合格になる明白な口実を与えてはならない**，と考えるとよいでしょう。

③ 専門家としての"考え"のアピールが不足している

　設問イやウでは施策などを問いますが，採点者は施策を導いた根拠や考えを探していると考えてください。なぜならば，施策などはテキストなどに書かれている一般論で書けるからです。専門家としての"考え"は，論文の題材ごとに異なるために，受験者の能力を評価しやすいと考えるとよいでしょう。

④ 専門家としての能力のアピールが不足している

　例えば，施策を講じたら成功した，という論旨展開では，採点者は受験者の能力の程度が分かりません。したがって，施策を講じると新たに生じるリスクなど説明し，事前にリスク対策を講じておくという展開の方が，採点者に能力をよりアピールできるでしょう。このような能力アピールの論旨展開をしっかりと設計することが大切です。

⑤ 問題文の記述をなぞっている

　論文の"結論"と問題文のトピックを同じにしているケースです。問題のトピックから論旨を展開させることが重要です。

　以上，主なポイントを説明しましたが，詳細については論文の設計方法や論述方法が書かれている章で確認してください。

（4）2時間以内に論文を書き終えることができる

 論文を2時間で書き終える方法を教えてください。

 まずは3時間で書き終えるように訓練してください。

　時間内に書き終えるために重要なことは，字数を多く書き過ぎないということです。余裕をもたせて規定字数を3行ほど超過すればよいです。その上で，まずは3時間ほどで書き上げることができればよいと考えてください。

　自宅において3時間で書ければ，本試験で2時間以内に書けるという根拠は，ただの経験則です。筆者も自宅では，なかなか2時間で書き終えることができません。しかし，本試験では2時間以内で書いています。

（5）通信教育の課題を書ける

 通信教育の論文の課題に取り掛かっているのですが，提示されている課題に関して経験がなく，全く書くことができずにお手上げの状態です。

 知識を基に論述してください。

　本書では，問題文を膨らませて論文を書く方法を推奨しています。さて，この膨らませるための知識を，具体的にはどこからもってくるかが，問題になります。基本的には，専門知識，実務経験からもってきます。ポイントは，経験も知識の一部として，再利用可能な状態に整理することです。質問では，実務経験がない，ということですね。したがって，専門知識からもってくるしか方法はありません。このような場合，私はセミナなどで，次の方法を指導しています。

① 専門知識の学習
② 事例集のトピックの専門知識化，すなわち，論文へのトピックの流用
③ 問題文を基にした実務経験者へのインタビュー

　最近のセミナでは，特に③を推奨しています。インタビュー技法を確認した上で，いろいろな経験者にインタビューしてみてください。インタビュー技法に関する専門知識も，論述に必要になるかもしれません。

　なお，論述に最も重要なことは，筆者がいただいた合格者からのメッセージから分かります。それは，問題文の趣旨に沿って書くために**最も重要なことは一生懸命考えること**です。論文設計は，そのための訓練と考えてください。

（6）論文添削の結果を有効に活用できる

 通信教育の論文添削を受けました。論文を書き直したいのですが，効果的な方法を教えてください。

 添削内容を漏れなく反映するために，書き直す前に，添削内容に基づいて青色のペンで添削後の論文を修正しましょう。

　添削しても添削内容が書き直した論文に反映されていないケースが多いです。これでは効果的な学習とはいえません。添削結果を基に，どのように書き直したいの

かを，赤の添削内容の近くに青色のペンで書いてみましょう。そのようにすることで，添削内容を有効に論文に反映できます。その上で，論文を別の用紙に書いてみるとよいでしょう。

> **Q** 論文課題の実施は，時間はあまり気にせずに，完成度を優先した方が効果的でしょうか。それとも，制限時間内で書くようにした方が効果的でしょうか。
>
> **A** 合格レベルの論文を書くことを優先してください。

合格レベルの論文を書くことが重要です。時間短縮は，その後に訓練してください。

自宅で，3 時間で書けるようになると，経験的に，本番において 2 時間で書き終えられる可能性が高いと考えています。

> **Q** 合格レベルの論文を書こうと，設問アでは800字，設問イでは1,600字，設問ウでは，1,200字を書いて添削を依頼しました。添削結果は60点未満のB判定でした。合格レベルの論文を書こうと努力した結果が，B判定では，これから先どのようにすればよいか，分かりません。合格に向けての指導をお願いします。
>
> **A** 次に説明する合格レベルの論文の最低字数を基にして，自分の合格パターンの字数を決めましょう。次にその字数内で合格レベルの論文を書くようにしてもよいでしょう。

合格レベルの論文の字数ですが，少ない方の字数を考えると，設問アは 700字，設問は 900 字，設問ウは 700 字ほどです。設問イでは，設問イの前半の問いに答える字数が 400 字，設問イの後半の問いに答える字数が 500 字ほどです。設問イで合格を決めるポイントは後半にあると考えてください。後半を厚く書いて合格を決めます。

合格論文ですが，字数ではありません。本試験において，設問イを 1,500 字書いて不合格になった受験者の方もいます。字数を多く書いても得点が伸びない例を次に示しておきます。参考にしてください。

(1) 冗長である

同じ内容を繰り返しても得点は伸びません。

(2) "前述のとおり"で始まる文がある

書くべき箇所を間違えて，前の章で書いてしまったので，"前述のとおり"と書く場合があります。試験では，適切に使用しましょう。

（3）　"また，〜した"を繰り返している

　　設問イの終盤で，"また，〜した"を繰り返して，1,600 字にしている論文があ
りました。1 点の演技を 100 回繰り返しても 100 点にはなりません。専門家として
の考えをアピールしてから施策を論じることが重要です。
（4）　状況説明を十分に論じた結果，オーソドックスな施策一つだけを強調して論じ
　　ている

　　500 字ほど状況を説明して，最後に"専門家をプロジェクトに参画させた"とい
う施策をアピールする論文があります。この施策は状況によっては効果的な策です
が，この策を論じただけでは，合格は難しいと考えてください。

　　冗長ですが，繰り返して書きます。合格論文は字数ではありません。内容です。

　「なぜならば，〜」という展開を複数箇所に盛り込んでいるので
すが，点数が伸びません。どのようにしたら，よいでしょうか。

　合格レベルの論文を書くことを優先するためには，「なぜならば，
〜」という展開は，設問イやウにおいて，それぞれ多くても，二
つに抑えて活用しましょう。

　　「なぜならば，〜」を連発している論文については，「〜と考え，〜した」とい
う表現に変えるとよいでしょう。専門家としての考えを基に施策を論じる展開を重
要です。
　　「なぜならば，〜が重要と考えたからである」という文章を読んで，"なぜ重要
と考えたの？"と質問したくなるときがあります。「なぜならば，〜が重要と考え
たからである」と書くときは，重要であると考えた根拠も含めるとよいでしょう。

試験前の問題を解消する

ひと通り学習が終わると，新たな疑問が出てくると思います。次は，学習後の質問に答えてみます。

（1）問題の選び方を説明できる

 Q どのように問題を選択したらよいでしょうか？

 A 一つの方法としては，問題文にトピックがより多く挙がっている問題を選ぶという方法があります。

どのような問題が出題されても合格論文を書けるように，問題文を活用して論述する方法を取得してください。これができれば，最短で合格できる可能性が高くなります。

（2）問題の趣旨に沿って書ける

 Q 実務経験がないために，問題文の趣旨に沿って書けません。対処方法を教えてください。

 A トピックを収集して再利用可能なように整理しましょう。

実務経験があっても，問題文の趣旨に沿って書くことは難しいです。実務経験がない場合，論述に必要なトピックは，前述のとおり，次のようにして，収集する方法があります。
① 専門知識の学習
② 事例集のトピックの専門知識化，すなわち，論文へのトピックの流用
③ 問題文を基にした実務経験者へのインタビュー

トピックを収集したら，論文で再利用できるように，自分の言葉で整理することが大切です。問題文の趣旨に沿って，トピックを組み合わせて，足りない分についてはその場で考えて論述しましょう。合格者からのメールによると，経験の少ない若手の受験者は，この方法で合格しているようです。

> **Q** 事例集を基に，トピックの整理が終わりました。論文を書く回数が多いほどよいのでしょうか？
>
> **A** 論述に慣れたのならば，論文設計だけでもよいでしょう。

　既にトピックをもっているので，イメージトレーニングをするとよいです。問題文を読みながら，手持ちのトピックを頭の中でまとめて，論文を設計するイメージトレーニングをしてください。その際に，簡単な論文設計書を書いてもよいでしょう。最終的に，これが本試験における論文設計方法になります。

（3）論文添削の結果が60点未満の場合の対処方法を説明できる

> **Q** 通信教育の第2回目の添削結果が60点未満で合格レベルに達することができませんでした。効果的な対処方法を教えてください。
>
> **A** "急がば回れ"で，本書を，再度，学習してみることを薦めます。

　筆者のケースですが，ある顧客の本試験合格者の添削時の点数は，50 点以上であったことが分かりました。添削時点で 50 点以上ではないと合格の可能性が極端に低くなることを意味しています。そこで 50 点を境にして，それぞれについて対処方法を書いてみます。

　第 2 回目の添削結果が 50 点未満の方は，"急がば回れ"で，本書を，再度，学習してみることを薦めます。改善点が見つかると思います。

　50 点以上の方は，添削結果を基にして，60 点に達しなかった原因を，本書を参考に分析してみてください。原因が分かったら，どのように書き直したらよいかを検討して，再度，論文を書き直すようにしましょう。

9.4 不合格への対策を講じる

残念ながら合格できなかった方からの相談や質問をまとめてみました。次の試験で合格するために，改善すべき点だけは早めに整理するようにしましょう。

（1）想定した問題が出題されなくとも合格できる

Q 想定した問題が出題されなかったのですが，来年度も同じように，想定した問題が出題されなかった場合，不合格になってしまいます。どのような対策を講じたらよいでしょうか？

A どのような問題が出題されても論述ができるように，問題文の論旨展開やトピックを活用して論述する方法の取得を薦めます。

"本番では想定した問題が出ない"と私は指導しています。これを受け入れて論文練習しましょう。問題冊子に書いてあるとおり，問題の趣旨に沿って書くことが重要です。設問文の全てに答えるようにして，問題文の趣旨に，経験や専門知識を盛り込んで，論文を完成させる訓練をしてください。第 1 章 1.1(6)にある図表 1-2 が示している論文の書き方を実践するとよいでしょう。

仮に想定した問題が出題されたとしましょう。私は，ウキウキ状態になって論文を書き，最終的に時間不足になり，字が荒れて不合格になった人の話を聞いたことがあります。この話から分かることは二つあります。

一つ目は，後半になって字が荒れると，その焦りが採点者に移ってしまうということです。**段々と字の荒れてくる論文を読んでいると，採点者も読み方がおざなりになります。**採点者をこのような状況にしてしまっては，合格できません。これを回避するためには，一定の品質を保った字を書くことが重要です。

二つ目は，本当に不合格になった理由は時間不足か，ということです。類似問題ということで，過去問題の内容をそのまま書いた結果，問題文の趣旨に沿っていない論文になったのではないでしょうか。**類似問題であっても，問題文の趣旨に沿って再構成する**必要があると考えてください。

（2）論文全体の字数のバランスを考慮して論述できる

Q 本試験で規定字数には達しましたが，最後まで書き終えることができませんでした。何が悪いのでしょうか？なお，二度の論文添削を受けましたが，1回目は44点，2回目は57点でした。

A 時間不足の原因の一つには，字数不足を早めに回避するために設問イの前半でがんばり過ぎることを挙げることができます。

　2回目で60点に達していない点が気になります。60点に達していない理由が添削内容に書いてあれば，それを基に改善してください。

　時間不足の状況としては，設問イの前半に注力し過ぎていることがよくあります。字数不足が不安となるため，前半から風呂敷を広げ過ぎてしまうパターンです。具体的には，課題の挙げ過ぎです。これでは後半で収拾がつかなくなります。課題が一つでも，合格した方は多いです。工夫と能力のアピールなどを十分に行い，設問イは特に後半に注力するようにしてください。

Q 想定したボリュームが多過ぎ，書き終えることができませんでした。字数については，どのくらい超過すればよいのでしょうか？

A 規定字数を3行超過すればよいです。

　論文のボリュームですが，字数は設問文にある規定字数を，余裕をもたせて3行超過すれば問題はありません。筆者が受験した平成22年秋の試験では，設問イは3行超過しただけですが，A評価でした。

　なお，第2部の事例集の論文は字数が多いものもあります。できるだけトピックを盛り込むことで，トピックを本書の読者に再利用してもらいたいからです。

（3）問題文をなぞった記述から脱却する

 IPAの講評には、"問題文をなぞっただけの記述"とありますが、これを回避する方法を教えてください。

 問題文の記述を基にして、そこから論旨を展開してください。

　問題文の内容と論文の"結論"が同じ場合、問題文の記述をなぞっただけの記述と評価されます。それを回避するためには、問題文の記述を基に論旨を展開して、話を先に進めるようにしましょう。

（4）来年も受験する

 情報処理技術者試験で、以下の結果のとおり、不合格でした。
平成XX年度　X期　　　XX試験　成績照会
受験番号　XXXX-XXXX の方は、　　　不合格　　です
午前Ⅰ得点　***.**点
午前Ⅱ得点　72.00点
午後Ⅰ得点　75点
午後Ⅱ評価ランクB
　初めての高度試験で、ここまでの結果を残せたのは、アイテックの合格ゼミに参加したお陰だと思っております。ありがとうございます。来年も参加しますのでよろしく、お願いします。

 悔しいです。

　午後Ⅱ評価ランク B ということで、私の力も今一歩足りなかったのでは、と思っています。来年は必ず合格を決めたいと思います。つきましては、ランク B の論文を再現して、今年度の添削論文とともに次年度のセミナに持参していただけると、より効果的、効率的に弱点を克服できると思います。
　午後Ⅰ得点 75 点については立派だと思います。次回のセミナのときに、選択した問題をぜひ教えてください。なお、論述について 1 年間のブランクという状態を

回避するため，次回は，別の試験区分を受験してはどうでしょうか。論述力の維持・向上のためです。では，次回も，一緒にがんばりましょう。

第2部

論文事例

表　年度別　問題掲載リスト

年度	問番号	問題タイトル	著者	章	カテゴリ	ページ
R4	1	ITを活用した顧客満足度を向上させる新商品や新サービスの企画について	岡山　昌二	5	情報化リーダとしてのデジタルトランスフォーメーションや業務改革の推進	279
			庄司　敏浩			284
	2	基幹システムの再構築における開発の優先順位付けについて	岡山　昌二	2	情報システム戦略と全体システム化計画の策定	189
			高橋　裕司			194
			庄司　敏浩			199
	3	経営環境の急激な変化に伴う組込みシステム事業の成長戦略の意思決定について	満川　一彦	6	組込みシステム・IoTを利用したシステム	359
R3	1	デジタルトランスフォーメーションを実現するための新サービスの企画について	岡山　昌二	5	情報化リーダとしてのデジタルトランスフォーメーションや業務改革の推進	291
			阿部　政夫			296
	2	個別システム化構想におけるステークホルダの意見調整について	岡山　昌二	3	個別システム化構想・計画の策定	229
			鈴木　久			234
	3	異業種メーカとの協業による組込みシステムの製品企画戦略について	高橋　裕司	6	組込みシステム・IoTを利用したシステム	365
R1	1	ディジタル技術を活用した業務プロセスによる事業課題の解決について	岡山　昌二	5	情報化リーダとしてのデジタルトランスフォーメーションや業務改革の推進	303
			鈴木　久			308
	2	ITを活用したビジネスモデル策定の支援について	岡山　昌二	5	情報化リーダとしてのデジタルトランスフォーメーションや業務改革の推進	315
			阿部　政夫			320
	3	組込みシステムの製品企画における調達戦略について	満川　一彦	6	組込みシステム・IoTを利用したシステム	371
H30	1	事業目標の達成を目指すIT戦略の策定について	岡山　昌二	2	情報システム戦略と全体システム化計画の策定	205
			高橋　裕司			210
	2	新しい情報技術や情報機器と業務システムを連携させた新サービスの企画について	岡山　昌二	5	情報化リーダとしてのデジタルトランスフォーメーションや業務改革の推進	327
			阿部　政夫			332
	3	組込みシステムの製品企画戦略における市場分析について	満川　一彦	6	組込みシステム・IoTを利用したシステム	377
H29	1	IT導入の企画における投資効果の検討について	岡山　昌二	2	情報システム戦略と全体システム化計画の策定	217
			庄司　敏浩			222
	2	情報システムの目標達成の評価について	岡山　昌二	4	情報システム戦略の実行管理と評価	267
			高橋　裕司			272
	3	組込みシステムにおける事業環境条件の多様性を考慮した製品企画戦略について	満川　一彦	6	組込みシステム・IoTを利用したシステム	383
H28	1	ビッグデータを活用した革新的な新サービスの提案について	岡山　昌二	3	個別システム化構想・計画の策定	241
			庄司　敏浩			246
	2	IT導入の企画における業務分析について	岡山　昌二	5	情報化リーダとしてのデジタルトランスフォーメーションや業務改革の推進	339
			高橋　裕司			344
	3	IoTに対応する組込みシステムの製品企画戦略について	満川　一彦	6	組込みシステム・IoTを利用したシステム	389
H27	1	ITを活用したグローバルな事業について	岡山　昌二	1	事業戦略の策定または支援	175
	2	緊急性が高いシステム化要求に対応するための優先順位・スケジュールの策定について	岡山　昌二	3	個別システム化構想・計画の策定	253
	3	多様な顧客要求に応えられる組込みシステムの製品企画について	鈴木　久	6	組込みシステム・IoTを利用したシステム	395
H26	1	ITを活用した業務改革について	岡山　昌二	5	情報化リーダとしてのデジタルトランスフォーメーションや業務改革の推進	351
H25	1	経営戦略実現に向けた戦略的なデータ活用について	岡山　昌二	1	事業戦略の策定または支援	181
	2	新たな収益源の獲得又は売上拡大を実現するビジネスモデルの立案について	岡山　昌二	3	個別システム化構想・計画の策定	259

第1章

事業戦略の策定または支援

平成27年度 ST ▼ 問1
ITを活用したグローバルな事業について

　近年，国内の少子高齢化と市場の成熟などによって，日本企業は国内の顧客だけでなく，海外の顧客も視野に入れ，グローバルに事業を拡大する必要に迫られている。また，既に海外で事業を展開している日本企業も，為替変動，新興国の市場拡大などに伴って，グローバルで見た最適なビジネスプロセスを模索し，事業戦略を策定した上で，改革を行っている。グローバルな事業戦略には，例えば次のようなものがある。

　　・金融機関の法人事業では，国内向けの金融サービス事業から，海外も含めた金融サービス事業へ，顧客を拡大する。
　　・アパレル企業では，これまで新興国で生産してグローバルに輸出していたSCMに，地産地消などの考え方を参考にして，生産国でも販売する。

　ITストラテジストは，ITを活用したグローバルな事業を実現する際に，事業戦略を踏まえ，改革すべき業務機能を見極め，その業務機能を実行する業務組織を定義した上で，業務フローなどを描き，新しい業務の全体像を定義する。また，それを支えるITの要件と主要な機能を整理した新システムの全体イメージを作成する。その際には，次のような観点で検討することが重要である。

　　・グローバルで一元的に行う業務と，各国で個別に行う業務の切り分け
　　・多通貨，多言語，日本と異なる法規制・商習慣，時差など

　さらに，新しい業務の全体像と新システムの全体イメージを経営者に説明して，承認を得る必要がある。

　あなたの経験と考えに基づいて，設問ア～ウに従って論述せよ。

設問ア　あなたが携わった，ITを活用したグローバルな事業の概要と特性，事業戦略について，800字以内で具体的に述べよ。

設問イ　設問アで述べた事業戦略を踏まえ，改革すべき業務機能，定義した業務組織と新しい業務の全体像，及び新システムの全体イメージについて，特に重要と考えて検討した内容とともに，800字以上1,600字以内で具体的に述べよ。

設問ウ　設問イで述べた新しい業務の全体像と新システムの全体イメージを，経営者にどのように説明し，経営者にどのように評価されたか。更に改善の余地があると考えている事項を含めて，600字以上1,200字以内で具体的に述べよ。

論文事例 1
平成 27 年度　ＳＴ　問 1
岡山　昌二

設問ア

第 1 章　事業の概要と事業戦略

1．1　ITを活用したグローバルな事業の概要

　論述の対象は，建設機器などのレンタル業を営むＡ社において，新興国への市場拡大をねらったグローバル展開事業である。

　レンタル業では，建設機械を貸し出している時間に応じて売上が発生する。したがって，レンタル業の事業特性としては，建設機械の稼働率を上げることが利益拡大に不可欠という点を挙げることができる。

　Ａ社の経営陣は，建設機械に通信モジュールを取り付けることで，①個々の建設機械の稼働状況を自動的にデータ収集して分析し，建設機械の予防保守を行う，②稼働中の故障については，遠隔保守によって迅速に故障箇所を診断して，交換部品の早期調達を行うことで建設機械の稼働率を上げて，利益の拡大を実現し競争優位に立てると考えた。

1．2　事業戦略

　Ａ社における事業戦略は，複数の新興国におけるレンタル建設機械の市場拡大戦略である。パイロット的に海外展開を行う，当初の対象となる新興国のＢ国では，レンタル業は低迷している状況であった。

　SWOT分析の結果，Ｂ国において，Ａ社が直接業務展開することは，後発である点や，商習慣の違いによる各種のリスクがあることが判明した。そこで，Ａ社の経営陣は，現地のレンタル企業と業務提携することで，通信モジュールを取り付けた建設機械を展開してＢ国で成功を収め，そのノウハウをもって，他の新興国に横展開しようと考えた。

　私は，Ａ社のビジネスパートナーである情報サービス業Ｃ社に委任契約で勤務している，この案件を担当したITストラテジストとして，事業戦略を踏まえ，ITを活用した新業務と新システムを次のように定義した。

memo

100字
200字
300字
400字
500字
600字
700字
800字

設問イ

第2章　改革すべき業務機能と定義した業務の全体像
2. 1　改革すべき業務機能
　マテリアルフロー分析を応用して，建設機械をマテリアルと考え，建設機械の稼働率を下げる要因を分析することにした。その結果，建設機械の故障が稼働率を下げる要因になっていることが判明した。関連する業務は建設機械の保守業務である。
　従来，保守業務は建設機械の定期点検を行う時点で定期保守，又は，建設機械に故障が生じた時点で臨時保守を行う運用になっていた。いわゆる，"プッシュ業務"である。
　これを"プル業務"に変換することで，過去の修理履歴を基にシミュレーションを行い，その結果，建設機械の稼働率を繁忙期において97%近くに上げることが可能であると見積もることができた。
　そこで，各建設機械から通信モジュールを介して収集したデータを分析し，予防保守を指示する組織を，建設機械予防保守部として定義することにした。
2. 2　定義した業務の全体像
　グローバルで一元的に行う業務を，建設機械の予防保守業務とした。一方，予防保守の必要性を受けて，実際の予防保守の手配を行う手配業務は，暫定的に各国で個別に行う業務として切り分けた。具体的には，B国において業務提携先の企業の業務機能を利用することとした。
　以上の切り分けを踏まえて，業務フローを作成した。その際，SWOT分析で明らかになった商習慣の違いを盛り込む必要があった。更に建設機械は，使用上の注意を怠ると危険な要素があり，問題が起きたときの対処を明確にしておく必要があった。
　具体的には，建設機械貸出プロセスにおける，建設機械への保険などの取扱いに関わる商習慣の違いである。これについては，保険会社と事前に話し合い，業務フロ

一を決めた。更に，保険に関わる，建設機械の使用上の注意などを現地の事情に合わせて様々なケースを想定しておく必要があることが分かった。

2．3　新システムの全体イメージ

ITとしては，建設機械に取り付けた通信モジュールである。一方，システムとして活用する情報は，建設機械から通信モジュールを介して収集できる建設機械の稼働情報と，故障時の診断情報である。この情報を基に，予防保守のプル機能と，建設機械の故障時における修理箇所と必要部品調達のプル機能を定義して，新システムの全体イメージを定義した。

—— memo ——

ここに注目！◉◉

設問文に沿った章立てになっています。逆に，設問文に沿っていない章立ての例としては『2.3　プル機能の定義』があります。論述にあるキーワード"プル機能"ではなく，採点者が採点しやすいように，設問文にある"新システムの全体イメージ"というキーワードを使って章立てをします。

900字
1000字
1100字
1200字
1300字
1400字
1500字
1600字

── memo ──

ここに注目！◉◉

説明方法における「工夫」をアピールしています。

設問ウ

第3章　経営者への説明

3. 1　経営者への説明方法

　　新しい業務の全体像の説明方法としては，上段に旧業務，下段に新業務を図で示し，違いが分かりやすいようにする必要がある。そこで私は，重要となる業務プロセスにおいて，扱う情報とその発生元を示し，更に，プッシュ型からプル型の業務に移行することを明確に示すようにして，経営者がグローバル展開した際に業務の内容を理解しやすいように工夫した。

　　新システムの全体像について，新システムのポジションを明確にするために，システム全体の構成図を作成した。この図でアピールしたいことは，グローバル展開した際に，部分最適なシステムではなく，全体最適を前提に設計する新システムであることである。そこで私は各システムを，基幹系，計画系，情報系に分類して配置した。各システムとの情報連携を示して，会社全体のデータフローを明らかにし，システム間連携のリアルタイム性を明示するようにした。

3. 2　経営者からの評価

　　以上の説明により，経営者からの承認を得ることができた。特に新しい業務の全体像にあるグローバル展開する際の共通業務については，分かりやすいという評価を得た。しかし，SWOT分析から判明したリスクについて，リスク対応策が不十分という評価を得た。具体的には，建設機械の盗難などに関わるリスクである。

3. 3　更に改善の余地があると考えている事項

　　ITを活用することで，国ごとに異なるリスクを低減することができる。例えば，建設機械の盗難などが多い国では，GPS機能をもつ通信モジュールを使って，①通信モジュールが稼働しないと建設機械も稼動しない，②建設機械の現在位置を把握する，などの機能を付加することで盗難に関わるリスクを低減できる。今後は，グロー

100字
200字
300字
400字
500字
600字
700字
800字

————— *memo* —————

バル展開において，業務機能に加えて，セキュリティ対策についても，今まで以上に重要な機能として，提案する余地があると考える。

　　　　　　　　　　　　　　　　　　－ 以上 －

900字

1000字

1100字

1200字

IPA発表採点講評

　（ITを活用したグローバルな事業について）では，グローバルな事業戦略を理解した上で，業務改革案を企画し，適切な情報技術の活用案を練り上げて，経営層に進言した経験のある受験者には，論述しやすかったと思われる。一方で，グローバルな事業戦略，事業戦略にひもづいた業務改革について十分な記載がなく，システム開発，システムへの機能追加，システム統合などの記載に終始していた論述が散見された。

経営戦略実現に向けた戦略的なデータ活用について

　事業者間の競争が厳しくなる中，新規顧客の獲得，顧客満足度の向上などの経営戦略を実現するために有効な施策を立案し，実施することが重要になっている。事業に関連する社内外の様々なデータに着目して事業の現状を的確に把握したり，多方面から分析を行って変化の兆しをいち早く察知したりして，施策の立案に結び付けることができる，戦略的なデータ活用が注目されている。

　例えば，戦略的なデータ活用による施策の立案としては，次のような事例がある。

・インターネット上の様々なWebサイトの情報を分析して一般消費者の潜在的なニーズ，他社の動向などを察知し，商品の企画，販売拡大などの施策を立案する。

・POS，電子マネー，ネット販売などの顧客の購買履歴データを分析し，商品の品ぞろえの見直し，顧客への新たな提案などの施策を立案する。

・設備，機器の稼働実績データを分析し，故障の予兆を察知して予防保全の提案を行ったり，運用改善の提案を行ったりする新たなサービスの提供などの施策を立案する。

　ITストラテジストは，戦略的なデータ活用による施策の立案について経営者，事業責任者に説明するために，経営戦略上の有効性，運営体制，人材育成上の課題，他社の成功要因などの事項を検討しておくことが重要である。

　あなたの経験と考えに基づいて，設問ア～ウに従って論述せよ。

設問ア　あなたが携わった経営戦略実現に向けた戦略的なデータ活用について，対象となった事業の概要と特性，及び戦略的なデータ活用を行うことになった背景を，800字以内で述べよ。

設問イ　設問アで述べた戦略なデータ活用について，活用したデータと分析方法を明らかにするとともに，分析結果を踏まえて立案し，実施した施策を，800字以上1,600字以内で具体的に述べよ。

設問ウ　設問イで述べた施策について，経営者，事業責任者に説明するために，どのような事項を重要と考えて検討したか。また，立案し，実施した施策に対する経営者，事業責任者からの評価について，改善すべき点を含めて，600字以上1,200字以内で具体的に述べよ。

論文事例1

岡山　昌二

設問ア

第1章　経営戦略実現に向けた戦略的なデータ活用

1．1　対象となった事業の概要と特性

　A社は，産業用の発電機（以下，機器という）を製造・販売する企業である。機器は主に顧客の工場に設置され，機器の稼働率が工場の操業率に直結する。そのため，機器の定期点検を含む修理サービス，保守部品販売サービスの品質が顧客満足度に影響していた。なお，これらのサービスは，製造・販売と比較すると，売上高利益率の高いものであった。

　業界ごとの事業特性としては，成熟した業界であり，製造・販売では利益を伸ばすことが難しい点を挙げることができる。A社も市場占有率3位以内に入るが，他社と同様に，利益構造の転換が必要とされていた。更に，機器の価格が高価である点から，受注生産が主流で納期に時間がかかるという点も事業特性として挙げられる。

1．2　戦略的なデータ活用を行うことになった背景

　修理サービス，保守部品販売サービスの売上高利益率が高く，利益構造の転換が求められる中，経営戦略として，"修理・保守部品販売サービスの売上を伸ばし，利益構造の転換を実現する"という経営戦略がA社の経営陣から示された。

　A社の情報部門のITストラテジストである私は，経営戦略を受けた事業戦略及び情報化戦略の策定を命じられた。そこで，ある建設機械を製造・販売する企業の事例を基に，A社の機器への適用を検討した。

　販売する機器の価格が事例と同様に高価であり，機器の稼働率が顧客満足度に大きく影響する点，更に，事業特性が類似している点から，当該事例がA社の販売する機器にも適用可能と判断した。

　以上の内容が背景となり，通信モジュールを装着して機器の稼働データを収集して，戦略的なデータ活用を行うことを検討した。

memo

100字
200字
300字
400字
500字
600字
700字
800字

—— memo ——

設問イ

第 2 章　戦略的データ活用に向けた施策の策定
2．1　活用したデータと分析方法
　　活用したデータとしては，機器に通信モジュールを装着して，機器から稼働時間，エラーの自動回復情報，機器がもつ機能の活用状況，温度，騒音，振動などの機器の状況を収集することを検討した。
　　分析方法は，バスタブ曲線による分析である。横軸に稼働時間の累計をとり，縦軸に自動回復回数，温度，騒音，振動などをとり，定期保守時期の策定や，予防保守の予兆を検出することとした。
2．2　分析結果を踏まえて立案し，実施した施策
　　経営戦略を受け，"機器からの稼働情報を収集して，修理・保守部品販売サービスを支援するシステムを構築し，売上利益率の高い，修理・保守部品販売の売上を伸ばす"という事業戦略を設定して，具体的な情報戦略の策定に入った。
　　修理サービスに関する施策について，次のように考え策定した。
①故障の予兆を察知しての予防保全の提案
　　故障を予防して顧客の工場の操業率を上げるとともに，結果的に予防保守の頻度が上がることで，売上を伸ばすことできると考えた。
②故障発生時の遠隔診断における修理時間の短縮
　　従来は現場に出向くため，修理のための人件費分が，A 社も顧客側も負担になっていた。遠隔診断が可能になるため，原因の究明が迅速になり，修理時に必要な部品の特定も容易になり，修理時間の短縮ができると考えた。修理にかかわる人件費の削減とともに，顧客側の操業率の向上も期待できると判断した。
　　保守部品販売に関する施策について，次のように考え策定した。
①機器の稼働状況を踏まえた保守部品の生産計画の立案

ここに注目！◉◉

設問において，書けないトピックが問われていたとしても，あいまいに書かず，分かる範囲で明示的に書くことが重要です。

—— memo ——

　機器の稼働状況を把握することで，保守部品の生産計画及び在庫管理の精度を上げ，販売機会の損失や，保守部品の不良在庫を減らす。
②機器の使用法のモニタリングと運用改善の提案
　機器がもつ機能の利用状況をモニタリングして，機器がもつ，使われていない機能の有効活用を促す。これにより，次の 2 点について売上拡大を期待できると考えた。
⑴顧客の稼働状況に合った機器の使用法を促進するために，顧客における運用改善を提案する際に，オプション機器の購入を促すことで売上を伸ばせると考えた。
⑵A 社の製造・販売については，受注生産であるために，納期が長いという業界ごとの事業特性を A 社では転換できると考えた。具体的には，機器の稼働状況から，事前に機器のリプレイス時期や追加購入時期を予想することで見込生産が可能となり，商品の短納期により競争優位に立ち，売上が伸ばせると考えた。
　これらを，新たに構築するアフターサービスシステムのもつ機能としてまとめ上げて，情報化戦略の一部とした。

900字

1000字

1100字

1200字

1300字

1400字

1500字

1600字

—————— memo ——————

設問ウ

第3章　施策を説明するために検討した事項と評価
3. 1　施策を説明するために検討した事項
　以上の情報化戦略を説明する上で重要と考えた事項は、①経営戦略上の有効性、②他社の事例を適用した場合の合理性、である。①については、この情報化戦略は、経営戦略、事業戦略を順次ブレークダウンして策定したものであるため、A社の利益構造を転換するという経営戦略に対して、どれだけ有効であるかを示す必要があった。②については、他社で成功したからA社で成功するとは限らない。例えば、情報戦略の実現にかかわる費用対効果をA社の実状に合わせることで、事例の適用の合理性を説明する必要があると考えた。
①経営戦略上の有効性
　経営戦略を誤解なく理解するために、経営課題、経営戦略を鳥瞰図としてまとめた。更に、作成した図に今回の事業戦略及び情報化戦略をマッピングして、経営戦略との関係が明確になるようにして、経営戦略上の有効性を視覚的に整理して説明した。
②他社の事例を適用した場合の合理性
　事例となった他社とA社を対比させながら、業界ごとの事業特性、企業規模、利益構造、製品の特性などを説明した。これによって、事例となった企業とA社が類似していて、事例を導入する際の合理性や実現可能性について納得してもらうように説明した。
　以上の説明によって、戦略的なデータ活用を骨子とする事業戦略及び情報化戦略は経営陣によって承認された。
3. 2　施策に対する評価及び改善すべき点
　施策に対する評価として経営陣からは、情報化戦略として今後は、A社の設計部門、特に機器の制御を設計する部門と情報システム部門の連携を強化して、組込みシステムへの考慮を促進しながら、製品を含めた全体最適化を実現する旨の指示があった。

ここに注目！ 👓

何をどのように説明したかを鮮明に表現することが重要です。

100字
200字
300字
400字
500字
600字
700字
800字

　　今後改善すべき点は，製品の制御と情報システムとの連携の円滑化である。製品の情報をリアルタイムで収集してA社の情報システムと連携する必要がある。
　　製品とサービスの一体化を推進するためには，製品設計と情報システムの一体化を更に推進することが，今後改善すべき点である。

－以上－

memo

900字

1000字

1100字

1200字

IPA発表採点講評

　　（経営戦略実現に向けた戦略的なデータ活用について）では，何らかのデータを使って課題を分析し，施策に結びつけた経験に基づいて論述しているものが多かった。しかし，システム改善や業務改善などの改善課題への対応にとどまり，"経営戦略実現に向けた戦略的なデータ活用"の観点が抜けた論述が散見された。

情報システム戦略と全体システム化計画の策定

基幹システムの再構築における開発の優先順位付けについて

　　長期にわたって改善を繰り返してきた基幹システムは，複数のサブシステムが複雑に連携し合い，保守性が低下し，事業環境の変化に追随できなくなっていることが多い。このような基幹システムの再構築には，多くの費用，期間が必要であり，一度に全てのサブシステムを再構築することはリソース制約とともにリスクも大きい。一方，経営層からは業務効率の大幅な向上や，投資効果を早期に享受することが求められるようになってきている。

　　IT ストラテジストは，基幹システムの再構築を計画する際，全体システム化計画との整合性に留意しつつ，それぞれのサブシステムを，どのような順序で，どのくらいの費用と期間を掛けて再構築するかの優先順位を検討する。優先順位を検討する際，次のようなことを考慮することが重要である。

　　・経営層からの要請，業務や現行システムが抱える問題，制度変更への対応など，
　　　対象となるサブシステムが解決すべき課題の重要性及び緊急性は何か。
　　・どのような順序で，どのくらいの費用と期間を掛けて再構築すると，投資効果
　　　を早期に享受し，改修規模を極小化できるか。
　　・現行の機能の再利用，IT 部門のリソース制約，技術上の難易度などを考慮し
　　　た上で，どのような順序で取り組むことで，再構築リスクを軽減できるか。

　　IT ストラテジストは，検討した優先順位について，定性・定量の両面における投資効果とともに経営層に説明し，承認を得る必要がある。

　　あなたの経験と考えに基づいて，設問ア～ウに従って論述せよ。

設問ア　あなたが携わった基幹システムの再構築の計画策定について，企業の事業概要，背景となった事業環境の変化，基幹システムの概要を，事業特性とともに800 字以内で述べよ。

設問イ　設問アで述べた基幹システムについて，あなたはそれぞれのサブシステムを，どのような優先順位で再構築することとしたか。特に重要と考えて考慮したこととその内容，あなたが工夫したこととともに，800 字以上 1,600 字以内で具体的に述べよ。

設問ウ　設問イで述べた優先順位について，経営層にどのような説明を行い，どのような評価を受けたか。経営層の評価を受けて改善したこととともに，600 字以上 1,200 字以内で具体的に述べよ。

岡山　昌二

設問ア

第1章　企業の事業概要及び基幹システムの概要

1. 1　企業の事業概要と事業特性

　A社はコンタクトセンタにおける架電・受電を中心に活動する通信販売事業者である。A社の事業は，従来からあるコンタクトセンタ事業部と，近年立ち上げたECモールによる販売を中心としたEC事業部で構成されている。EC事業部の売上は計画どおりに伸びていない。

　受電・架電による通信販売業では，以前から電話を使った発注をしている顧客が多い。したがって，既存の顧客としては高年齢者が多く若年層の取込みに取り組んでいる，という事業特性を挙げることができる。

1. 2　背景となった事業環境の変化

　A社では若年層の取込みに取り組んでおり，ECモールによる販売を中心としたEC事業部を立ち上げたが，計画どおりに売上が伸びない状況であった。一方，EC事業の強化によって若年層の取込みに成功した企業は，コロナ禍のリモートワークによる需要の増加も拍車をかけ，業績を伸ばしていた。若年層の取込みに成功している企業が業績を伸ばしているという事業環境の変化が背景となり，A社では若年層の取込みに必要なスマートフォンのアプリケーションソフトウェア（以下，スマホアプリという）を含む，基幹システムの再構築を決定した。

1. 3　基幹システムの概要

　再構築の対象となる基幹システムは，在庫管理や販売管理機能を含むCTIの機能をもつコンタクトセンタサブシステム，及び，販売管理機能を含む，スマホアプリによる受注サブシステムである。コンタクトセンタシステムはコンタクトセンタ事業部，スマホアプリを含む受注システムはEC事業部が主幹部門となった。

　私はA社情報システム部に所属するITストラテジストの立場で，基幹システムの再構築における開発を次のようにして優先順位付けした。

memo

100字

200字

300字

400字

500字

600字

700字

800字

設問イ

第２章　開発の優先順位付け

2．1　サブシステムの優先順位付けで考慮したこととその内容

　基幹システムの再構築では，開発スピードと開発コストを考慮して開発の優先付けを行った。その内容を次に説明する。

①基幹システムの分割

　コンタクトセンタシステムは，宣伝活動と連動した迅速な問合せ対応，商品の在庫状況や納期の即答を実現することで，受注率向上を実現することをシステム化の目的としている。このコンタクトセンタシステムをCTI サブシステム，販売・在庫管理サブシステムで構成するように計画した。

　一方，若年層の取込みをシステム化の目的とした受注システムは，スマホアプリサブシステムと受注サブシステムで構成するように計画した。

②開発スピード

　昨今の状況に対応して売上を伸ばす必要がある点を根拠に，開発スピードを特に重要と考えた。

③開発コスト

　サブシステムの並行開発によって開発スピードを上げようとすると，情報システム部門の人的リソースが限られているため，外部からの人的リソースを調達することになり，開発コストが高くなる。したがって，開発コストを考慮して，サブシステムの優先順位を決定することが重要と考えた。

2．2　工夫した点と開発優先順位

　受注サブシステムは販売・在庫管理サブシステムが再構築されないと稼働できない仕様となる可能性が高い。そこで販売・在庫管理サブシステムの開発優先順位付けを「高」とすることにした。それに合わせて，CTIサブシステムの開発優先順位付けも「高」とする必要がある。

―――― *memo* ――――

そこで現行のCTIサブシステムを新CTIサブシステムが再構築完了するまで利用できないかを検討することにした。このようにすることでCTIサブシステムの開発の優先順位を下げ，並行開発する部分が減り，最終的に開発コストを抑制することが可能となる。

900字

　現行のCTIサブシステムはパッケージソフトウェアを活用したシステムである。そのため，システム間連携には柔軟性が確保されている。そこで，現行のCTIのパッケージソフトウェアをバージョンアップすることで対応できないか，システムアーキテクトに確認したところ，対応できることが判明した。そこで私は，CTIサブシステムの優先順位を「低」と計画した。ただし，新旧パッケージソフトウェアのインタフェース仕様を考慮して販売・在庫管理サブシステムを設計することを制約条件とした。なぜならば，新旧のインタフェースを類似させることで，パッケージソフトウェアのバージョンアップの際に，販売・在庫管理サブシステムとのインタフェースを考慮する工数を削減できると考えたからである。

1000字

1100字

1200字

　最終的には，次の二つの開発優先順位案を作成した。
①若年層の取込みを早期実現する案
　若年層の取込みに取り組んでいるという事業特性を踏まえて，スマホアプリサブシステム，受注サブシステム，販売・在庫管理サブシステムの優先順位を「高」として，CTIサブシステムの優先順位を「低」とする案である。
②商品の在庫状況や納期の即答を早期実現する案
　商品の在庫状況や納期の即答を実現することで，受注率向上を優先する代替案である。この場合，販売・在庫管理サブシステムの優先順位を「高」として，スマホアプリサブシステム，受注サブシステムの優先順位を「中」，CTIサブシステムの優先順位は「低」とした。
　これら二つの案を作成して，経営層に意思決定してもらう計画とした。

1300字

1400字

1500字

1600字

ここに注目！👀

採点者が仮採点すると推測できるポイントの直前，すなわち設問イの後半で，"なぜならば～"と展開して専門家としての考えをアピールしている点が良いです。

設問ウ

第3章　経営層への説明，経営層からの評価及び改善内容

3.1　経営層への説明内容

　基幹システムの再構築の計画を，サブシステムの優先順位付けを中心に，次の内容を経営層に説明した。

①経営層のスピード感に合わせて開発スピードを計画した点

　事業特性を踏まえた若年層の取込みを早期実現する案を中心に説明した。ただし，経営環境は常時変化するため，経営層のスピード感に合わせて基幹システムを再構築する必要があると考え，代替案である商品の在庫状況や納期の即答を早期実現する案についても説明した。

②開発スピードを上げると開発コストも上昇する点

　意思決定時点の経営層のスピード感に合わせて，開発コストが変化することを経営層に説明した。すなわち，開発スピードを上げれば，開発コストが割高になる点である。

③定量・定性の両面における投資効果

　定量的な面からはIRRを計算してA社のハードルレートをクリアすることを説明した。ただし，IRRは率であるため，それを基に意思決定すると投資規模が考慮されていないというリスクがある。そこで，定性的な投資効果や戦略的な投資効果を含めて経営層に説明することにした。具体的には，顧客ロイヤリティの確立への貢献などである。これについては，スマホアプリにおいて，ネットプロモータスコアを計測できるように計画した。

3.2　経営層からの評価と改善したこと

　経営層は代替案を採用して，在庫管理の適正化と納期即答を早期実現することが重要であるという意思決定をした。これについては，代替案を用意したことが高く評価された。一方で，定性的効果や戦略的効果を可視化すべきであるという厳しい評価を得て，計画の再提出が求

――――― *memo* ―――――

められた。
　この評価を得て私は，開発済みのシステムの定性的投資効果や戦略的投資効果を，今回の基幹システム再構築の定性的投資効果や戦略的投資効果と対比させることで今回の定性的投資効果や戦略的投資効果を可視化できないかを検討した。その結果，例えば，顧客ロイヤリティの確立という戦略的投資効果では，根拠を示しながら，過去の戦略的投資効果と今回のそれを，"good"，"fair"，"bad"と対比評価して可視化する改善を行った。改善の結果，計画は承認された。
　　　　　　　　　　　　　　　　　　－以上－

900字

1000字

1100字

1200字

設問ア

1．基幹システムのERP順次移行計画について

　機械部品商社において，基幹システムをERPに移行することで再構築した際の優先順位の検討について，以下に述べる。

1－1　企業の事業概要

　D社は社員数200人の機械部品商社で，年間売上は約150億円である。東京本社のほか関東地方に5か所の営業拠点を有する。購買部，営業部，人事総務部，経理部，経営企画部が主な組織である。私は経営企画部に所属するITストラテジストである。

1－2　基幹システム再構築の背景となった事業環境の変化

　D社の主要顧客は関東近県の製造業者で，営業所を中心に受注・納品を実施していた。新型感染症の拡大に伴い，社員の出社や営業活動に制限が課される状況が発生したことで，営業担当者の訪問から電子メールによる受発注連絡への切替えを行うことになった。また，購買や販売管理のシステムも内勤営業担当者が社内で利用する方式であったものを，在宅勤務時の利用を可能にする必要性が生じた。加えて，取引先からは，サプライチェーンの強化のため商品の納期回答に要する期間短縮の要望が寄せられる状況であった。

　事業活動の大幅なオペレーション変更に伴うシステム利用方法の変更対応と，納期回答短縮の実現が求められた。

1－3　基幹システムの概要

　上記に短期間で対応するために，私は個別マスタで部門ごとに運用していたサブシステムを統合したERPに移行することで，納期回答の短縮と，在宅勤務者のERPへのリモートアクセスを実現する基本方針で，再構築計画を急きょ策定した。

設問イ

2．基幹システムの再構築計画とサブシステムの優先順位

2－1　重要と考えた考慮事項及び工夫した点

　私の通常時の主要な職務は，CIOを兼務する社長の補佐としての，全社情報システムのIT戦略の策定と推進である。また，部門ごとに構築されている業務システムを管理している担当者と，情報システム基盤を管理している総務部の担当者と連携して社内DX委員会の事務局長を担っている。

　本件は一般的な基幹システムの時間をかけた業務調整とシステム移行ではなく，感染症拡大の影響下におけるBCPの側面を含むと私は判断し，DX委員会のメンバの同意を得たうえで以下の基本方針を策定した。

・顧客訪問中心の事業活動からメールを中心とした活動への切替えと，在宅勤務を含むリモートアクセス対応を同時並行で行う必要がある。

・特に短期間での切替えを実現することが，自社の存続に関わるため重要である。

・短期間での既存システムからの切替えを実現するためには，基幹システムの要素が統合されたERPの導入が必要であること，かつ，利用開始を極力早期にするためSaaS型での導入とした。

・各部門で利用している個別基幹システムをサブシステムと位置づけ，順次ERPへの移行を行うこととした。

　SaaS型ERPを導入する方針は，在宅勤務の実現を並行して対応するための工夫としても意味があると，私は判断した。

　また，SaaSは初期費用がパッケージ導入に比較し非常に安価で，暫定的な利用にも適している。事業環境が流動的であることも含め，今後の利用方針が変更になるリスクにも対応できる特長を有していると考えた。

2－2　ERPへのサブシステムの移行優先順位

ここに注目！ ◉◉

設問イ2-1節で論じた
重要事項を踏まえて論
じていることを，採点
者にアピールするよう
に論じると，更に良く
なります。

　既存の基幹システムは，部門ごとの基幹業務に対して財務会計，販売管理，在庫管理などが個別のパッケージソフトを中心にシステム化されている状況であった。

　優先して対応が必要となっていたのは顧客への納期回答であり，在庫管理システムと販売管理システムが該当する。私はこれらの2システムの移行を第1優先として設定した。

　続いて購買管理システムを移行する順位付けとし，管理部門で利用する財務会計，人事システムについては最後の順位とした。

　併せて，既存システムで利用しているパッケージベンダへの問合せを行い，移行先のSaaS型ERPへのマスタデータ移行が自社担当者での簡易な操作で可能であることと，その手順を確認した。

設問ウ

3．移行の優先順位の説明と評価

3－1　経営層への説明

　私は，前述した移行優先順位の内容について，DX委員会での調整済み事項として整理して社長に報告した。

　報告に際して，トップダウン要件であった，①顧客への納期回答の短縮，②感染症対策下での事業スタイルの変更の2点の対応が実現できることを挙げた。

　また，ボトムアップでの検討事項としてSaaS型 ERPへの移行を販売管理・在庫管理の両システムから優先して行うことが可能であることを説明した。

3－2　経営層からの指摘事項

　社長はSaaS型 ERPへの移行方針について，今後の恒久的な移行先としても一時的な利用としても，有効であると評価した。また，部門別システムの移行の優先順位付けについても，移行に要する想定所要期間を含めて妥当であるとの評価であった。

　ただし，社長からの要望として，訪問型の営業活動からメール中心の受発注に変更するに当たり，営業担当者及び内勤営業担当者の業務負荷が増大すること，それに伴う業務処理の遅延，生産性の低下についての懸念が示された。

　社長は，業務処理方法の変更に伴い，特に顧客との受発注に関する連絡について，業務効率を落とさないための仕組みを追加で導入検討することを私に指示した。

3－3　改善対応

　顧客との受発注に関する連絡をメール主体で実施する想定であったが，この処理を効率化するシステム化について，私は以下の対応を検討した。

　導入予定のSaaS型 ERPは，社外とのEDI機能も含まれていた。顧客システムとのシステム間連携による自動受発注を行う本格的なEDIを導入するには開発の工数が多くかかる。一方で，事業部門で簡易に業務のシステム化

—— memo ——

100字

200字

300字

400字

500字

600字

700字

800字

ここに注目！ 👀

採点者は"なぜメールにしたのか"と感じるかもしれません。ここに，メールを想定した根拠を含めるとよいでしょう。

memo

を実現するローコードツールを使った半自動化であれば、メールによる受発注を行うのと同程度の手間で顧客企業向けの注文入力の画面を作成することが可能であった。

　私は、再度DX委員会のメンバと調整して、メールに依存して連絡することで負荷が増えそうな注文の受付について、営業部門を中心に顧客向け画面の開発を実施し、インターネット経由で顧客に入力してもらう方針とした。

　これらの方針修正を反映した移行計画を、改めて社長の承認を得て実行することで、D社の感染症拡大下での事業スタイル変更を支える基幹システムの暫定移行は成功を収めることができた。

ー以上ー

設問ア

1. 事業概要と基幹システムの再構築計画策定

1. 1　事業概要，事業特性及び事業環境の変化

　当社は様々なITサービスを提供している企業であり，私が所属する部署は顧客へITに関するコンサルティングを行っている。私が担当している顧客は大手アパレルメーカのA社である。A社はいわゆるSPA（製造小売業）の業態を展開しており，製造と販売の両方を行っている。

　A社は百貨店とGMS（総合スーパー）を主な顧客としていたが，どちらも専門店におされて衣料販売は長期低迷傾向にある。そこにコロナ禍が重なり，百貨店やGMSの対面販売による売上は一気に減少した。A社は自社で販売も行っているため，デジタルの仕組みを活用してDXを推進すれば，自助努力で売上を増やせると，経営陣は考え，そのような方針を打ち出した。

1. 2　基幹システムの概要と再構築の計画策定

　A社の基幹システムは以下のサブシステムから成る。

① 計画サブシステム（生産計画，販売計画等）

② 販売サブシステム（受注，販売管理，在庫管理等）

③ 購買サブシステム（発注，購買管理等）

④ マーケティングサブシステム（顧客情報管理，販売情報管理，売上分析等）

⑤ 生産・物流サブシステム（生産指示，生産管理，出荷指示，物流管理等）

　A社は1980年代から基幹業務のシステム化に取り組んでおり，古いサブシステムは30年を超えるものもある。長期に渡り機能追加を繰り返しており，メンテナンスや変更がしづらくなっている。新たなサービスを実現するにしても，基幹システムとの連携は欠かせない。しかし，今のような変更しづらいシステムを維持していてはDXを積極的に推進することは困難である。そこでA社は，事業環境の変化に適用し易くするよう基幹システムの再構築計画を策定することとなった。

memo

ここに注目！

設問で問うている事業特性を"事業特性"を使って明示すると，更に良くなります。

100字
200字
300字
400字
500字
600字
700字
800字

設問イ

2．基幹システム再構築の優先順位付け
2．1　優先順位付けの考え方

　この基幹システム再構築の計画策定を，A社に何年も
コンサルティング業務を行ってきた私に依頼された。A
社の基幹システムは，前述したとおり五つのサブシステ
ムで構成されている。これらのサブシステムを一度に再
構築するのは，かなりリスクが高い。また，かなりの費
用もかかる。再構築の投資として一時期に多大な費用を
かけると，A社のキャッシュフローに大きな悪影響を与
え，A社の経営自体を揺るがしかねない。そこで，A社
のキャッシュフローを考慮して，一度に大きな投資を行
うのではなく，何年かをかけて投資を平準化することが
望ましいと考えた。リスク面と費用面から，数年かけて
段階的に基幹システムの再構築を行うことが現実解であ
ると私は考えた。

　しかし，A社が置かれている事業環境の変化は待った
なしである。DXに取り組み，新たなサービスを生み出す
のに何年もかかっているようでは，競合他社に市場を奪
われてしまう恐れがある。A社の事業企画部門も，販売
チャネルに店舗とネットを組み合わせるなど，新たに行
いたいアイデアがいくつもあるようで，DXへの期待は高
い。

　そこで，私はA社の事業戦略に合わせて各サブシステ
ムに優先順位を付けて，A社の事業に最も貢献するサブ
システムから順に段階的な再構築を行うことを提案した。
A社のいちばんの課題は，A社の商品の売上が落ちてき
ていることである。この点についてA社の事業企画が捉
えている問題点は二つあった。一つは，顧客が欲しいと
思う商品の開発ができていないこと，もう一つは，最近
の顧客の購買行動にあった販売の仕組みが提供できてい
ないことである。この二つの問題に対応することが，A
社の売上回復に即効性があると考えられることから，こ

———— *memo* ————

の二つの問題を解消するために必要なサブシステムから優先して再構築に着手することをA社に提案した。
　まず，新たにECの仕組みを構築する。並行して計画サブシステムを再構築して，ECサイトで販売する商品を短期間で計画し販売できるようにする。次に，販売サブシステムを再構築し，ECサイトと店舗販売の融合を実現できるようにする。次に，生産・物流管理システムを再構築し，販売したい商品をできるだけ迅速に生産・流通できるようにする。さらに，マーケティングサブシステムを再構築し，より売れる商品を企画できるようにする。最後に，購買サブシステムを再構築し，購買活動の効率化を図る，という順番で優先順位を付けた。

2.2　重要と考えたことと工夫したこと

　優先順位を付けて基幹システムを再構築する上で重要と考えたことは，この再構築の流れに沿って事業展開や業務改革を遂行できることである。いくらシステム再構築の計画を描いていても，事業展開や業務改革が追随できなければ，絵に描いた餅になってしまう。そこで，単なる基幹システム再構築のロードマップだけでなく，事業展開や業務再構築についてもロードマップに並記し，A社の経営陣や事業企画部門と議論した。そしてA社の全社的DX構想として議論の結果をまとめ，基幹システム再構築計画はこの構想の一部と位置付けるようにした。
　このことで，事業展開，業務改革，基幹システム再構築の大きな三本柱が形成され，A社の中で整合性の取れた全体的活動を展開することができるようになる。この流れに沿って個々のプロジェクトを進めることで，A社の情報システム部門やA社から開発業務を委託しているITベンダに，それぞれのシステムの目的や目指すべき姿を明確に示すこともできるようになる。

900字
1000字
1100字
1200字
1300字
1400字
1500字
1600字

ここに注目！ 👀

"再構築の流れに沿って事業展開や業務改革を遂行"とありますが，採点者は"事業展開や業務改革のスケジュールに沿って再構築"では？　と考えるかもしれません。表現を工夫すると，更に良くなります。

———— memo ————

設問ウ

3．経営層への提案と評価及び今後の改善

3．1　経営層への提案と経営層からの評価

　基幹システム再構築計画を含めた全体的なDX構想を実現に移すためには，A社の経営層へこの内容を提案し，承認を得る必要がある。そのためには，具体的な投資計画が必要となる。そこで，全体の構想を5か年計画とした上で，5年間での各年度で必要な投資金額を見積もった。基幹システム再構築の費用見積もりについては，私自身がA社と付き合いがあり，ある程度システムの内容を把握していたものの，詳細な見積りができるだけの知識はない。そこはシステムを担当している者と詰める必要があり，A社情報システム部門の協力を得て，現行システム担当のベンダにも加わってもらい，見積りを得た。その金額を私が評価し，気になる点をいくつか調整した上で，A社経営陣へ提案する金額を設定した。

　同時に，事業展開や業務改革に必要な投資金額も示す必要がある。これについては，A社の事業企画部門に主導してもらい，各業務部門のメンバーを選抜し見積もりを行ってもらった。基幹システム再構築の作業項目と整合させるために，私も何度か打合せに参加し，事業や業務の観点と基幹システムの観点で整合性の取れた投資計画を作成できた。

　これらを基に，5年間の事業展開と作業内容，必要な投資額，想定されるリスク，リスクへの対応策を含めたビジネスプランを作成した。そして，私とA社の事業企画部長とで一緒にA社経営陣へ提案プレゼンテーションを行い，A社内で承認された。A社の事業展開計画としては申し分ないという評価だったが，リスク面では，基幹システムの再構築過程でシステムトラブルが発生し，業務停止に陥ることのないようにと指摘された。

3．2　経営層の評価を受けて改善したこと

　私はこの指摘を受け，基幹システム再構築のロードマ

ップを若干，見直すことにした。それぞれのサブシステムの移行に伴い，個々のサブシステムを全面的に新システムに切り替える予定であったが，それでは，新システムでトラブルが発生したときに，業務停止を招きかねない。そこで，新システム稼働後1年間は旧システムも稼働させ，いざというときには旧システムに戻して業務を継続できるような計画にした。その分，運用やハードウェアにかかる費用，そして切替の仕組みを作る費用が増える。この金額も見積もりA社の経営陣に再度諮った。その結果，リスクを考慮して金額増は妥当と判断された。
　このようにして，無事にA社のDX構想を進めることに貢献できた。

― 以上 ―

900字

1000字

1100字

1200字

memo

ここに注目！◉◉

"新システム稼働後1年間は旧システムも稼働"とありますが，新旧システムのソフトウェア保守は1年間凍結するのか，行うのか，など，採点者が気になる点があると考えます。そのあたりに配慮すると更に良くなります。

IPA発表採点講評

　問2では，基幹システムのサブシステムを明記し，経営層・事業部門の声やシステム部門のリソース制約などを考慮して，優先順位を検討した内容について具体的に論述している解答が多く見受けられた。事業環境の変化への対応や，事業面から見た投資効果を適切に論述できているものも多く，題意はおおむね理解されているようだった。
　一方で，システム構築のマネジメントリスクや基盤技術の選定に終始している論述も散見された。特に，期間短縮やコスト削減の対応方法として"クラウド・SaaSを活用した"，"柔軟に対応するためにマイクロサービスを活用した"などの活用技術だけを論述したものも散見された。ITストラテジストとして，それらがどのように経営課題を解決するかを具体的に論述してほしい。

事業目標の達成を目指す IT 戦略の策定について

　IT ストラテジストは，事業目標の達成を目指して IT 戦略を策定する。IT 戦略の策定に当たっては，実現すべきビジネスモデル又はビジネスプロセスに向けて，有効な IT，IT 導入プロセス，推進体制などを検討し，事業への貢献を明らかにする。

　IT 戦略の策定に関する取組みの例としては，次のようなことが挙げられる。

- 顧客満足度の向上による市場シェアの拡大を事業目標にして，AI，IoT，ビッグデータなどを活用した顧客個別サービスを提供する場合，システムソリューション，試験導入，データ解析に優れた人材の育成などを検討する。
- グローバルマーケットでの売上げの大幅な増大を事業目標にして，生産・販売・物流の業務プロセスの革新によるグローバルサプライチェーンを実現する場合，グローバル IT 基盤の整備，業務システムの刷新や新規導入，グローバル対応のための運用体制作りなどを検討する。

　IT ストラテジストは，経営層に対して，策定した IT 戦略が事業目標の達成に貢献することを説明し，理解を得なければならない。また，策定した IT 戦略を実行して事業目標を達成するために，ヒト・モノ・カネの経営資源の最適な配分を進言したり，現状の組織・業務手順などの見直しを進言したりすることが重要である。

　あなたの経験と考えに基づいて，設問ア～ウに従って論述せよ。

設問ア　あなたが携わった IT 戦略の策定において，事業概要，事業目標，実現すべきビジネスモデル又はビジネスプロセスについて，事業特性とともに 800 字以内で述べよ。

設問イ　設問アで述べた事業目標の達成を目指して，あなたはどのような IT 戦略を策定したか。有効な IT，IT 導入プロセス，推進体制，事業目標達成への貢献内容などについて，800 字以上 1,600 字以内で具体的に述べよ。

設問ウ　設問イで述べた IT 戦略の実現のために，あなたは経営層にどのようなことを進言し，どのような評価を受けたか。評価を受けて考慮したこととともに 600 字以上 1,200 字以内で具体的に述べよ。

論文事例1

岡山　昌二

設問ア

第1章　事業概要，事業目標，ビジネスプロセス
1．1　事業概要
　論述の対象とするIT戦略は，レンタカー事業を全国展開するA社における，スマートフォン内にレンタカーのキーを実現する（以下，スマートキーという）ことである。ビジネスプロセスを簡略化し，A社の顧客満足度を向上させ，事業目標を達成する目的で策定された。
　レンタカー業界における事業特性として，レンタカーの稼働率を上げることが売上向上に直結するという点を挙げることができる。そのため，レンタカーを顧客に貸し出している以外の時間，例えば清算などの各種手続を減らすなどして，レンタカーの稼働率を上げることが競争優位に立つためには重要である。
1．2　事業目標
　事業目標として，顧客ロイヤリティを確立し，3年で市場占有率を8％向上させるという目標が設定された。その目標を達成するために，IT戦略として，1年以内にレンタカーの稼働率を上げるための仕組みを提供する必要があると私は考えた。私はA社の情報システム部門に勤務するITストラテジストである。
1．3　実現すべきビジネスプロセス
　事業目標を達成するために，A社では，ユーザ部門のキーパーソン，ITストラテジスト，CIOを含めた企画チームを結成した。その結果，レンタカーの貸出，返却について，A社のスタッフが一切関わらず，レンタカーを利用できるというビジネスプロセスの実現が提案された。このビジネスプロセスでは，貸し出すべきレンタカーを顧客がスマートキーを使って始動させ，利用後はレンタカーを停止させて返却終了となる。

memo

ここに注目！👀
A社の事業特性よりも，このように業界ごとの事業特性を挙げましょう。

100字 / 200字 / 300字 / 400字 / 500字 / 600字 / 700字 / 800字

205

ここに注目！👀

このように，策定した項目を鮮明に示してから論じましょう。

設問イ

第2章　IT戦略の策定

2．1　有効なIT

　企画チームにおいて私は，事業目標を基に，GQM＋Strategiesという手法を用いてIT戦略を策定した。策定したIT戦略は，"1年以内に，顧客のスマートフォン内にレンタカーの仮想の鍵であるスマートキーをもたせるというITを活用することで，新たなビジネスプロセスを実現する"である。

2．2　ITの導入プロセス

　貸出や返却にA社スタッフが関わらないビジネスプロセスには，使用したガソリンの清算方法など，課題が多い。そのため，スマートキーを活用したシステム（以下，スマートキーシステムという）を稼働させた後に，2店舗ほどに絞ったA社の拠点において，スマートキーシステムをパイロット導入し，本格稼働は1年後とした。

　まとめると，IT導入プロセスとしては，半年後にスマートキーシステムを稼働させてパイロット導入し，各種課題をクリアした後，1年後に本格導入をするという計画とした。

2．3　推進体制

　パイロット導入完了までは，企画チームが中心となって，システム開発プロジェクトなどを支援する体制とした。ただし，レンタカーに傷が付くなど，レンタカーに損傷が発生した場合の検知方法などのノウハウがA社にはない。そのため，駐車場事業を展開している企業が行っているカーシェアリングに関わるノウハウがA社に必要であることが判明した。カーシェアリングのノウハウについては，提携，ヘッドハンティングによる人材確保，社内での人材育成などが考えられる。この点については，経営者に判断を仰ぐこととした。

2．4　事業目標への貢献内容

　レンタカーに関わる手続を一切なくして，顧客がレン

—— memo ——

タカーを安心して利用できれば，顧客満足度が向上して顧客ロイヤリティを確立でき，リピート率も上がる。実際に，シミュレーションを行った結果，顧客は1回の利用に当たり，40分の時間を短縮できることが判明した。これは見方を変えると，レンタカーの稼働率の向上や人件費の削減につながる。

　私はこれらのメリットを定量的，定性的にまとめ上げ，最終的に事業目標である，3年での市場占有率の8％向上に貢献できることを示す資料を作成した。この資料を基に，IT戦略が成功すれば，事業目標が達成できる旨をレンタカー事業部長に確約してもらった。なぜならば，新たなビジネスプロセスの実現だけでは事業目標の達成につながらず，事業部全体の協力体制が不可欠と考えたからである。

900字

1000字

1100字

1200字

1300字

1400字

1500字

1600字

設問ウ

第３章　進言，評価，考慮内容
３．１　経営層への進言
　IT戦略の実現に向けて，私が経営層に進言した事項は次の２点である。
①レンタカーのボディへの傷などの検知と，保険による対処を含めた各種対応に関わるノウハウの取得
　これについては，既にカーシェアリング事業を手掛けている企業との提携，関連分野に精通する人材の中途採用による確保，社内での人材育成という対応策の３案を経営層に進言した。その際，それぞれの優れた点やリスクをまとめて提示して，経営層による意思決定を支援するようにした。
②スマートキーシステムの開発費用の確保
　スマートキーシステムの費用対効果を算出した結果，A社の投資基準を満足するROI値とならなかった。そのため，定量的効果に加えて，定性的効果や戦略的効果を十分に提示して，経営層にIT戦略の有効性をアピールし，開発費用の確保を進言した。
　これらの結果として，次の評価を得た。
３．２　経営者からの評価
　ノウハウの取得に関わる進言については，経営層は，カーシェアリングを手掛ける企業との提携は，提携先が類似した事業であるため，難しいという意見があり評価は低かった。開発費用の確保については，今回の投資の費用面での効率性について知りたい，という意見が出された。
３．３　評価を受けて考慮したこと
　提携については，提携先をもっと広範囲に考えて進言すべきであったと考える。駐車場事業を手掛ける企業が行っているカーシェアリングではなく，個人が所有する自家用車のカーシェアリングを行う企業との提携などである。スマートフォンアプリなどを活用した基盤は既に

memo

100字
200字
300字
400字
500字
600字
700字
800字

ここに注目！◉◉
多くの論文のように
"おおむね良い評価で
あった"と書きたくな
っても，しっかりと，
他の論文と差別化して
論旨展開することが大
切です。

——— memo ———

運用されているので，新たなビジネスプロセスの実現に有用なノウハウについても，もっていると考えることができる。このように，提携先を広範囲に考えて進言する旨を考慮することにした。

900字

　今回の投資の費用面での効率性については，事業目標の達成に向けた全体予算のうちIT戦略の費用が占める割合と，IT戦略によって実現できる事業目標の達成の割合とを比較することで，策定したIT戦略の効率性及び事業目標の達成への貢献度をアピールすべきであると考えた。このようにして，予算面からも，当該IT戦略の効率性をアピールするように考慮した。

1000字

　　　　　　　　　　　　　　　　　　　－以上－

1100字

1200字

論文事例2

平成30年度　ST　問1

高橋　裕司

設問ア

1．製薬会社の事業停止を抑止するシステム保護戦略

1－1　事業目標達成への情報システムのセキュリティリスク

　私は国内大手製薬会社の情報システム部門に所属して全体システム戦略策定とITガバナンスを担当するITストラテジストである。当社は業務のIT化を推進し，1万人の従業員ほぼ全員にモバイルPCを配布し，担当業務のシステム利用，全社情報の共有などを行っている。特にMR（営業担当）や広報および情報システム部員は外部組織とのデータ交換も多い。

　IT化推進の一方で事業目標の達成上のリスクとして懸念されているのが，システム障害に伴う事業停止である。特にサイバーセキュリティ侵害によるPCやシステムのダウンタイムが事業活動の停止時間に直結する。

　過去に，MRのPCで受信した不審からウイルス感染し，複数システムに被害を及ぼした例があった。その際，実害の有無など影響範囲の特定とウイルス駆除完了まで担当者のPCやシステムが利用停止となり，顧客対応や事務処理の遅延につながった。

1－2　EDR導入とウイルス事案対応手順の見直し

　ウイルス事案は毎月複数件発生し，増加傾向にある。対応には1件10日間を要している。製薬業ではシステム障害で製品の品質に影響がでることは許されないため，ウイルス検知の際には早急に影響範囲を確定する必要がある。従来は専門業者に調査を依頼していたが，件数の増加からタイムリーな対応が困難になってきている。

　そこで私は，ウイルス感染防止と併せてウイルス事案の対応時間を短縮できるEDRという最新セキュリティ技術の導入方針を策定した。ウイルス感染対応のビジネスプロセスの抜本的な変更を行い，1件あたり最短4時間程度に短縮することを目指すものである。

ここに注目！👀

設問で問うている事業目標を具体的に論じるとよいです。
事業目標を具体的に論じないと，設問イで問うている事業目標達成への貢献内容に関する記述が，本当に事業目標の達成に貢献しているのか採点者には分かりません。

設問イ

memo

2．セキュリティ侵害による事業停止時間を短縮するため策定したEDR導入によるセキュリティ強化戦略

2-1　策定したIT戦略

　上述したウイルス事案は年間平均100回発生し，直近では50-100％の増加傾向にある。事案ごとに5人日の情報システム要員の対応工数が発生し，端末利用者も平均2日間PCが利用できず業務ができない状態になっている。この対応工数および利用者の待機時間の人件費を原資に，侵害状況を的確に把握できる新システムEDRの全端末への導入を行う。そしてウイルス事案に伴う事業停止を防止し事業目標達成へのリスクを低減する。

2-2　導入プロセス，推進体制

　私は，EDR事業者と協議し，既存PC管理のウイルス対策ソフトの更新と同様の手順でEDR導入ができること，EDRによりセキュリティ侵害状況を2-4時間程度で特定して，関係者のPC利用再開ができることを確認した。
　これらの全体像をもとに，情報システム部のPC管理担当者，EDR事業者のプロジェクト体制により，EDR導入と，既存ウイルス検知対応の手順からEDR活用の手順への切り替えを実施できることを確認し，PC管理担当者に詳細プロジェクト計画を指示した。

2-3　有効なITとしてのEDR

　EDRは単にウイルスを検知するだけでなく，各端末での挙動をロギング・分析することで具体的なウイルスの挙動を確認可能にする。これにより，ウイルス事案において実際の被害を情報システム部門で把握することが可能となる。
　つまり，単にウイルスのコピーをメールでばらまく挙動か，社内情報の漏洩が発生したか，他のシステムへの感染や管理者権限の取得などが行われたかが1-2時間で判断でき，対応策が2-4時間程度で完結させられる想定である。

―――― memo ――――

２－４　事業目標達成への貢献内容

　上述の通り，現状のウイルス事案に伴う年間の発生費用は対応人件費２千万円＋事業部門側の待機時間で１千万円に達し，事業部門の逸失利益想定は１人当たり売上額から年間２億円であった。EDR導入費用は初年度に既存ウイルス対策ソフトとの切り替えで約５千万円が必要になるものの，翌年以降の運用費は既存ウイルス対策のシステム・体制を含めた全体費用でも１千万円の増加に抑えられる概算計画となっていた。

　したがって，導入から５年間での投資対効果は初期５千万円＋５年×１千万円＝１億円の投資に対して以下が得られる。

・直接コストダウン額で５千万円（50％）

・逸失利益分を想定すると10.5億円（1005％）

　これに加えて，業務システムへのセキュリティ侵害に伴う特別損失を回避し，製薬会社としての製品の信頼性・ブランド維持向上が定性効果として得られる。

ここに注目！ ◉◉

このようなセキュリティ対策の効果が，事業目標達成にどのように貢献するのか，具体的に論じると更に良くなります。

設問ウ

3．セキュリティ強化戦略の実現に向けた経営層への進言および調整

3－1　経営層への進言

　私は全社IT戦略担当として，当社CIOおよび取締役会に対して以下の内容を整理して進言した。

・当社のIT利活用は同業他社と比較して先行し，ERPや営業支援システムといった高度な業務システムで競争優位を生み出している。

・一方で業務がITシステムに依存する度合いも高くなりシステム障害が事業継続上のリスクになる。さらに情報セキュリティ10大脅威など，新たなリスク要因が発生していることから，リスクが顕在化している。

・先進のセキュリティ対策体制をEDR導入とあわせて構築することで，投資額を上回るセキュリティ侵害の被害額の削減が可能になる。

・セキュリティ侵害による事業停止を回避することで，当社の事業目標達成はもとより，製薬会社としての社会的責任を果たすことができる。

3－2　経営層からの評価および反映

　CIOをはじめとする経営層は，PC・インターネット利用などに伴うセキュリティリスクおよびウイルス事案の発生について日頃から十分に認識があった。これは私がITガバナンス兼任として月次でCIO経由で取締役会報告に含めていたためである。

　ウイルス事案の対応策としてのEDR導入によるセキュリティ強化投資計画は，高い投資効果と十分に検討された実現可能性が評価され，取締役会において問題なく承認された。

　これに加えて，取締役会から「セキュリティ強化策の導入に伴い，生産システムと業務システムの論理接続を可能することもあわせて検討してほしい。」という要望が出された。

memo

100字
200字
300字
400字
500字
600字
700字
800字

ここに注目！ 👓

事業目標の達成に貢献する旨に寄せて論じると更に良くなります。

———— memo ————

900字

　現状では自社工場の生産システムはセキュリティ侵害を回避することを重視し，業務システムのネットワークとは物理的に分離している。一方で，高度な生産管理を実現するためにはERPなど業務システムとの論理的な接続が今後必要になる。

1000字

　私はこの評価を受けて，今年度はPCのウイルス対策強化を優先して推進しつつ，次年度に生産システムと業務システムの論理接続を進めることができるよう，並行して生産システム担当と社内ネットワーク担当とを含めたチームを組成し，SCADAなど生産システムの高度化の要件定義を開始することとし，戦略計画を修正した。

1100字

以上

1200字

IPA発表採点講評

　（事業目標の達成を目指す IT 戦略の策定について）では，事業目標の達成を目指して IT 戦略を策定した経験がある受験者には，論述しやすかったと思われる。一方で，ビジネスプロセス改革，IT 導入に終始している論述も少なくなかった。また，達成を目指す事業目標，実現すべきビジネスモデル又はビジネスプロセス，有効な IT の関連が明確でない論述も散見された。IT 戦略とは何かを認識し，実践での経験を積んでほしい。

Memo

IT 導入の企画における投資効果の検討について

　　企業が経営戦略の実現を目指して，IT 導入の企画において投資効果を検討する場合，コスト削減，効率化だけでなく，ビジネスの発展，ビジネスの継続性などにも着目する必要がある。IT 導入の企画では，IT 導入によって実現されるビジネスモデル・業務プロセスを目指すべき姿として描き，IT 導入による社会，経営への貢献内容を重視して，例えば，次のように投資効果を検討する。

　　・IoT，ビッグデータ，AI などの最新の IT の活用による業務革新を経営戦略とし，売上げ，サービスの向上などを目的とする IT 導入の企画の場合，効果を評価する KPI とその目標値を明らかにし，投資効果を検討する。

　　・商品・サービスの長期にわたる安全かつ持続的な供給を経営戦略とし，IT の性能・信頼性の向上，情報セキュリティの強化などを目的とする IT 導入の企画の場合，システム停止，システム障害による社会，経営へのインパクトを推定し，効果を評価する KPI とその目標値を明らかにし，投資効果を検討する。

　　IT ストラテジストは，IT 導入の企画として，IT 導入によって実現されるビジネスモデル・業務プロセス，IT 導入の対象領域・機能・性能などと投資効果を明確にしなければならない。また，期待する投資効果を得るために，組織・業務の見直し，新しいルール作り，推進体制作り，粘り強い普及・定着活動の推進なども必要であり，IT 導入の企画の中でそれらを事業部門に提案し，共同で検討することが重要である。

　　あなたの経験と考えに基づいて，設問ア〜ウに従って論述せよ。

設問ア　あなたが携わった経営戦略の実現を目指した IT 導入の企画において，事業概要，経営戦略，IT 導入の目的について，事業特性とともに 800 字以内で述べよ。

設問イ　設問アで述べた目的の実現に向けて，あなたはどのような IT 導入の企画をしたか。また，ビジネスの発展，ビジネスの継続性などに着目した投資効果の検討として，あなたが重要と考え，工夫したことは何か。効果を評価する KPI とその目標値を明らかにして，800 字以上 1,600 字以内で具体的に述べよ。

設問ウ　設問イで述べた IT 導入の企画において，期待する投資効果を得るために，あなたは事業部門にどのようなことを提案し，それに対する評価はどうであったか。評価を受けて改善したこととともに 600 字以上 1,200 字以内で具体的に述べよ。

岡山　昌二

設問ア

————— memo —————

第1章　事業概要，経営戦略及びIT導入の目的

1.1　事業概要

　論述の対象は，アパレルメーカA社におけるIT導入の企画である。A社は大都市圏を中心に直営店を経営しており，主な顧客はファッションに高感度な女性層である。 `100字`

　アパレル業界では，近年，大きな価格差がある安価な海外アパレルに顧客が奪われている。したがって，業界の事業特性としては，安価な海外アパレルの台頭により `200字`
売上げが低下しているという点を挙げることができる。

1.2　経営戦略

　A社は，素材の開発，デザイン性の高さ，高度な縫製といった他社ではまねができない技術をアピールしてき `300字`
た。しかし，海外アパレルの台頭によって，それだけでは，経営は発展しない。そこで，経営戦略として，丁寧で迅速な接客サービスをするという差別化戦略を採用することで生き残りを図ることが決定された。 `400字`

1.3　IT導入の目的

　A社では，商品企画部が商品を企画して店頭販売を開始してから1週間ほどで，POS端末の情報を分析しており，それによって商品がどの程度顧客のファッション感 `500字`
覚にマッチしたかを把握していた。しかし，丁寧で迅速な接客サービスを実現するためには，顧客の好みの傾向を迅速に収集して，商品企画をして，店頭販売する必要がある。そこでIT導入の目的として，顧客の好みの傾向 `600字`
を収集・分析して商品企画し，店頭販売するまでの時間を短縮することが設定された。

　私はA社のITストラテジストとして，経営戦略との整合性を確保しながら，次に述べる，直営店の売場におけ `700字`
るタブレットPCの活用に関わるIT導入を企画した。

`800字`

設問イ

第2章　IT導入の企画及び投資効果の検討とKPI
2．1　IT導入の企画
　　商品企画部門では，POS端末からの情報を基に分析して得られる商品の売行きだけでは，顧客の好みの傾向が分からない状況であった。そこで，新たな業務プロセスとして，来店客が関心をもつ商品がなくて販売できなかったという情報も，販売スタッフから収集するプロセスが必要であると私は考えた。IT導入の対象領域として，タブレット型PCを店舗の売り場の販売スタッフにもたせ，ITの機能として，接客中に顧客から好みの傾向を入力させるようにして，それを商品企画に活用できる仕組みを構築することを企画した。
　　しかし，販売スタッフに顧客の好みの傾向を入力させるだけでは，接客対応に支障が生じるという問題があった。そこで，タブレットPCで商品の画像や色見本などを参照できるようにして，来店客とのコミュニケーションツールとしても利用できるように工夫することにした。
2．2　投資効果の検討とKPI
　　ビジネスの発展に着目した投資効果として，顧客の好みの傾向を分析して商品に反映させて，商品企画から店頭販売までの期間を短縮する。これによって，顧客のファッション感覚に合致した商品の品揃えを迅速に実現でき，売上を伸ばすという投資効果があると考えた。
　　KPIとしては，売上増を設定することを検討したが，それでは，商品の良し悪しの影響を受けることになり，IT導入の効果を正確に測定できないと考えた。そこで，丁寧で迅速な接客サービスを差別化戦略として採用するという経営戦略を踏まえて，商品企画の開始から店頭販売までの期間をKPIとして設定することにした。最終的に，顧客の好みの商品を迅速に商品化して販売するという観点で，経営戦略と情報化戦略との整合性が確保されていることを確認した。

　KPIの目標値としては，季節性のある商品であることから，1か月では季節が変わり，顧客の好みも変わってしまう。そこでKPIを2週間とした。なぜならば，2週間であれば，顧客の好みを収集してから，季節が変わらないうちに店頭に商品を出せると考えたからである。

900字

1000字

1100字

1200字

1300字

1400字

1500字

1600字

— memo —

ここに注目！ ◉◉

この論文事例は，設問イで合格を決められないパターンです。設問ウの前半で合格を決めています。

memo

ここに注目！

本試験において，設問イで合格を決められない場合，設問ウに注力して，合格を決めるようにしましょう。

設問ウ

第3章　事業部門への提案内容及び評価と改善内容
3．1　事業部門への提案内容
　事業部門に対して，私は次の内容を提案した。
①新しいルール作りとしての営業方針の明確化
　IT導入に先立ち，営業方針の明確化を提案した。具体的には，"売行きが良くても，当初の販売見込数を超えた追加生産はしない"ということである。なぜならば，不良在庫がA社の業績に悪影響を与えている現状をできるだけ回避したいと考えたからである。
②生地メーカとの推進体制作り
　KPIを実現するためには，生地メーカと協調することが不可欠であった。なぜならば，染色作業にはある程度の日数がかかるため，生地メーカにとって短納期で生地を受注することはできないからである。そこで私は，事業部長とともに生地メーカと交渉する計画をした。具体的には，生地の種類別・色別の所要量を，発注前に生地メーカに内示することで，生地メーカは生地の発注を短納期でも受け入れる，という内容の合意をする計画である。
　これらの提案に対して，事業部門からは次の評価を得た。
3．2　評価と改善内容
　"売行きが良くても，当初の販売見込数を超えた追加生産はしない"という新しいルールについては，このようなルールを盛り込んでも，まだ，売れ残りのリスクがあるという評価であった。そこで私は，小まめな追加生産をすることにした。具体的な内容として，"商品の生産は初回分として一定量を生産して，売行きが良ければ販売見込数に達するまで一定量ロッド生産する"というルールに改善することにした。
　"生地メーカとの推進体制作り"に関わる提案についても，ロッド生産に対応できるようにすべきという評価

を得た。そこで，生地メーカと合意する計画の内容を事前に改善することにした。具体的には，"ロッド生産に必要な生地を小刻みに発注する"という合意内容にすることにした。最終的に，この改善を加えた合意交渉を実施し，生地メーカとの合意形成に成功した。

－以上－

memo

900字

1000字

1100字

1200字

論文事例2

庄司　敏浩

設問ア

1．IT導入の企画概要

1．1　事業概要，経営戦略，IT導入の目的

　私は地域密着型ITコーディネータという立場で，Ｓ県で地元企業のIT化の支援を行っている。Ａ社は地場で複数の店舗を構えるスーパーマーケットである。日用品や食品を中心に，地元の人々が生活にかかせない品を販売している。

　小売り業界の市場は全体的に飽和しており，成長は見込めない。そのような環境の中で，買い物難民と呼ばれる顧客がいる。従来は店舗に買い物に来ていたが，高齢になり店舗まで足を運ぶことが困難になった人々だ。スーパーマーケットに代わる店が近くにないので，買い物自体が困難になってしまう。ある地域では，住民の30％以上が高齢者であるというところもあった。このような地域では長期的に売上が落ちている傾向が顕著に見て取れた。

　Ａ社は，このような買い物難民の需要に応えることが企業存続のかぎになると考え，買い物難民対策を経営戦略として打ち出した。そのためITを活用して買い物難民を救うための企画立案支援をＡ社は私に依頼した。

1．2　事業特性

　Ａ社の事業特性として，都市部と比べて商圏人口が少ないにもかかわらずカバーする範囲が広いという点が挙げられる。そのため，新たな店舗を増やしても採算の確保が難しい。さらに，店舗に来るための足となる交通機関も限られており，来店すること自体のハードルが高くなっている。

　扱っている商品は日用品であるため，消費者の懐事情を考えると，あまり価格を上げるわけにもいかない。そのため，それほど大きなコストをかけずに買い物難民と呼ばれる人々へ商品を届けることができるようにする必要がある。

設問イ

2．実施したIT導入企画
2．1　IT導入の企画

　私は実店舗に来店できない顧客のために，ITの仕組みを活用して店舗以外で販売を行う仕組みがあると良いと考えた。来店不要で商品を購入できる仕組みとしては，インターネットを利用したネットショッピングが一般的である。しかし，A社がターゲットとする高齢者層はネット活用があまり盛んではないと想定される。また，個々の顧客にネットショッピングを行うための端末を購入してもらい，さらにショッピングに必要な操作を覚えてもらうのも大変である。そのため，こちらから客先へ出向いて商品を購入してもらう，移動販売形式が望ましいと考えた。

　ただし，単純に移動販売だけを行っても，売上や利益の計上を個々に手作業で行うのでは業務を運用しきれないと判断した。店舗での売上や利益のデータは全てシステムによって把握できるようになっている。A社における店舗販売の基幹システムに移動販売のデータも連携しないと，A社の業務運用は成り立たない。そこで，移動販売時にモバイルで利用できるレジの仕組みを導入し，モバイルWi-Fi経由でA社の基幹システムに取り込めるようにすることを企画した。

2．2　投資効果において重要と考え工夫したこと

　このビジネスを成立させるためには，投資効果の面での検討が欠かせない。投資効果を上げるために必要なことは，投資を抑えることと，効果を高めることである。

　投資を抑えるために重要と考えたのは，新たに必要な仕組みをできるだけ安価に入手することである。そのために，モバイル・レジの仕組みは自前で構築するのではなく，クラウドサービスとして提供されている有料サービスを利用することにした。また，店舗で利用しているiPadをそのままモバイル・レジ機器として利用可能なも

100字
200字
300字
400字
500字
600字
700字
800字

memo

memo

のを選定し，投資負担を抑えるとともに，操作を覚える
ための負担も軽減できるよう工夫した。これは，教育研
修への投資負担を減らすことにつながる。

900字　　効果を高めるためには，移動販売での売上を高めるこ
とが最も重要である。そのためにデータ分析が必要だと
考えた。これまでも POS 分析で売れ筋商品の把握をして
いた。移動販売では扱える商品が少ないため，商品を選
1000字　別する必要がある。売れる商品を適切に選別できるかど
うかが売上に大きく影響すると考えた。店舗販売を前提
としたデータ分析よりも，商品点数を絞る必要があるた
め，よりきめ細かな分析が必要である。また，外で販売
すると天候や気候の影響をもろに受けることが想定され
1100字　る。そのため，天候や気候と商品の売れ行きとの関連も
分析するよう工夫した。気象データを基にして需要予測
を事前に行うと売上が上がると考えたのである。

2．3　ＫＰＩとその目標値
1200字　　この取組みが効果を上げているかを評価できるように，
移動販売の KPI を事前に設定することにした。目標は売
上を高めることである。売上を高めるためには，来客数
を増やすことと，一人当たりの販売額を増やすことが必
1300字　要である。具体的にどのくらいの売上が見込めるのかは
始めてみないと分からないので，まずは損益分岐点をベ
ースに利益が出る目安として 1 日当たり来客数 50 人，一
1400字　人当たり販売額千円と KPI を設定し，実績を見たうえで
調整することにした。

1500字

1600字

ここに注目！
専門家としての考えを
アピールしている点に
着目しましょう。

設問ウ

3．事業部門への提案
3．1　投資効果を得るための事業部門への提案

　全体的なコンセプトは私が考えたが，実際にこれらの業務を遂行するのはA社の事業部門である。移動販売を行うには，移動販売を行うスタッフが必要になり，移動販売に対応するために様々な業務の変更が必要になる。また，データ分析もよりきめ細かく行わなければならない。移動販売の仕組みを新たに構築しても，それに伴って必要な組織的対応がA社の中で行えなければ，今回の企画は絵に描いた餅に終わってしまう。そこで，私はA社の業務部門の主要な責任者の方々を交えて，組織と業務の理想の姿を定義し，現状と理想状態とのギャップの分析を行わせてもらえるよう提案した。

　この提案がA社で通り，業務部門の主要な責任者の方々と共に，移動販売を行ったときのそれぞれの業務の流れを整理し，現状から何を変更する必要があるかを明らかにした。そして，それらをスケジュールに落とし，各施策が整合性を保持しながら段階的に実施できるようにした。移動販売を実施する地域も段階的に拡大していくことにした。

3．2　提案に対する評価と改善点

　一度に多くのことを変えすぎると現場がついて行けずに混乱する。今回はそのようなことを考慮して段階的に現場の業務を変えていくようにした。そのための意見を各業務の責任者に出してもらったので，現場の協力が得られやすかった。通常は変化に対して抵抗する人が多いものだが，現場の責任者を巻き込んだことで，ほとんどそのような抵抗に遭わずに今回の取組を実施することができた。その点について，A社の経営層からも現場からも評価が高かったと考えている。

　一方で，顧客に対して移動販売を認知してもらったり利用してもらったりするための策は，あまり検討でき

memo

ここに注目！ 👓

分析の結果から得られたルールや体制などに関わる提案を鮮明に論じると更によくなります。

100字
200字
300字
400字
500字
600字
700字
800字

225

——— memo ———

いなかったという評価も受けた。そのため，当初は集客に苦労した面がある。内部の業務もさることながら，販売においてはマーケティングも大切なので，そこも考慮しておくべきだったと反省している。

この反省を元にして，各地域に，いつ，何時頃販売に来るのかということを表示するディジタルサイネージを，許可を得て販売場所に置かせてもらうような取組みも開始した。そこで，Wi-Fiを通じて実際の移動状況を鑑みて何時に着きそうかという情報を事前に送信しておけるようにすることで，顧客に予定を知ってもらい，安心して買い物できるよう改善した。

今後も，A社と共に顧客の意見を踏まえてサービスの改善を継続し，より利便性の高い販売サービスを提供できるよう貢献していきたいと考えている。

－以上－

IPA発表採点講評

　（IT導入の企画における投資効果の検討について）では，ビジネスの発展，ビジネスの継続性などに着目して投資効果を検討した経験がある受験者には，論述しやすかったと思われる。一方，コスト削減や効率化に関する投資効果の検討に終始している論述や投資効果の検討内容の論述が不十分で，唐突にKPIを説明する論述も散見された。

第3章

個別システム化構想・計画の策定

個別システム化構想におけるステークホルダの意見調整について

　事業目標の達成に向けて，事業戦略に掲げられている変革を実現するために，IT ストラテジストは，事業部門，IT 部門，本社部門，IT 子会社などのステークホルダとともに，個別システム化構想を策定する。

　IT ストラテジストは，あるべき業務及びシステム，投資効果，開発スケジュールなどについての試案を検討し，各ステークホルダと試案について協議して，個別システム化構想案を取りまとめる。しかし，各ステークホルダの立場の違いから，個別システム化構想案の内容に対して意見の相違が発生することがある。各ステークホルダから協力を得て，事業戦略と整合性の取れた個別システム化構想として完成させるためには，IT ストラテジストが構想案に対して反対意見や疑義をもつステークホルダへの説得を行った上で，意見の調整を行い，構想案に反映して内容を確定することが重要である。例えば，次のような調整をすることがある。

- ・実現する業務やシステム化機能の優先順位に関する事業部門からの反対意見に対しては，業務負担軽減のための施策や，サービスレベルの見直しを提案する。
- ・人的リソース不足に懸念を示す IT 子会社に対しては，開発スケジュールを事業部門，IT 部門とともに見直して，IT 子会社の負荷調整を図る。
- ・投資効果や費用リスクを懸念する本社部門に対しては，段階的な導入による効果創出の早期化や，SaaS 活用などによる初期投資コストの抑制案を提案する。

　さらに，IT ストラテジストは，内容を確定した個別システム化構想について，事業目標達成への寄与のために，事業戦略への影響，投資効果などを経営層に説明し，承認を得る必要がある。

　あなたの経験と考えに基づいて，設問ア～ウに従って論述せよ。

設問ア　あなたが携わった個別システム化構想の策定において，背景となった事業目標，事業戦略に掲げられている変革の概要，関係するステークホルダについて，業務特性とともに 800 字以内で述べよ。

設問イ　設問アで述べたステークホルダについて，個別システム化構想案に対してどのような意見の相違があり，あなたはどのように意見を調整したか。個別システム化構想案の概要と意見の調整で工夫したこととともに，800 字以上 1,600 字以内で具体的に述べよ。

設問ウ　設問イで述べた意見の調整結果を反映した個別システム化構想について，経営層からどのような評価を受けたか。評価を受けてあなたが改善したこととともに，600 字以上 1,200 字以内で具体的に述べよ。

設問ア

第1章　個別システム化構想の策定
1．1　背景となった事業目標

　A社は，自社で製造する化粧品を架電，受電，ECという販売チャネルによって販売する製造・販売業である。化粧品については顧客が特定の商品を長年使い続けるということから，化粧品業界の事業特性としては，顧客ロイヤリティが重要視されるという事業特性がある。

　A社の販売事業部門は，ECによる販売が不調であり，その背景には若年層の優良顧客が少なく，なおかつ，単品受注が多い，すなわち一度の販売で複数品が受注できていないという状況があった。そこで販売部門では，事業目標として，若年層の優良顧客を20％増やし，売上を30％向上する，を設定した。

1．2　事業戦略に掲げられている変革の概要

　若年層の優良顧客を20％増やし，売上を30％向上するという事業目標を達成するための，事業戦略の変革の概要としては，①若年層に向けて操作性の高いスマートフォンアプリを迅速に開発して若年層の顧客数を増やす，②AIを活用したアソシエーション分析を徹底して，単品受注をなくして複数品受注を増やす，③AI活用を全社的に広げる，が掲げられた。

1．3　関係するステークホルダ

　事業戦略を受けA社のITストラテジストである私は，①A社の情報部門から販売システムを担当するシステムアーキテクト2名，②A社の情報システムの開発を受託しているB社のAI技術者1名，③販売部門からEC関連の担当者1名，受電による受注関連の担当者1名，架電による受注関連の担当者1名，合計7名のDX推進チームを組織した。

　次に述べるように，私はA社のITストラテジストの立場で，ステークホルダの意見を調整して，個別システム化構想の企画書をまとめた。

設問イ

第2章　ステークホルダの意見調整

2. 1　個別システム化構想の概要と意見の相違の内容

　個別システム化構想の概要としては，操作性の良いスマートフォンアプリを迅速に開発してリリースして，若年層の優良顧客の取込みを早期に行うという点を挙げることができる。具体的には，スマートフォンアプリを初めて使ってもらうために，①新製品のリリースをスマートフォンアプリ限定にする，②徹底したディスカウントを実施する，などを想定する。単品受注の抑制については，従来の販売履歴を基にしたリコメンドに加えて，個々の会員に関連した情報を基にしたリコメンドを，AIを活用して行う，などによって複数品受注を増やす。

　このような構想を具体化するために，私は"迅速"という経営者のスピード感を重視した計画を策定し，DX推進チームからの意見を聞いた。

　その結果，スマートフォンアプリにAI機能を実装するために，プロジェクトの開始時点からAI実装チームとスマートフォンアプリ開発チームが必要となることが論点となった。

　A社のシステムアーキテクトからは次の意見が出された。

　2つの開発が並列するためのA社内における人的リソースは少ないが，AIが学習した内容がA社のコアコンピタンスになることを考慮すると，協力会社からの調達は控えるべきである。そのため，スマートフォンアプリ開発の後にAI実装をすべきである。

　一方，販売部門からは次の意見が出された。

　AI実装はDX推進の中核であり，できるだけ早く実装してほしい。その結果を，スマートフォンアプリだけではなく，AIを活用したアソシエーション分析機能を受電や架電で使用しているCTIにも早期に活用したい。

2. 2　意見の相違の調整と工夫した点

　ステークホルダの意見を調整するに当たって私は，①AI機能の導入のノウハウと，②AI機能による複数商品の受注率の向上，言い換えるとAI機能の品質向上ノウハウをA社が保持することが重要と考えた。なぜならば，今後AI活用をA社のコールセンタや製造部門にも浸透させる必要があるからである。そこで私は，AI実装グループの作業を，ノウハウの習得に関わる作業と，購買データのクレンジングなどノウハウの習得に関わらない作業に分けて，後者の作業ではA社情報システム部の人的リソースを減らして，AI実装グループにおいてA社情報システム部門の人的リソースの負担を減らすこととした。具体的には，B社のAI技術者に指示をして，AI実装グループの作業を仕分けして，情報システム部門からの人的リソースの提供を2名とし，B社から2名人的リソースを提供してもらう計画とした。このようにして，情報システム部門のメンバの同意を得ることに成功した。

　ただし，販売部門のメンバから，既存のCTIにおけるAI活用を早めてほしいという要望が出されることが想定できた。これについては，DX企画チームのスコープから外れることを根拠に論点としないことも検討した。しかし，DX推進という事業戦略との整合性を考慮する必要があると考え，私はAI機能についてはAPIを使ってシステム間連携を取ることを前提に設計することにした。APIを経由することでCTIが容易にAI機能を使えるようにして，販売部門からの同意を得るように工夫した。

900字
1000字
1100字
1200字
1300字
1400字
1500字
1600字

設問ウ

第３章　経営層からの評価と改善内容

3.1　経営層からの評価

　経営層には，当初のスケジュール案を簡潔に説明して，当初作成したスケジュールでは開発スピードが速いために開発の手戻りが発生するリスクや，AI活用の失敗リスクが高いことを説明した。これによって，当初作成したスケジュールを基にした，意見を調整した結果が盛り込まれたスケジュールを，経営者が妥当であると迅速に判断できると考えたからである。

　調整結果を反映したスケジュールの説明の際には，AI活用のノウハウがA社内に蓄積されることで，AI活用の全社展開に寄与することを根拠に，個別システム化構想は事業戦略と整合している旨を経営者に強調した。

　これを受けた経営層の評価は，AI活用に重点を置きすぎている，若年層の取込みや複数商品受注に関わる事業戦略の実現可能性について納得できる提案になっていないというものであった。

3.2　評価を受けて改善したこと

　若年層の取込みについては，スマートフォンアプリを活用して若年層の取込みに成功した事例を収集することにした。更にB社のAI技術者に依頼をして，B社が担当した類似システム開発において，若年層の取込みに成功した事例を収集することにした。

　これらと並行して，企業が現代の若年層をターゲットにしたマーケティングを効果的に行うためには彼らの心理を深掘りし，消費行動のトレンドをつかむだけでは十分ではない，受け入れられる商品やサービスの開発を行うことが必要であると考えた。そこで私は，収集した事例を基に，A社において若年層に受け入れられる商品やサービスの状況を整理することにした。

　整理した結果をBSCの４つの視点から，新商品や新サービスを活用した若年層の取込みと複数品受注率の向上

メモ

ここに注目！ ◉◉

厳しい評価にして臨場感を出しています。筆者は経営層から全面的な高い評価を得たことはありません。

100字
200字
300字
400字
500字
600字
700字
800字

を示す資料を作成し，経営層に示して，事業戦略の実現可能性について説明するように改善した。

　BSCの4つ視点を活用して整理した理由は，4つの観点は経営者が重視する観点であることから漏れなく効率的に，若年層の取込みと複数品受注率の向上に関わる実現可能性を説明できると考えたからである。

－以上－

鈴木　久

設問ア

1．携わった個別システム化構想の策定
1．1　背景となった事業目標

　私は，食品製造会社Ａ社の情報システム部に所属するITストラテジストである。このたび策定に携わった個別システム化構想は，卸店リベート管理システムの改修についてである。この背景には，事業における流通経費の増加傾向がみられていて，それをいかに抑制するかという事業目標の達成が求められていたことがあげられる。

1．2　事業戦略に掲げられている変革の概要

　対象となる卸店リベート管理業務は，卸店ごとの年間販売計画の達成度に応じた謝礼金の管理である。支店営業所の営業部門が担当部署との関係性において，達成度合いの調整を行い，達成の可否を判断している。対象の支店営業所では，契約期間締め切り間際で達成ラインや謝礼金額の調整が行われ，当初のルールが変更され予算を超える経費が計上される実態があり，この状況を改革する必要があった。コスト面だけではなく，管理の手間や時間といった効率についても考慮しなければならない。

1．3　事業特性と関係するステークホルダ

　食品製造販売業であるＡ社のチャネルは間接販売流通であり，多段階にある流通に対する関係性と費用が増大しがちであるとともに，流通の要望をよく取り入れてビジネスを継続する必要があるという特性を考慮しなければならない。そんな中，ステークホルダとの関係性においては，経費削減を懇願する経営陣や経理部門と流通との関係維持を要望する営業部門との立場の違いを踏まえて適切なトレードオフを満たすことが求められていた。

設問イ

2. 個別システム化構想におけるステークホルダの意見調整

2.1　個別システム化構想に対する意見の相違

　前述したように，顧客である卸売店と良好な関係を築きたい営業部門は，できるだけ卸店の要望を汲み取って理解してもらうことに執心していた。一方，社内の経営管理に関与する経営陣や間接部門は，予定外に経費を膨張させる実態に対して懸念を感じていた。つまり，より柔軟にリベートの達成可否判断や金額を変更可能で，調整の含みや余地のあるやり方を確保したい営業部門と，ルールを厳格に維持し例外なく適用し，予定外の費用を発生させたくない経営陣や間接部門とは利害が相反する状況であった。

2.2　ステークホルダの意見の調整

　この両者の対立は非常に大きなもので，営業部門の役員と間接部門の役員とでいがみ合う険悪な事態となっていた。初期のシステムの企画段階で，こうした状況はシステム化を進めるうえで支障となるので，相互理解をしたうえで，一致した線で合意をする必要がある。というのも，どちらの役員も，部下の多様な意見を調整して，すり合わせてこの会議に結論を持ってきていたからである。合意に至るために調整交渉するという考えを持っていることを察知したので，合意できる交渉をすることが可能と判断した。そこで，私は営業部門の役員と間接部門の役員との会議に同席し，調整役を務めた。

　私はその際に，それぞれの立場とともに，会社や全社の立場について相手の立場を思いやることが必要と考え，どちらの側の説明でもいい点悪い点を挙げて取るべき行動を示した。顧客満足を損なっては売上が伸びず会社が存続しないことと経費を増やし続けても利益を損ない会社が存続しないことを強調し，この点はどちらの役員にも理解を得た。そのうえで納得するには，「自分の立場

memo

100字
200字
300字
400字
500字
600字
700字
800字

—— memo ——

をどこまで譲れるか，どこは譲れないか」という線で両者合意する必要があることを認識していただいた。この際に，私はある時は一方に加担し，ある時は他方に加担し，意見することで，それぞれの立場のメリットとデメリットを明確化して強調することに注力した。話し合いの中でデシジョンテーブルを明確にしたうえで，会社にとって最適なトレードオフは役員という立場で双方合意できるからである。

2．3　個別システム化構想案の概要

　私の懸命な活動が功を奏し，双方の譲れる点と譲れない点を明確にして合意することができた。営業部門では，幅のある交渉や調整の余地を求めていた。ただし無限に認めていては費用の増大を招く。そこで，契約期間の終了2か月前である10月末に1回だけ調整機会を設け，達成ハードルの緩和と達成額の減額を行えるようにした。それも自由ではなくあらかじめ定めた5段階のどれか選ぶこととし，固定化メニューとした。こうして，予算枠を固定化でき統制可能とし，同時に営業の調整要請を満たすことができた。

2．4　意見調整で工夫したこと

　一方的な決着にならぬよう，双方引分けという印象で「負けた感」が出ないようにした。負けた印象が残ると当該部署にモチベーションの低下が懸念されるからである。基本，今回の決着は，管理部門の意向が強い形ではあるが，一つ考慮したのは，特別事情がある場合，役員レベルのエスカレーションで交渉する余地を残した点である。これがあったので，営業部門が納得したといえる。そういう含みを残すことに管理部門は難色を示したが，双方譲るという観点で説得した。社内の和ということからも最後には理解を得ることができたが，こういう精神的な立ち位置は後々まで遺恨が残ることが多く注意が必要である。細部に配慮することで，円満に解決できた。

ここに注目！◎◎

　"役員レベルのエスカレーションで交渉する余地を残した点"とあります。2.2節で"営業部門の役員と間接部門の役員との会議に同席し"とあるので，採点者は，すでに役員レベルの話になっているのでは，と考えるかもしれません。表現を工夫すると，更に良くなります。

900字
1000字
1100字
1200字
1300字
1400字
1500字
1600字

設問ウ

3.　　個別システム化構想の評価と改善
3.1　　個別システム化構想の評価
　今回の計画に関しては，経営層からは，対立しがちなステークホルダをうまくまとめたということでお褒めをいただいたいた。そういう精神面のエクセレンスは，今期のシステム化計画の中で唯一，スケジュールよりも早期にカットオーバできた事項になったことからも評価できると考えている。営業経費については前年比で約20％削減が見込まれ，削減することが目標だったため，大いに目標達成できたものと考えている。
3.2　　改善事項
　それでも，10月末に，管理部門と営業部門との調整交渉業務の手間が生じることが課題である。年度末を迎えて，これは相当な負担となる。これについては自動調整できないかどうかを検討している。現在話題になっているAIを応用できないかというところで，自動的に判断し決着をすることが当面の課題と言える。現在，管理部門の表計算ソフトのマクロで調整のレコメンデーションを作成している。その手続きを応用して，より高度な，全体を俯瞰したルールと判断を策定して，AI適用したいと思っている。どれかを選択し選ぶという点では比較的容易に適用できそうであるが，メニューにない新たな基準を創出するというのは適用困難である。エスカレーションに相当する部分をどう機械化するかが困難であるが，過去の基準創出の仕方をトレースすることで整備していきたいと考えている。

ここに注目！
営業経費削減が目標ならば，設問イ2.1節での意見の調整は必要だったのか，と採点者は考えるかもしれません。そのような疑問が生じないように，2.1節で，営業経費削減が目標であることを説明しておくと，更に良くなります。

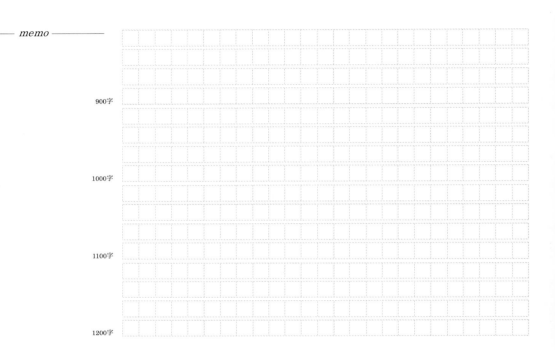

— memo —

900字

1000字

1100字

1200字

IPA発表採点講評

　問 2 では，個別システム化構想案に対するステークホルダの意見を調整し，事業戦略と整合の取れた個別システム化構想を策定する論述を期待した。多くの論述は，ステークホルダからの意見を基に，個別システム化構想で検討した内容を見直したり，意見調整のために工夫をしたりしている経験がうかがえた。一方で，ステークホルダからの単純な要望を聞いて構想としてまとめたといった論述や，意見の調整への対応として，単に RPA・SaaS の技術を活用したいといった具体性のない論述にとどまっているものも見受けられた。IT ストラテジストには，事業目標達成に寄与する，実現性のある個別システム化構想を策定できる能力が求められる。日頃から経営者の目線で説明することを心掛けてほしい。

ビッグデータを活用した革新的な新サービスの提案について

　近年，今まではコンピュータで処理しにくかった膨大な情報であるビッグデータ
を活用し，革新的な新サービスを実現することによって，事業を優位に展開するこ
とが可能となってきた。

　例えば，センサと通信技術の向上によって収集できるようになったビッグデータ
を活用し，生産管理や物流管理を高度化する新サービスが実現されている。具体的
には，製造分野では，生産設備の稼働情報と製品の品質情報との相関関係を分析し，
生産設備の最適設定・予防保守などの新サービスを展開している。

　また，文章や画像，音声などの非構造化データの認識技術や処理方式の確立によ
って，大量の文献や，消費者がSNS上で発信する情報，監視カメラ情報などのビ
ッグデータを解析し，新サービスに活用し始めている。具体的には，医療分野では，
多数の患者の電子カルテ，医療画像情報，投薬情報などを統計的に分析し，副作用
が少ない処方箋の作成という新サービスを行っている。

　ITストラテジストは，事業を優位に展開するために，ビッグデータを活用した
革新的な新サービスの提案を行うことが求められることがある。その際に，次のよ
うな事項について検討することが重要である。

　　・革新的な新サービスは，どのような顧客に，どのような状況で，どのような効
　　　果や効能を実現するのか。
　　・革新的な新サービスは，ビッグデータを活用することによって，どのように実
　　　現され，今までのサービスとどのように違うのか。

　さらに，ビッグデータを活用した革新的な新サービスを，マネジメント層に提案
して承認を得る必要がある。

　あなたの経験と考えに基づいて，設問ア～ウに従って論述せよ。

設問ア　あなたが携わった，ビッグデータを活用した革新的な新サービスの提案の背
　　　　景にある事業環境，事業概要について，事業特性とともに，800字以内で述べ
　　　　よ。

設問イ　設問アで述べた事業を優位に展開するためのビッグデータを活用した革新的
　　　　な新サービスは何か。顧客や状況，効果や効能，実現方法，今までのサービス
　　　　との違いを明確にして，800字以上1,600字以内で具体的に述べよ。

設問ウ　設問イで述べた，ビッグデータを活用した革新的な新サービスを，マネジメ
　　　　ント層にどのように提案し，どのように評価されたか。改善の余地があると考
　　　　えている事項を含めて，600字以上1,200字以内で具体的に述べよ。

論文事例 1

岡山　昌二

設問ア

第 1 章　事業環境と事業概要

1.1　新サービスの提案の背景にある事業環境

　Ａ社は焼却炉などの環境関連の大型装置を製造・販売する装置メーカである。Ａ社が属する業界では，市場シェアが上位であっても，売上高利益率が低迷している状況であった。そのため，業界ごとの事業特性としては，装置の製造・販売だけでは売上高利益率の向上は難しいという点を挙げることができる。

　その状況の中でＡ社では，売上高利益率を 3 年以内に 2 ％向上させるという事業目標が設定された。事業特性を踏まえると，製造・販売に加え，ITを活用した新サービスを立ち上げることが，事業目標を達成するためには必須であった。

　一方，Ａ社製品の顧客は，機器の稼働率を上げることを望んでいた。そこで，機器の保守に関わる新サービスを，Ａ社の情報システム部門に属するITストラテジストとして，私が提案することになった。

1.2　事業概要

　Ａ社製品の販売については，Ａ社が販売する直販は全体の売上の10％程度にとどまり，販売代理店が90％を占めいている。しかし，全国に展開している販売代理店の数は不足しており，販売代理店の業務負荷を軽減することが望まれていた。販売代理店では，販売に加えて，顧客に納品した機器の保守を担当している。販売代理店では，担当する機器の修理や保守にかかる業務量が多いため，機器の販売業務が疎かになるという状況であった。

　一方，Ａ社も直販分の機器の保守を担当していることから，販売代理店とＡ社の両方で保守を担当する体制となっている。そのため，重複する業務も多く，保守業務の効率化が望まれていた。そこで，次に述べる直販分と販売代理店分の機器への保守を一元的に管理する新サービスを立ち上げることになった。

設問イ

—— memo ——

第 2 章　新サービスの内容と検討した事項
2．1　新サービスの内容
　　A 社の機器は，機器内の圧力などの運転データをセンサで検出して測定し，その値に応じて自律的に制御する機能をもつ。新サービスでは，機器に IoT 通信モジュールを付加して，そこから得られる，センサデータ，制御データを収集し長期間蓄積してビッグデータとし，それらを分析する。
　　以上の内容を踏まえて私は，次に述べる新サービスに関わる提案をすることにした。
① 予防保守サービス
　　機器内の故障発生箇所や故障発生時期を予測して，予防保守を行う。
② 遠隔保守サービス
　　故障が発生した際には，通信モジュールを介して遠隔保守を行い，故障箇所を特定して，修理に必要な部品を迅速に手配する。そして，A 社あるいは販売代理店に，機器の修理内容を指示する。
　　以上が新サービスの内容である。
2．2　検討した事項
　　新サービスの内容を踏まえ，新事業を競争優位に展開するために，次の検討を実施した。
① 顧客や状況，効果や効能
　　顧客サイドに設置した焼却炉が停止した場合，工場の操業が停止しかねない。そこで，工場の操業度が上がることに大きなメリットがある顧客を新サービスの対象とした。顧客の工場において，納期を厳守するために高い操業度が求められる顧客の状況の中，新サービスである遠隔保守は，修理時間の短縮に効果があるため，顧客にとって魅力あると判断した。
　　効果や効能としては，事前に故障発生箇所などを予測することで，予防保守のタイミングを効果的に設定でき

100字
200字
300字
400字
500字
600字
700字
800字

———— memo ————

るようになる。顧客の観点から考えると，予防保守のために無理して機器を停止させることを回避できるという点が挙げられる。
②実現方法
　機器に通信モジュールを付加してビッグデータを収集し，Ａ社のサーバで分析するという方法である。建設機械などの実績を基に，この実現方法を採用した。
③今までのサービスとの違い
　違いはビッグデータを分析するという点である。その結果，(1)修理時間の短縮，予防保守の予測と予防保守タイミングの適正化，(2)分析を進めることで，今までは難しかった機器の操作履歴を分析して，操作手順の最適化や使われていなかった機能の活用提案を顧客に対して行う，(3)稼働率の高い機器を使用している顧客には，追加購入を促す提案をする，などが今までのサービスとは異なる。
　以上が主な検討項目である。

900字

ここに注目！ ◉◉

設問で問われている項目を漏れなく論じていることを確認してください。

1000字

1100字

1200字

1300字

1400字

1500字

1600字

243

設問ウ

第3章　提案，評価，及び改善の余地
3．1　マネジメント層への提案方法
　マネジメント層への提案では，次の方法を採用した。
①事業目標の達成における貢献度の定量化
　新サービスを有料化して，A社全体の売上増を見込む。さらに新サービスでは，顧客の機器の稼働率を基に，追加販売の予測が可能である。なぜならば，稼働率の高い機器をもつ会社は，リピートして購入すると考えられるからである。そこで，新サービスの有料化や機器販売の売上増を基に，3年後において，どの程度の事業目標の達成に貢献するか，キャッシュフローを示すなどの定量化による方法で提案を行った。
②経営のスピードにあった情報システムの構築
　情報システムは短期間で開発する場合，外部から調達する要員が増し，コストの高い情報システムとなる。また，短期間で開発するために手戻りなどのリスクも大きくなる。一方，余裕のあるスケジュールで開発すると，経営のスピードに合わない情報システムとなる。
　そこで私は，開発スケジュールを複数提案して，マネジメントが，意思決定時の経営スピードにあった開発スケジュールを選択できるようにした。
　短納期などのスケジュール期間については，事前にマネジメントに確認することが可能であるが，あえて確認しなかった。なぜならば，経営環境は常に変化しているため，意思決定時の状況で，マネジメントは意思決定する必要があると考えたからである。
③検討内容の一覧化
　実現方法や成功事例，今までのサービスとの違いなどの検討結果を一覧表にまとめて，マネジメント層による意思決定を迅速化した。
　以上の方法で私はマネジメント層に提案した。
3．2　マネジメントからの評価

　機器に通信モジュールを付加してビッグデータを収集するという，建設機械の製造・販売会社の成功事例を示したことで，自社への適合性が高いことがマネジメント層に伝わった。この点について，マネジメントからの評価は高かった。一方，定性的効果が不十分であるという指摘を受けた。

3.3　改善の余地

　検討した「新サービスの効能」を定性的効果として挙げたが，定量的効果に注力しすぎてしまい，定性的効果が疎かになった。今後は，定量的効果と定性的効果のどちらかに偏らないように挙げたいと考えている。定量的・定性的効果に加え，戦略的効果を挙げることで，マネジメント層に提案内容を，よりアピールできるようになると考えている。

－以上－

900字

1000字

1100字

1200字

- memo -

ここに注目！ ◉◉

3.2節では，提案方法に関わる評価ではなく，革新的な新サービスへの評価を論じます。

論文事例2

平成28年度　ST　問1

庄司　敏浩

庄司　敏浩

—— memo ——

設問ア

1．ビッグデータを活用した新サービス提案の背景

1．1　事業環境と事業概要

　私はITベンダのコンサルティング部門に所属しており，顧客のIT戦略立案の支援を主業務としている。当社は全国有数の温泉地の観光組合に依頼されて，私がIT戦略の立案に携わった。

　温泉地の需要も変化してきている。昔は企業の社員旅行を中心とした団体旅行に対応していれば売上が上がっていた。しかし，近年は国内の団体旅行は縮小傾向にあり，個人客を中心とした少人数旅行が主流である。一方で近年のインバウンド・ブームの影響で外国人の旅行客はうなぎ登りに増えている。

　このようなニーズに対応しきれないと，伝統的な温泉地でも経営が立ちゆかなくなってきている。そのような中で，個人客や外国人客にとって魅力の高い温泉地とならないと，地域全体が廃れてしまうことが懸念されていた。

1．2　事業特性

　私が依頼を受けた温泉地は，旅館の中に浴室があるだけではない。温泉地一帯にそれぞれ趣の異なる外湯が7か所あり，宿泊客はこれらの温泉に割引料金で入ることができる。このように外湯が楽しめることもこの温泉地の大きな魅力の一つである。当然，外湯は宿泊客だけでなく，立ち寄った人たちが有料で自由に入ることができる。そのため，日帰りで温泉を楽しむ人も多い。外湯を利用する人が多いということは，温泉地を観光客が歩き回ることになるので，周辺の商店も潤っている。このようなエコシステムが伝統的に出来上がっているのが，この観光組合の事業特性といえる。

設問イ

memo

2．ビッグデータを活用した新サービス

2．1　新サービスの概要

　前述のように伝統的に利用客の多かった温泉地ではあるが，事業環境の変化があり，他の温泉地との競争が激しくなってきていた。そのため，利用客にとっての魅力を何らかの形で高めていかないと，地域全体の衰退が避けられない状況となっていた。そこで，私は利用客の利便性を高める仕組みを構築するとともに，データを活用して地域全体のマーケティング力を高める施策を提案しようと考えた。

　具体的には，まず外湯の入場券としてFelicaチップを内蔵した携帯電話やICカードを顧客に利用させることを考えた。宿泊客は旅館にチェックインする際に，携帯電話やICカードを専用端末にかざし，利用登録を行う。利用登録済みの携帯電話やICカードをもって外湯に行き，受付で専用端末にかざせば，その場で料金を払わずに入浴できる。さらに，飲食店などの代金もつけ払いにし，チェックアウト時に精算できるようにする。このような仕組みを整備することで，利用客の利便性を高めることを考えた。特に外国人客の日本に対する不満の一つは，日本ではキャッシュをもたなければならない場面が多すぎることだと言われている。外国人客に対してはキャッシュレスの仕組みが特にうけるだろうと私は考えた。

　このような仕組みを設けることで得られるメリットは，顧客に対する利便性を高めることだけではない。この仕組みを利用した宿泊客の行動データも集めることができる。登録された携帯電話やICカードを利用するたびに発生するデータは，常に旅館から見ることができる。7か所の外湯の男女別入浴者数が30分おきに見られるだけでなく，どの店で何を買ったかまで把握できるようになる。

2．2　今までのサービスとの違い

　今までのように紙のチケットを配っただけでは，利用

100字
200字
300字
400字
500字
600字
700字
800字

memo
ここに注目！👀
ビッグデータについては，高頻度で問われているので，流用できるよるように，論文ネタを整理しておきましょう。

客の動線は把握できない。しかし，このようなデータ分析を行うことで，利用客の動線が把握できるようになり，マーケティングにも活用できるようになる。例えば，近くの外湯に多くの客が入っていることが分かれば，通り道にある地ビール販売所に販売員を配置し，積極的な販売を展開し，売上増につなげることもできる。さらに，これらのデータを大量に分析することによって，旅行客の行動分析ができるようになり，どのようなポイントでどのようにマーケティングを行えばよいかについて，豊富な示唆を得ることができるようになる。

　最初は少量のデータでスタートすることにはなるが，継続的にデータを蓄積することで，徐々にビッグデータとなり価値を高めていくことが期待できる。

3

個別システム化構想・計画の策定

3．幹部への提案

3．1　幹部への提案と評価

　考案したIT戦略を実現に移すためには，旅館組合の幹部に説明して了承を得なければならない。そこで，私は観光組合の幹部へIT戦略提案の説明を行う機会をいただいた。

　前述したような効果については理解いただくことができると考えていたが，費用面が課題であると私は考えた。観光組合はそれほど潤沢な資金があるわけではない。そのため，投資額を抑えながら効果を出せるようにしていかなければ，投資を行うことに躊躇する懸念がある。

　端末は1台当たり数万円で購入できるため，1か所（旅館や商店）に1台で運用はできると見込める。端末は数年間は利用できると想定されるため，この投資は受け入れられると判断した。問題はシステムへの投資である。必要なシステムをオンプレミスで構築すると投資許容額以上の費用がかかると思われた。そこで，私は適当なクラウド・サービスを探して利用してもらおうと考えた。最近はデータ分析の仕組みも比較的安価に利用できるようになっており，クラウド・サービスの利用料はトータルで年200万円程度になると見積もった。これを旅館や商店の数で割ると年2万円以下で収まる。観光組合に加盟している全ての旅館・商店で均等に費用を負担すれば，受入れ可能な投資額になると考えられた。

　以上の数字を基に投資計画を含めたIT戦略企画書を作成し，観光組合の幹部に説明した。投資対効果が明確に説明され，さらに投資額が受け入れられるレベルに押さえられていたことから，私の提案は高い評価を受け，採用されることとなった。

3．2　改善の余地があると考えている事項

　私が提案した仕組みを実際に利用し，得られたデータ分析をマーケティングに利用したことによって，売上向

memo

ここに注目！ ◉◉

定量的に論じている点がよいです。
クラウドサービスを活用して初期費用を抑えるネタについても，流用できるようにしておきましょう。

―――― memo ――――

900字

上につながることが実証された。しかし，これで満足しているわけではない。現在の仕組みは，この温泉地を訪れた顧客だけに有効だが，居住地などの属性も含めてデータを深掘りしていけば，より多くの顧客をこの温泉地に呼び込める方策が検討できると考えている。今後の改善点として，この施策に取り組んでいきたい。

1000字

　データ分析は経験を積み重ねていくほど，より多くのことを知るためのノウハウが高まる。この仕組みはまだまだ活用の幅を広げることができると期待できるので，継続的にデータ活用の高度化を図っていきたい。

―以上―

1100字

1200字

Memo	

3

個別システム化構想・計画の策定

**緊急性が高いシステム化要求に対応するための優先順位・
スケジュールの策定について**

　　企業は，厳しい競争に勝ち抜くために，新しいチャネルの開拓，市場に対応した
組織編成，短いサイクルでの新製品・新サービスの開発などに取り組んでおり，情
報システムの全体システム化計画で対象とした業務，組織，製品・サービスなどは
変化し続けている。一方で，モバイルコンピューティング，クラウドコンピューテ
ィングなどの新しい IT の活用が広がり，それらが今までにない付加価値を生んだ
り，コスト削減を実現したりして，事業に貢献する事例が増加している。これらを
背景に，情報システムの導入・改修に関して緊急性が高いシステム化要求が，事業
部門から継続的に挙げられている。

　　緊急性が高いシステム化要求への対応に当たっては，まず，要求が事業戦略に適
合することを確認し，システム化範囲を定め，要求をどのように実現すべきかを明
確にする。次に，緊急性が高いシステム化要求への対応を，全体システム化計画の
中でどのように位置付けるかを検討し，優先順位・スケジュールを策定する。その
際，例えば次のような観点での検討が重要である。

　　・情報システム基盤の整備，アプリケーションシステムの統合，業務の見直しな
　　　どによって全体の投資削減又は相乗効果が期待できる場合，これらの実施を含
　　　めて検討する。
　　・計画中又は進行中の個々の情報システムの導入・改修への影響が最小限にとど
　　　まるように検討する。

　　IT ストラテジストは，緊急性が高いシステム化要求への対応に当たり，事業部
門に対して，策定した優先順位・スケジュールによって，情報システムの導入・改
修が全体システム化計画において最も効率的・効果的に進められることを説明し，
承認を得なければならない。

　　あなたの経験と考えに基づいて，設問ア～ウに従って論述せよ。

設問ア　あなたが事業部門から受けた情報システムの導入・改修に関する緊急性が高
　　　　いシステム化要求は何か。要求の背景，事業の特性とともに，800 字以内で述
　　　　べよ。

設問イ　設問アで述べた要求への対応に当たり，どのような観点で検討し，どのよう
　　　　な優先順位・スケジュールを策定したか。特に重要と考えたことを明確にして，
　　　　800 字以上 1,600 字以内で具体的に述べよ。

設問ウ　設問イで述べた優先順位・スケジュールを事業部門にどのように説明し，そ
　　　　の説明した内容に対して事業部門からどのような評価を受けたか。その評価を
　　　　受けてあなたが改善したこと，又は今後，改善すべきことは何か。600 字以上
　　　　1,200 字以内で具体的に述べよ。

設問ア

第1章　事業の特性及び緊急性の高いシステム化要求
1.1　事業の特性
　A社は健康食品などの原材料を海外から輸入し，日本国内の健康食品製造業やサプリメント製造業などに販売する輸入商社である。健康食品の輸入業界における事業特性としては，輸入原材料が，使い方によっては体に悪い影響を与えるため，商品の販売促進において，高い商品知識が求められるという点を挙げることができる。
1.2　要求の背景
　A社は株式上場に向け，事業戦略として健康食品業に加え，化粧品製造にも顧客を広げるという成長戦略を採用していた。一方，A社の販売部では，販売員が商品を顧客にプロモーションする際の状況を，商品知識のある監督者が十分に把握することで，不適切な商品を顧客に販売してしまうことを抑止してきた。しかしながら，この抑止行動が非効率的な販売活動の原因になっていた。
　高い商品知識が求められるという事業特性を踏まえると，事業戦略を成功させるには，商品知識を販売員間で共有することで，販売業務の効率化を実現する必要があった。
1.3　緊急性の高いシステム化要求
　A社の販売部から，SFAを導入して，商品知識を共有化し，販売活動自体を効率的に運営したいというシステム化要求が出された。具体的には，①販売員がどの商品について販売活動を行っているかを，監督者が確認したい，②商品知識を共有化することで，問題がないことを販売員が自ら事前に確認できるようにしたい，という要求が出された。A社の経営陣が，これに賛同したことで，緊急性の高いシステム化要求となった。
　A社のITストラテジストである私は，その緊急性の高さから，パブリッククラウドサービス（以下，クラウドという）の導入を前提に，次に述べる策定を行った。

設問イ

— memo —

第2章　要求への対応
2.1　要求への対応における観点

　A社の経営陣からの緊急な要求であっても，事業戦略との整合性やシステム化の範囲を確認する必要がある。まずSFAは，成長戦略を採用するA社にとって不可欠なシステムであることを私は確認した。システム化の範囲については，販売部による販売活動であることを確認した。その結果，全体システム化計画において在庫管理システムが要件定義工程の中にあるので，これとの調整があると考えた。

　次に，どの程度緊急性があるのかを具体的な案を挙げて経営陣に確認することが，特に重要と考えた。そこで私は，次の観点から要求を検討することにした。

(1)現在進行中のシステム開発を含めた開発の手戻りなどのリスク

　現在，在庫管理システムの再構築プロジェクトが要件定義工程である。SFAシステムの開発が緊急に立ち上がることで，双方のシステム開発に関わる手戻りなどのリスクが高まると考えた。

(2)開発費用

　緊急の度合いによっては，開発費用が増大しかねないため，適切な優先度を設定して，費用を抑える必要があると考えた。

　以上が重要と考えた観点である。

2.2　策定した優先順位・スケジュール

　優先順位については，在庫管理システムとの調整が必要である。そこで，SFAシステムの優先度について，次の3つの案を検討した。

(1)SFAシステムのスケジュール優先

　在庫管理システムの再構築のスケジュールを変更せずに，SFAシステムのスケジュールを最優先にする案である。

―― *memo* ――

　リスクについて考察する。SFAシステムを優先しても，在庫管理システムの要件定義が先に終了するので，SFAシステム側からの要件が在庫管理システムに加わることで，在庫管理システムの開発において，開発の手戻りが発生するリスクが高まることが判明した。開発費用についても，スケジュール優先であるため，高くなる。

(2)リスク低減・コスト削減優先

　開発の手戻りを抑えるために，在庫管理システムとSFAシステムの要件定義を共通に行うスケジュールである。これによって，要件定義に関しては開発の手戻りを低減できると考えた。コスト面においても，要件定義以降の工程を，SFAシステムを優先し，両システムを並行して開発をしないことで，要員調達を抑えることができ，開発コストが低くなると考えた。

(3)リスク低減・スケジュール優先

　前述の(1)と(2)の案の折衷案である。要件定義は両システム共通で行う。その後の工程についても，両システムを並行して開発を行う。リスクを低減でき，並行開発することで，スケジュールの遅れも最小化できる。ただし，並行開発するための工数を外部から調達することは，開発コストを高くする点に留意する必要があった。

　私は，以上の3つの案を経営陣に提案して，意思決定を仰ぐことにした。事前に経営陣に対してスケジュールやコストについてヒアリングすることで，経営陣が何を優先したいのかが事前に分かる。しかし，刻一刻と変化する経営環境を踏まえると，その瞬間の意思決定が重要であると考えたからである。

900字
1000字
1100字
1200字
1300字
1400字
1500字
1600字

ここに注目！◉◉

折衷案を挙げて"工夫"をアピールしています。

―――― memo ――――

ここに注目！◉◉

「ただし〜」という展開を意図的に盛り込んで掘り下げています。

設問ウ

第3章　説明方法と評価
3．1　優先順位・スケジュールの説明方法
　説明方法としては，3つの案を一覧表にまとめて，経営陣による意思決定をしやすくした点にある。優先順位については，"最優先"，"在庫管理システムの次の優先度"など，明確に表現している。スケジュールについては，システムの本稼働日が案ごとに分かるようにした。
　ただし，システムが稼働しても，システム化効果がすぐには表れない。そこで私は，他社の事例やクラウドの提供業者にヒアリングして，SFAによる効果が表れるために必要な期間をスケジュールに盛り込んで，案ごとの経営目標の達成日を経営陣に説明した。
　なお，優先順位やスケジュールの他に，案ごとに，リスクとコストを列挙して，意思決定しやすくしている。
3．2　事業部門からの評価
　事業部門の長である販売部長に提案内容を説明したところ，結果として，第3案の折衷案が採用された。案の一覧表が，意思決定しやすい説明資料という評価を得た。
　ただし，販売部長からは，SFAシステムへの投資は，戦略的な投資であることから，経営課題との関連について，SFAシステムによって経営課題がどの程度，解消されるのか，定量的に示してほしいという評価を得た。
3．3　評価を受けて改善したこと
　評価を受けて改善したことは，"SFAシステムによる経営課題の解消への貢献度を定量化した資料の作成"である。SFAシステムへの投資と経営課題への貢献度を定量化することで，戦略的投資として投資効果を視覚化した。
　　　　　　　　　　　　　　　　　　　　－以上－

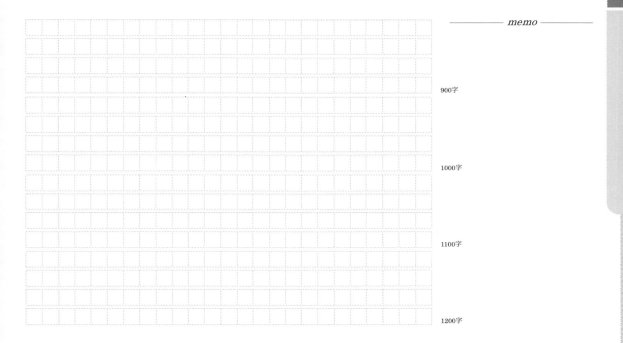

memo

900字

1000字

1100字

1200字

IPA発表採点講評

　（緊急性が高いシステム化要求に対応するための優先順位・スケジュールの策定について）では，全体システム化計画の策定に関わった経験，又は全体システム化計画の下で，情報システムの導入・改修を実施したことのある受験者には論述しやすかったと思われる。一方で，個別システムのサブシステム，個別機能の優先順位・導入スケジュールの論述に終始しているものも散見された。

新たな収益源の獲得又は売上拡大を実現するビジネスモデルの立案について

　　インターネットなど情報通信技術の普及・発展によって，新たな収益源の獲得又は売上拡大を実現するビジネスモデルの構築が可能になってきた。

　　企業は，提供する商品・サービス，顧客との接点及び新規事業機会の創出に情報通信技術を適用することによって，新たな収益源の獲得又は売上拡大を実現することができる。例えば，次に挙げるような新しい概念の商品・サービス，顧客及びマーケットを対象としたビジネスモデルを立案することができる。

- ・商品を販売する事業ではなく，情報通信機能と組み合わせることによって，商品を使ったサービスの利用環境を提供するビジネスモデル
- ・インターネットを利用したシステムを導入することによって，個々の顧客に対して，商品・サービスを直接提供するビジネスモデル
- ・GPS や無線 LAN 通信技術を適用することによって顧客の行動，所在などの情報をタイムリに収集して，新たな商品・サービスの提供機会を創出するビジネスモデル

　　IT ストラテジストに求められるのは，このようなビジネスモデルの立案において，ビジネスプロセスが技術的に実現可能であること，顧客・仕入先などの関係者から受け入れられること，投資対効果を確保できることなどの確認・検証を行い，その結果を経営者に提案することである。

　　あなたの経験と考えに基づいて，設問ア〜ウに従って論述せよ。

設問ア　あなたが立案に携わった，新たな収益源の獲得又は売上拡大を実現するビジネスモデルについて，経営上の課題，目標及び立案することになった背景を，800 字以内で述べよ。

設問イ　設問アで述べた経営上の課題，目標に向けて，どのようなビジネスモデルを立案したか。対象とした商品・サービス，顧客及びマーケットを明確にして，適用した情報通信技術を含めて，800 字以上 1,600 字以内で具体的に述べよ。

設問ウ　設問イで述べたビジネスモデルの立案において，どのようなことの確認・検証を行い，その結果についてどのように経営者に提案したか。提案に対する経営者からの評価を含めて，600 字以上 1,200 字以内で具体的に述べよ。

論文事例1

岡山　昌二

設問ア

第1章　ビジネスモデルの立案の背景
1．1　経営上の課題及び目標

　A社は，一般に使われる電話端末やファックス端末（以下，端末という）を製造・販売する企業である。業界ごとの事業特性としては，成熟事業であると言えるため，端末の製造・販売では利益の拡大は難しい点を挙げることができる。この点を踏まえ，A社の経営者からは利益構造の転換が経営課題として挙げられていた。

　A社の利益の柱は，端末の製造・販売のほかに，ファックスの印刷時に使用する転写印刷用のフィルムなどの消耗品販売があり，高い売上高利益率を確保している。そこで製品を販売するだけではなく，製品の付属品，消耗品を製造・販売する，あるいは，新たなサービスを立ち上げて提供し利益構造を転換するという経営目標が設定された。

1．2　立案することになった背景

　私はA社のITストラテジストとして，端末の製造・販売で優位に立っている点を活かして新たなビジネスモデルを立案して提案する使命をA社の経営者から受けた。

　そこで私は，サービス・ドミナント・ロジックという考え方を適用して，電話端末を製造・販売する事業と情報通信技術とを組み合わせることによって，商品を使った，新たなサービスを提供するビジネスモデルを立案することにした。端末を製造しているため，情報通信技術の活用は難しくないと考えたからである。ただし，他社も追随してしまうため，参入障壁を考慮する必要があった。

　私は，以上の背景を踏まえて，次に述べるようにして，新たなビジネスモデルを策定・立案して，経営者に提案した。

memo

3

個別システム化構想・計画の策定

設問イ

第２章　新たな収入源の獲得及び売上拡大を実現するビジネスモデル

2. 1　対象とした商品・サービス

　対象とした商品は，Ａ社の電話・ファックス端末である。ここに新たな機能を付加して，Ａ社独自のサービスを提供することを考えた。端末を販売するだけではなく，端末を使ったサービスの利用環境を提供したいと考えた。

2. 2　顧客及びマーケット

　端末に機能付加するという観点から，端末に関する要望について調査会社に依頼した結果，"迷惑電話の撃退機能"を顧客が求めていることが判明した。従来では，電話番号を登録することで，登録された電話以外は着信しない，あるいは登録された電話を着信しない，などの機能があったが，面倒で使い難いことが分かっていた。調査機関の報告から，顧客は"迷惑電話の登録機能の自動化"を求めていることが判明した。

　そこで私は，市町村の役所に連絡して，迷惑電話の相談の状況を確認することにした。その結果，年配者向けのサービスとして"迷惑電話の撃退サービス"がマーケットとして十分大きいことを確認した。

2. 3　適用した通信技術

　適用した情報通信技術は，①家庭で使われている無線LAN，②端末に接続されているISDN，③アナログ電話回線，である。このうちから，利用者側の状況に応じて，利用する情報通信技術を選べるようにすればよいと考えた。

2. 4　新たな収入源の獲得及び売上拡大を実現するビジネスモデル

　Ａ社が端末に向けてサービスするのは，具体的には着信拒否する電話番号のリストである。端末から定期的に情報通信技術を使いＡ社のサービスに接続して，撃退する電話番号を端末にダウンロードする。そこに登録され

—— memo ——

た電話番号から電話があっても着信を拒否する機能をもつオプション機器をA社から販売する。

　立案した撃退電話番号サービスは，"月額費用を支払うことで着信拒否する電話番号のリストを最新の状態に保つ"というサービスである。このサービスを展開することで利益構造を転換し，消耗品販売のようにA社の利益の柱になると考えた。

900字

1000字

ここに注目！◎◎

サービス・ドミナント・ロジックを切り口にしてビジネスモデルを立案している点がよいです。

1100字

1200字

1300字

1400字

1500字

1600字

——— *memo* ———

第３章　ビジネスモデルの提案
３．１　ビジネスモデルの立案における確認・検証
　私は，次の観点から確認や検証を行った。
①ビジネスプロセスが技術的に実現可能であること
　着信拒否する電話番号をサーバから定期的にダウンロードする機能について，Ａ社の組込みシステムの設計部門に確認したところ，端末のファームウェアを自動更新する機能をもつので，その技術を使うことで技術的には問題なし，とのことであった。
②顧客から受け入れられること
　市町村において迷惑電話に関する相談が多いという点を踏まえ，迷惑電話のうち「おれおれ詐欺」に関して，「月額費用を負担しても着信拒否などの対策を施してほしいか」について調査会社に検証を依頼した。その結果，月額費用千円程度なら負担できることが判明した。
③投資対効果を確保できること
　投資対効果については，調査会社からの報告を参考にして，組込みシステムの設計部門及び情報部門を参画させて費用対効果を検証した。PaaSとしてクラウドサービスを使うことも検討に入れ，償却期間４年でROIは140％，初年度から黒字を出せることが判明した。
　以上の結果を次に述べるように提案した。
３．２　提案及び提案に対する評価
　私は策定したビジネスモデルについて，次のように提案して，経営者からの評価を得た。
①ビジネスプロセスが技術的に実現可能であること
　組込みシステムの設計部門に確認した結果から，Ａ社のコアコンピタンスを強化できるサービスである点を強調して，経営者に提案した。提案は受け入れられ，評価は普通であった。
②顧客から受け入れられること
　調査会社からの報告に加えて，市町村の役所から，こ

のサービスを受ける高齢者に対して援助金を出してもら
う点を加味して提案することにした。
　評価は，役所からの援助金を引き出すという点で，売
上拡大が期待できるという評価を得た。
③投資対効果を確保できること
　リスクを軽減するために，初年度はオプション機器を
販売し，商品への機能への組込みは2年度以降として，
費用対効果を提案した。評価については，参入障壁の検
討が不十分であるという指摘を経営者から受けた。
　評価において不十分な点については次のようにフォロ
ーした。参入障壁は，蓄積された着信拒否すべき電話番
号である。私は，参入障壁が障壁でなくなる期間を予想
した。参入障壁が機能しなくなるまでにシェアを確保す
る旨の事業展開を追加作成することにした。その結果，
ビジネスモデルは承認されて事業戦略に組み込まれた。
　　　　　　　　　　　　　　　　　　　　　　－以上－

900字

1000字

1100字

1200字

— memo —

ここに注目！◉◉

「経営者から高い評価
を得た」など，表面的
な内容を書かないよう
にしましょう。

IPA発表採点講評

　（新たな収益源の獲得又は売上拡大を実現するビジネスモデルの立案につい
て）では，新たな商品・サービス提供へのIT融合，新たな顧客とのコンタクトの
ためのIT融合，新たな事業機会獲得のためのIT融合に関わった経験のある受験者
には論述しやすかったと思われる。しかし，顧客のニーズの分析・確認・検証な
ど顧客の視点が無く，単なるシステム導入検討の記述や，コスト削減のためのシ
ステム導入検討の論述も散見された。

第4章

情報システム戦略の実行管理と評価

情報システムの目標達成の評価について

　情報システムを活用し，経営戦略の実現や業務上の問題解決などをする際，情報システム導入の目的を定めた上で，例えば，インターネットからの受注件数や顧客への納期遵守率などの指標とその目標値を具体的に設定することが大切である。そして，稼働後に，設定した目標値に対する達成状況を繰返し評価する必要がある。その際は，次のようなことが重要である。

- ・客観性を担保するために，業務処理の時間を実際に測定したり，情報システムの受注データ件数を調べたりするなど，定量情報を収集する。
- ・関係者に目標値の達成状況に関するヒアリングを行う際は，特定の個人，部門に偏った意見収集にならないように考慮する。
- ・設定した目標値に対する達成状況を，業務面，システム面それぞれの実現度合いを対象に評価する。

　評価の結果，設定した目標値と達成状況に差異が見られた場合，差異が発生している原因の分析を行った上で，業務面，システム面の課題を抽出する。経営層，利用部門，情報システム部門に評価の結果と課題を説明する際は，今後の経営環境の変化及び情報システム導入の目的に照らし合わせ，課題を解決することによる目標達成への貢献の見込み，課題解決の緊急度を整理した上で，課題対応の優先度もあわせて説明することが重要である。

　あなたの経験と考えに基づいて，設問ア～ウに従って論述せよ。

設問ア　あなたが携わった情報システムの目標達成の評価において，情報システム導入の目的及び概要，設定した指標とその目標値について，事業特性とともに800字以内で述べよ。

設問イ　設問アで述べた目標値について，あなたはその達成状況をどのように評価し，その結果はどのようなものであったか。また，抽出した業務面，システム面の課題はどのようなものであったか。重要と考え，工夫した点とともに800字以上1,600字以内で具体的に述べよ。

設問ウ　設問イで述べた評価の結果及び抽出した業務面，システム面の課題に対し，あなたはどのように経営層に説明したか。それに対する意見はどのようなものであったか。意見を受けて改善したこととともに600字以上1,200字以内で具体的に述べよ。

論文事例1

岡山　昌二

設問ア

第1章　情報システムの導入の目的及び設定した指標
1．1　情報システム導入の目的及び概要
　Ａ社は大都市圏にレストラン店舗をもつ外食産業を営む企業である。首都圏の外食産業では，同業他社間の競争が激しく，業界ごとの事業特性としては，生き残りのため，経営指標に基づいた迅速な意思決定を強いられるという点を挙げることができる。その点を踏まえ，Ａ社では経営情報システムの再構築を行い，①地域別・商品別の経営指標を月次レポートの形で提供して迅速に把握できるようにする，②マネージャ自らが月次で売上や原価を分析して，迅速な意思決定を行う，というシステム導入の目的を設定した。
　経営情報システムでは，地域別・商品別の経営指標などを月次レポートで迅速に提供して経営判断を支援することや，地域別・商品別の売上・原価を日次で集計して，様々な分析に活用することなどの狙いがあった。
1．2　設定した指標とその目標値
　評価のための指標としては，システム導入の目的を踏まえて次のように設定した。
　月次レポートの迅速な作成については，月末から月次レポートが提供されるまでの日数を表す月次レポート所要日数を設定した。目標値としては，必要な情報がそろうために時間がかかるという制約から，月末から4営業日を設定した。
　マネージャ自らが分析を行うことについては，標準的な分析パターンを事前に作成し，これらをひな形として各店舗の店長に配布することにした。指標としては，事業部担当者及びレストラン店長による，分析用ひな形の活用頻度である。目標値としては，類似システムの実績を踏まえて20回／月とした。
　私はＡ社のITストラテジストとして，次に述べる情報システムの目標達成の評価を実施した。

memo

4

情報システム戦略の実行管理と評価

設問イ

第2章　　目標値の達成状況の評価と課題
2．1　　目標値の達成状況の評価方法と評価結果
　　経営情報システムが稼働して4か月が経過した時点で
私は，当該システムに関わる指標の達成状況を評価する
ことにした。
　　月次レポートの所要日数について，達成状況の評価方
法は，月次レポートを使用しているユーザ部門の担当者
にヒアリングするという方法を採用した。評価結果とし
ては4営業日目という目標は達成率100％となった。
　　分析用ひな形の活用頻度については，事業部担当者及
びレストラン店長のユーザIDを基に，経営情報システム
のログから，使用履歴を抽出する方法を採用した。具体
的には，分析用ひな形の月間使用回数を対象ユーザID数
で割るという方法である。評価結果として16回／月とな
り，目標達成率80％となった。これについて，次のよう
に差異分析を実施した。
2．2　　分析した業務面とシステム面の課題
　　差異が発生した分析用ひな形の活用頻度について，詳
しい分析を行うことにした。事業部担当者とレストラン
店長に分けて，達成度を比較したところ，レストラン店
長については目標を達成しているにもかかわらず，事業
部担当者については，目標達成度が50％であることが判
明した。そこで私は更に，事業部担当者にヒアリングを
行い，ひな形は詳細な経営分析を行うためには，システ
ム面で不足している部分があるという課題があることが
判明した。
　　この点について経営情報システムのシステム担当者に
確認した。その結果，①パワーユーザもいるが，一部の
ユーザにおいてユーザ教育が足りないために既存機能が
使えない，②新機能がユーザから望まれているが対応に
時間がかかる，という点が判明した。
　　ユーザ教育不足について，プロジェクト報告書を確認

したところ，操作方法に関する説明とひな形の活用方法に関する説明だけに留まっていることが判明した。更に新機能への対応に時間がかかるという点については，分析用ソフトウェアパッケージの拡張で対応できることが判明した。

　以上をまとめると，業務面では，①パワーユーザはいるが，一部の利用者において経営情報システムの情報活用面でのユーザ教育が不足しているという課題，システム面では，新機能への対応のための分析用ソフトウェアパッケージの拡張という課題，があることが明確になった。

— memo —

900字

1000字

1100字

1200字

1300字

1400字

1500字

1600字

ここに注目！👀

設問で問われている，業務面，システム面での課題を明示的に論じています。

——— memo ———

設問ウ

第3章　課題の説明方法と意見・改善内容
3．1　評価結果及び課題の説明方法
　　経営層に対して評価結果を説明する際，システム導入の目的に関わる評価指標の達成度についての評価結果を説明してから，達成度が満たない場合は差異分析結果を添えるという説明方法を採用することにした。
　　次に，課題とその優先順位を説明する際，まず，経営環境の激しい変化に対応できるようにするためには，新機能対応のための分析用ソフトウェアパッケージの拡張は不可欠であると考えた。しかし，マネージャ自らが月次で売上や原価を分析して，迅速な意思決定を行うというシステム導入の目的を踏まえると，経営情報システムの情報活用面でのユーザ教育が不足しているという課題を緊急に解決する必要があると考えた。なぜならば，ユーザ教育については現状の問題を解決しないと，システムの機能拡張の効果についても，教育不足によって最大限に得られないからである。
　　その結果，①情報活用面でのユーザ教育の実施，②新機能対応のための分析用ソフトウェアパッケージの拡張，という優先順位で追加施策を講じる必要があることを説明することにした。
　　ただし，優先順位については，参考程度におさめ，経営層の意思決定を仰ぐようにした。なぜならば，経営環境は常に変化するので，経営層は新機能による分析を最優先にするケースも考えられるからである。
3．2　説明に対する意見と改善したこと
　　経営層に説明した結果，経営層による迅速な意思決定の観点から，新機能の拡張を優先し，ユーザ教育を併せて実施せよ，という意見が出された。それを受けて私は，新機能の拡張についての企画の作成を優先する改善を実施することにした。
　　ユーザ教育については，既存機能の有効活用方法に関

100字
200字
300字
400字
500字
600字
700字
800字

ここに注目！◉◉

「ただし〜」，という掘り下げる展開と，「なぜならば〜」という，根拠や，専門家としての考えをアピールする展開を，意図的に盛り込んでいます。

するユーザ教育と，新機能の活用方法に関するユーザ教育の両方を計画する必要があった。ただし，新機能の拡張を優先するという経営層の意見を踏まえて，パワーユーザに対しては優先的に早期に新機能の活用方法に関するユーザ教育を行う計画とする，という改善を実施することにした。

－以上－

memo

900字

1000字

1100字

1200字

4

情報システム戦略の実行管理と評価

高橋　裕司

―――― memo ――――

設問ア

1．見積決済システムのリモートアクセス対応

　SI事業者での販売管理費削減を目的とした見積決済システム改良における目標達成の評価について以下に述べる。私は，A社の情報システム部に所属するITストラテジストであり，社内システム改良の責任者として参画した。

1．1　A社の事業特性

　A社は，顧客システムの構築及び運用保守を受託するSI事業者である。東京本社及び全国各地の7支店に約1,500人の従業員が勤務している。

　IT機器のコモディティ化が進んだことから価格競争が激化し，A社は売上を維持しつつも利益率は低下傾向にある。売上及び利益率の向上のため，営業活動の効率化と販売管理費の削減が経営課題となっている。

　また，外出の多い営業担当者が新規案件の見積書作成を実施するため，引合いから提示まで平均10営業日を要しており，客先への提案タイミングが遅れてクレームを受けたり，失注したりするケースが増加していることも問題となっていた。見積書作成はワークフローシステム（WF）化されていたが，営業担当者が利用するリモートアクセス（RAS）からはアクセスできない仕様であった。

1．2　システム改良の目標

　これらの背景から，営業担当者の業務効率を向上させ，営業担当者が外出先からでも見積書を作成し決済を受けられるようWFをRAS対応させる改良を実施した。

　具体的な達成目標は，引合いから提示までの「見積書作成日数」を指標として，「平均5営業日に短縮すること」を目標値とした。

　目標の達成状況は，営業担当者のシステム利用の習熟期間を考慮し，稼働6カ月後を最終判断時期とし，それまで毎月経過観察することとした。

設問イ

2．RAS対応の目標値達成状況と課題の抽出

2．1　RAS対応後の見積書作成日数の変化

　RAS対応後の1か月の時点で，私は目標の達成状況を以下の観点で確認した。

・目標値である見積書作成平均日数が短縮できているか，WFの決済状況の確認→平均6日に短縮されていた

・営業担当者からRAS経由でWFにアクセスされているか，アクセスログの確認→営業担当者の約9割がRAS経由のアクセスを行い，外出時の業務効率化が早期に定着していた

　RAS対応WFの利用率の高さと，作成平均日数の短縮効果が現れていることから，順調なスタートをきったといえた。

2．2　課題の抽出

　しかし，見積書作成平均日数は，目標値まで短縮されていない状況であった。そのため，私は，今後，さらなる短縮が実現され，目標が達成されるかを確認するため，平均日数以外に，WF上の所要日数の詳細分析を行うとともに，全営業担当者を対象にアンケート調査を行い，意見のある担当者には個別にヒアリングを実施した。

　あわせて，営業担当者が作成した見積書をWFで決済処理する営業マネージャに，RAS対応WFの効果についてヒアリングを行った。

　その結果，RAS対応によって，サプライ品販売など数の多い少額案件の見積書作成日数は大きく削減され，平均5日以内を達成できており，一定の効果が確認できた。

　一方，大型案件の見積書作成日数の平均が5日を上回る状態が継続していることが判明した。このため，全体では見積書作成日数の平均が6日という結果となっていた。

　大型案件はA社の利益の中核を占めている。よって，私は，この日数短縮が本来の経営課題の解決につながる

memo

重要なポイントになると考えた。そこで，ヒアリング結果を含めて大型案件の見積書作成の日数が短縮できない真の原因を調査した結果，以下のことが判明した。

・見積書作成に必要な，仕入に関する業務フローがWF化されておらず，システム上だけで業務が完結しない状態となっている。従来は営業担当者が帰社して紙ベースで実施していたので問題が表面化しなかった。

・業務フローの一部がWF化されていない理由は，WFの機能制限によって複雑な業務フローをそのまま実装できないためであった。ただし，WFの機能を拡張するカスタマイズは費用と時間を要するため，費用対効果が低い。このため，WF導入時には可能な業務フローだけを実装していた。

・決済では見積書作成の根拠などの説明資料を営業マネージャに渡す必要がある。この説明資料をメールやファイルサーバで渡しているため，決裁者の確認に時間がかかり，日数の短縮の障害となっている。WFでは決裁者への資料添付を行う機能があるが，営業担当者への利用方法の教育が不足していたため，利用されていない状態であった。

以上のことから，システム面及び業務面において以下の課題が抽出された。これらの課題を解決することで，RAS対応の目標達成が可能となると考えた。

システム面：書類添付など機能の一部が活用されていない。

業務面：見積書作成に必要な業務フローがWFに実装されていない。

ここに注目！👓
課題を解決することで目標達成できる根拠を含めると，更によくなります。

900字
1000字
1100字
1200字
1300字
1400字
1500字
1600字

設問ウ

3．課題解決に向けた経営層への説明

　経営層であるCIOに説明した課題，及びCIOからでた意見を受けて改善した内容を以下に述べる。

3．1　WF機能を前提にした業務フローの変更

　私はCIOに対し，A社の従来の社内システム構築の経緯と今後の方針を提案した。内容は以下のとおりである。

・A社の社内システムは，業績が好調な時期に個別業務の利便性向上を目的に行われていた。本件では経営課題解決のための全体最適の観点からの課題解決が求められる。

・現状の業務フローをそのまま実装するためのWFのカスタマイズは費用と時間をかければ可能であるが，短期的に見積書作成日数削減などの効果を得ることができない。

・一方，WFの機能を前提に業務フローを見直し，単純化することができればWFへの実装が可能となる。

・A社の情報システム部門で構築した社内システムは，運用開始時には社内説明会を実施しているが，その後に入社した社員への教育は十分ではない。このため，WFのRAS対応をプロトタイプとして情報システム部門から営業担当者への継続的な説明会を実施し，機能が十分に利用されるようにする。

・説明会の開催については営業部門と月次で実施することで調整ができている。

3．2　CIOの意見を反映した改善

　WF化されていない業務フローについては，WFのカスタマイズを行わずに見直しをする方針が支持された。あわせて，仕入業務以外の業務フローについても，機能制限を理由にWF化されていないものは見直しを行うべきとの意見が出された。これは，見直しによって，システム面以外の本質的な業務効率化の効果も得られるためである。

　この意見を受けて，まずは営業部門と協力して仕入業

memo

100字
200字
300字
400字
500字
600字
700字
800字

—— memo ——

ここに注目！ ◉◉

CIOからの意見と考えが示されていますが，受験者の意見と考えとして，流用してもよいでしょう。

務のフローの見直しを開始するとともに，全社プロジェクトとしてWF化されていない業務フローの見直しを行う計画を立案することにした。

900字

　また，営業担当者への説明会では利用方法の説明にあわせて，意見を直接聞く機会にしてはどうかとCIOから意見が出た。今回発見された，機能が活用されていないケースは氷山の一角と考えられるためである。

1000字

　これを反映して，私は，営業部門と調整していた説明会の内容に，新規配属者への説明に加えて，システム利用者との意見交換と，改善要望の受付の時間を設けることにした。

1100字

　これらの課題解決策を実施していく中で，大型案件の見積書作成日数も短縮できる効果が現れてきており，営業部門の協力もあり，6か月目にはシステム改良の目標値であった平均日数の達成が可能となった。

—以上—

1200字

IPA発表採点講評

　（情報システムの目標達成の評価について）では，情報システム化計画の策定に関わり，かつ情報システムの導入後の効果検証を行った経験がある受験者には，論述しやすかったと思われる。一方で，目標値の達成状況をどのように評価したかを具体的に論述せず，評価の結果の論述に終始しているものも散見された。

第5章

情報化リーダとしてのデジタルトランスフォーメーションや業務改革の推進

ITを活用した顧客満足度を向上させる新商品や新サービスの企画について

　近年，顧客が商品やサービスに興味をもってから，購入や利用までの一連の体験を通じて得る満足度を向上させることが，企業が差別化を図るために重要になっている。そのため，ITを活用して，顧客との接点を増やしたり，関係性を高めたりすることで，顧客に新たな価値を感じてもらえる新商品や新サービスを提供することがある。

　ある保険会社では，顧客の声を収集，分析したところ，多くの商品で年齢ごとに保険料が一律であることに不満が多かった。また，契約と保険金の支払以外で顧客との接点が少なかった。そのため，健康に気を使えば保険料を割り引く，健康増進型の保険商品を企画した。具体的には，スマートデバイスで契約期間中の顧客との接点を増やし，顧客の同意のもと健康診断や歩行などの健康データを収集する。そして収集した健康データを活用して，翌年以降の保険料を割り引く仕組みを提供した。さらに，健康的な食事などへのアドバイスや，スポーツジムの利用の割引を提供した。それによって，顧客に新たな価値を感じてもらえる新商品を実現した。

　ITストラテジストは，ITを活用した顧客満足度を向上させる新商品や新サービスの企画を行う際，次のような事項を検討することが重要である。

　　・どのような顧客に対して，接点を増やしたり，関係性を高めたりするか。
　　・顧客との接点で，どのような新たな価値を提供するか。
　　・新商品や新サービスを実現するためにどのようなデータを扱うか。

　その上で，顧客満足度を向上させる新商品や新サービスについて，顧客満足度を測る指標や投資効果とともに，経営層に提案する必要がある。

　あなたの経験と考えに基づいて，設問ア～ウに従って論述せよ。

設問ア　あなたが携わったITを活用した顧客満足度を向上させる新商品や新サービスの企画において，事業概要，顧客満足度を向上させることが必要となった背景を，事業特性とともに800字以内で述べよ。

設問イ　設問アで述べた顧客満足度を向上させるために，ITを活用してどのような新商品や新サービスを企画したか。顧客との接点や関係性，新たな価値，扱うデータを明確にして，800字以上1,600字以内で具体的に述べよ。

設問ウ　設問イで述べた顧客満足度を向上させる新商品や新サービスの企画について，経営層に何を提案し，どのように評価されたか。経営層の評価を受けて改善したこととともに，600字以上1,200字以内で具体的に述べよ。

設問ア

第1章　新サービスの企画における事業概要など

1．1　　事業概要

　A社は体組成計，活動量計，ランニングウォッチなどの健康機器の製造・販売を行う健康機器メーカである。健康機器事業では，人々が重視する価値が"モノ"から"コト"へとシフトしている近年の状況を踏まえて，自社の製品を通じて，人々の生活のデジタル化という取組みを推進しており，スマートフォン用のアプリケーションソフトウェア（以下，スマホアプリという）を開発している。

1．2　　事業特性及び顧客満足度を向上させることが必要となった背景

　健康機器業界では，競合他社との競争が価格面で激しくなっており，健康機器単体の売上では，売上高利益率は頭打ちの状態であった。一方，健康機器と連携するスマホアプリによるサービスは，機器単体より売上高利益率が高い状況であった。そのため，A社ではスマホアプリによる売上を伸ばし，現状を打破する必要があった。

　スマホアプリに関わる顧客満足度を向上させることが必要となった背景としては，売上高利益率が高い，スマホアプリによる売上を伸ばすために，スマホアプリに関わる顧客満足度を上げる必要がある，という点を挙げることができる。

　一方，サービスの品質の良し悪しが顧客満足度に関わるため，スマホアプリによるサービスの品質の良し悪しが企業の業績に直結するという，健康機器業界の事業特性を挙げることができる。

　A社は，体組成計の新製品を半年後に発売することを決定した。私はA社の情報システム部のITストラテジストとして，新製品の発売に併せて，次に述べる新サービスを企画して経営層に提案した。

memo

100字
200字
300字
400字
500字
600字
700字
800字

5

情報化リーダとしてのデジタルトランスフォーメーションや業務改革の推進

memo

ここに注目！

趣旨に沿って"顧客における新たな価値"を論じていることを確認してください。

設問イ

第2章　企画した新サービス
2.1　顧客との接点や関係性

　従来のスマホアプリは，個人に限定した利用を想定していた。例えば，体組成計から得られるデータに加えて，歩数，脈拍，睡眠時間などの健康活動ログの管理を対象としたスマホアプリであった。新サービスでは，利用者同士のコミュニティ活動にも利用できる方針とし，これによって，顧客との接点を個人からコミュニティに拡大した。

　コミュニティ活動との関係性については，コミュニティ活動の支援という形を採用することにした。具体的には専門家による指導などである。

2.2　新たな価値

　コミュニティ活動を支援する一環として，顧客はランニングの記録などをコメントとしてコミュニティの掲示板に投稿することができる。それによって，同じ目標をもつ仲間同士，コミュニティ上で競い，励まし合える結果として，健康増進という顧客における新たな価値が生まれると考えた。

2.3　扱うデータと企画した新サービス

　扱うデータは，体組成計から得られるデータに加えて，歩数，脈拍，睡眠時間などの健康活動ログである。企画した新サービスの機能を次に挙げる。

①無料の生活習慣改善助言機能

　健康活動ログをAI分析機能によって分析して，無料の生活習慣改善助言機能を提供することで顧客満足度を向上させる。

②有料の生活習慣改善サービス機能

　保健師や栄養士などの専門家による有料の生活習慣改善サービス機能を提供することで，顧客満足度を向上させる。

③コミュニティ活動機能

—— memo ——

　顧客との接点を個人からコミュニティに拡大して，顧客の体験価値を拡張することで，顧客満足度を向上させる。

④健康ポイント機能

　顧客体験がない状況から，コミュニティ活動機能を有料化することは難しいと考えた。そこで，A社のネット販売に利用できる健康ポイント機能を提供することにした。当初は，有料分を全て健康ポイントとして顧客に提供し，それを顧客が，スポーツウェアなどの商品のネット購入時に利用するという仕組みである。これによって，有料化への敷居が低くなると考えた。更に，健康ポイントは，コミュニティへの書込みなどでも得られる仕組みとした。

　以上の新サービスを企画して次のように経営層に提案した。

900字

1000字

1100字

1200字

1300字

1400字

1500字

1600字

—— memo ——

設問ウ

第3章　経営層への提案，評価及び改善
3．1　経営層への提案
　新サービスの企画について，次の提案を経営層に行った。
①新サービスの機能と経営戦略との整合性
　新サービスの企画は全社横断での中長期の取組みであるため，特定部門の利益や短期的な利益だけを目的とした意思決定をしていては価値創出に至ることが難しい。そのため，経営トップ自らが必要性を感じ，主導していくものであるという認識をもち，新サービスの企画へコミットすることが重要となる。そこで私は，新サービスの機能と経営戦略との整合性を経営層に示した上で，経営層からの十分な同意を得ることにした。
②顧客満足度測定指標としてのネットプロモータスコア
　顧客満足度を測る方法としては，アンケート調査によって顧客満足を例えば10段階で答えてもらう方法がある。これではダイレクト過ぎるために，回答者から敬遠されてしまい，精度に欠けると考えた。そこでネットプロモータスコアを用いてアンケート調査を行う方針を提案し，アンケートのタイミングとしては，コミュニティへの参加時にランダムに顧客に回答を依頼することにした。
③投資効果
　新サービスの企画はA社にとって中長期的な取組みとなる。そのため，IRRに関わるハードルレートを超えることは難しい状況であった。ただし，スマホアプリによるサービスの品質の良し悪しが企業の業績に直結するという，健康機器業界の事業特性を踏まえると，今回の新サービスの企画はコミュニティの形成という面で同業他社に秀でている企画であるため，半年後に新発売される商品に加えて，今後A社が発売する新商品の売上増が期待できる。それは新サービスの有料化を盤石にする効果もある。そこで，新サービスの有料化やさらなる新商品

の売上増を効果として見込んで，投資効果を算出して，IRRのハードルレートをクリアすることに成功した。

　以上の内容を中心に経営層に提案した。

３．２　経営層の評価と改善したこと

　経営層からは，提案について，IRRに関わるリスクについて言及していないという，厳しい評価を得た。具体的には投資規模が大きいために，IRR，すなわち，率だけでは投資効果を判定できない一方，IRRとともに提出された，当初の定性的効果や戦略的効果では投資判断ができないという評価であった。

　そこで私は，投資規模が大きいことを考慮した定性的効果や戦略的効果を追加する改善をした。特に，人々が重視する価値が"モノ"から"コト"へとシフトしている近年の状況を踏まえ，顧客がコトにシフトしているという経営環境において競争優位に立つための戦略的効果を追加する改善をした。

－以上－

memo

900字

1000字

1100字

1200字

5

情報化リーダとしてのデジタルトランスフォーメーションや業務改革の推進

ここに注目！

ここで具体的な戦略的効果を挙げると，この程度の内容を初めから挙げていなかったのか，と採点者が考えるかもしれません。そのため，意図的に戦略的効果を挙げていません。

論文事例2

庄司　敏浩

― memo ―

設問ア

1. 事業概要と顧客満足度向上の必要性

1.1 事業概要と事業特性

　A社は首都圏を地盤とする青果物の卸売り業者である。野菜や果物を育てる農家と，それらを消費者へ販売する店舗との仲介を行っている。従来は青果市場での扱いが多かったが，近年，青果物の取引ルートは拡大している。地元の農家が道の駅に直接持ち込んだり，ネットで販売したりするということも盛んになっている。この市場を狙い，大手EC業者も青果物の販売に力を入れ出している。しかし，消費期限が短いという商品特性をもつため，大手EC業者も苦戦している領域である。

1.2 顧客満足度向上の必要性

　このような業界構造の変化に直面し，A社も自らの事業の存続をかけ，流通経路を広げていくことを考えた。最終的に青果物を消費するのは消費者であり，消費者の満足度を高めないとA社のビジネスは成り立たない。消費者に新鮮で品質の高い青果物を，リーズナブルな価格で届けることができれば，消費者の支持が得られ，A社の売上維持につながるとA社は考えた。

　このニーズに沿っているのは道の駅であるが，道の駅は全国津々浦々にあるわけではない。特に都心に近い場所には道の駅は少なく，道の駅と同様の青果物を近くで購入することは難しい。道の駅を利用しづらい人たちに新鮮で品質の高い青果物をリーズナブルな価格で販売できれば，勝機が見出せると考えた。ネット販売も一つの手だが，ネットでは一日の長があるEC業者に勝てないとA社は考えた。近年デジタルの仕組みは進歩しており，自らの事業の成長に役立つIT技術活用のアイディアはないかと考えたA社の専務が，専務の知人から紹介されたITコンサルタントである私に声をかけた。そこで，ITを活用した青果物販売の新たなサービスをA社と一緒に検討することとなった。

設問イ

2．ITを活用した新サービスの企画
2．1　新サービスの内容と顧客との接点
　道の駅を利用しづらい人たちへ，道の駅で購入するの
と同様の顧客体験を提供するために，私は利用者の近く
へ新鮮で品質の高い青果物を届けるサービスを提供する
ことを企画した。このとき，個別に配送を行うとコスト
が高くなってしまい，リーズナブルに商品の提供ができ
なくなる。そこで，何人かが共同で利用できる商品受け
取り場所を設置し，A社からそこに商品を届けた上で，
各利用者に取りに来てもらうようにした。そうすること
で，A社の配送コストを抑えることができる。
　また，その場で人を介した商品の受渡しをすると，利
用者が商品を受け取りに来るまで人員をそこに配置する
必要が生じてしまう。それもコスト高の要因となるため，
その場には販売員などのA社側の人がいなくとも済むよ
うに，販売はネットで行うことにした。ネットで商品を
紹介し，注文から決済まで行ってもらうことで，人を介
した注文のやり取りやお金の受け渡しをする必要がなく
なる。
　商品の受渡し場所には専用のボックスを設置すること
にした。これは，マンションなどにある宅配ボックスと
同じ仕組みで，A社の配送員が注文者ごとに異なるボッ
クスに商品を入れ，そのボックスの暗証番号を注文者に
登録されたメールやLINEで知らせる。注文者は，暗証番
号を入力することで，ボックスから商品を取り出し，持
ち帰ることができる。
　このようなサービスを実施することで，これまで顧客
と直接の接点がなかったA社が顧客と直接の接点をもて
るという利点も得られる。単に利用者がこのサービスを
利用するのを待つという受身の姿勢ではなく，A社から
消費者が魅力に感じるような商品を提案し，プッシュ型
で広告が打てる。

memo

ここに注目！◉◉

　"ITを活用した新サービス"を強調するために，設問イの前半から，もっとITを絡めて論じると，更に良くなります。

5

情報化リーダとしてのデジタルトランスフォーメーションや業務改革の推進

memo

2.2　新サービスの価値と扱うデータ

　このサービスを提供したことで，近くに道の駅がない消費者でも，新鮮で品質の高い青果物をリーズナブルな価格で購入できるという新たな価値が実現できる。さらに，A社にとっては顧客と直接の接点が持てるという大きな価値も得られる。A社の積極的な商品提案によって消費者に魅力的な商品が提供されれば，消費者にとっての価値はさらに高まるという好循環が生まれる。

　このような好循環を生むためには，A社が消費者にとって魅力的な商品を提案できる力を伸ばすことが重要である。そのために，私は顧客のデータ分析が行える仕組みを構築し，顧客の購買行動を分析し，A社の商品提案に活かすことも考えた。ネットで注文してもらうようにしたことで，誰がどのような商品を購入しているかを把握するためのデータは入手できるようになる。しかし，データ分析は仕組みがあればうまくいくというものではない。データを基に自分たちが知りたいことをうまく導き出すノウハウも必要である。そこで私はさらに，データ分析に基づくマーケティング手法に詳しいコンサルタントに依頼して，A社の担当者にデータ分析のノウハウを身に付けてもらうことも企画した。

設問ウ

3．経営層への提案と評価及び今後の改善
3．1　経営層への提案と経営層からの評価
　この企画を実現するためには，A社の経営層にこの新サービスの価値を理解してもらい，投資するという意思決定を行ってもらう必要がある。サービス開始当初は，システムの開発や専用ボックスの開発，専用ボックス置き場の選定と交渉などを行う必要があり，すぐに事業が軌道に乗り黒字化するものではない。そもそも専用ボックスを置かせてもらえるのかは，その時点では大きな不確定要素である。この不安を解消するため，A社の経営層へ提案プレゼンを行う前に，専用ボックスを置かせてくれそうな場所に幾つか当たりをつけておき，この企画が実現可能であることをA社経営層に印象付けることを狙った。
　提案に当たって，投資金額と投資時期，及び専用ボックスの配置見込み，顧客の獲得見込みに基づく収入見込みを提示し，事業計画書を作成した。事業計画書では，A社の配送効率を考え，まず特定の地域で重点的に新サービスを展開し，段階的にサービス提供地域を増やしていく案を提案した。システムについては汎用的なECサイト構築基盤を利用すること，専用ボックスについては既存の宅配ボックスを転用し若干の改造を加えるだけで済むものを採用することを，提案内容に盛りこんだ。このことで，初期費用をできるだけ抑えるように考慮した。
　また，提案どおりに十分な顧客満足度を獲得し計画どおりに事業展開できているかを評価するために，専用ボックスの設置箇所と利用者数を評価指標とし，毎月評価することも提言した。計画どおりに推移していないことが判明すればその時点で何らかの改善や見直しを行う。
　このように投資負担を軽減する工夫をしたことで，1年で黒字に転換する見込みを示すことができ，A社の経営層から高評価を得ることができた。ただし，購買行動

memo

100字
200字
300字
400字
500字
600字
700字
800字

memo
ここに注目！👀

"評価"において，このような論旨展開を組み込むようにしましょう。

分析の結果だけで，顧客のニーズを把握できるかについては，疑問が呈された。

3．2　経営層の評価を受けて改善したこと

　私は，よりよい提案にするために，経営層から呈された疑問を解消しようと努めた。そこで，単なる購入データだけではなく，消費者からの「こういうものが欲しい」などの非定型な要望データも入手し，活用しようと考えた。そのため，A社の販売サイトにSNS的な仕組みを導入し，消費者から発信してもらうよう改善する追加提案を行った。その結果，最終的に私の提案はA社経営層に承認され，実行に移された。現在まで順調に事業展開が進んでいる。

—以上—

IPA発表採点講評

　問1では，ターゲットとする顧客を定め，顧客満足度を向上させるために，新しい価値を提供する新商品や新サービスを企画している論述が多く見受けられ，論述しやすかったと思われる。一方，顧客との接点や関係性，顧客の体験などを十分に理解できておらず，ITを活用した新サービスなどの記述にとどまっている論述も散見された。ITストラテジストは，顧客の体験や顧客の業務などの視点に立って，顧客にとって価値のあるサービスや商品を構想できる能力を身に付けてほしい。

デジタルトランスフォーメーションを実現するための新サービスの企画について

　企業は，データとディジタル技術を活用したデジタルトランスフォーメーション（DX）に取り組むことが重要になってきている。

　流通業のグループ会社である倉庫会社では，物流保管サービスのプラットフォーマに変革するというDXを実現するための新サービスを企画した。具体的には，ICタグを使って商品1個単位に入出庫や保管を管理できるように物流保管システムを改修し，グループ外の一般企業にも，オープンAPIを用いた物流保管サービスを提供した。これによって，洋服一点ごとの管理ができる倉庫を探していた衣料品レンタル会社などを新規顧客として獲得している。

　工場設備の監視制御システムなどを提供している測量機器メーカでは，サービス業にも事業を拡大するというDXを実現するための新サービスを企画した。具体的には，赤外線カメラなどを搭載したドローンを活用し，ドローンで撮影した大量の画像データをAIで解析することによって，高所や広範囲なインフラ設備を監視する年間契約制のサービスを提供した。これによって，インフラ点検を安全かつ効率的に行いたい道路運営会社や電力会社を新規顧客として獲得している。

　ITストラテジストは，DXを実現するための新サービスを企画する際には，ターゲットの顧客を明確にし，その顧客のニーズを基に新サービスを検討する必要がある。

　さらに，DXを実現するための新サービスを具体化する際には，収益モデル，業務プロセス，新サービスの市場への普及方法，リスク対応策，協業先などを検討し，投資効果と合わせて経営層に提案することが重要である。

　あなたの経験と考えに基づいて，設問ア～ウに従って論述せよ。

設問ア　あなたが携わったDXを実現するための新サービスの企画について，背景にある事業環境，事業特性，DXの取組の概要を，800字以内で述べよ。

設問イ　設問アで述べたDXを実現するために，あなたはどのような新サービスを企画したか，ターゲットとした顧客とそのニーズ，活用したデータとディジタル技術とともに，800字以上1,600字以内で具体的に述べよ。

設問ウ　設問イで述べたDXを実現するための新サービスを具体化する際には，あなたは経営層にどのような提案を行い，どのような評価を受けたか。評価を受けて改善したこととともに，600字以上1,200字以内で具体的に述べよ。

岡山　昌二

設問ア

第1章　新サービスの企画

1. 1　背景にある事業環境と事業特性

　論述の対象となる新サービスは，タクシー事業を営む A社における配車サービスプラットフォームによるサービスである。A社は首都圏のタクシー利用者を顧客の対象としており，約4千台の車両を保有している。

　背景にある事業環境としては，タクシーの運転手の雇用環境を守る観点からタクシー会社において増車が制限されており，増車による収益の拡大は難しいというタクシー業界の事業特性を挙げることができる。A社では，自動運転が普及するなどのディスラプタの出現によってタクシー業界全体の売上規模が縮小することなどへの危機感の下，当該新サービスを企画することになった。

1. 2　DXの取組の概要

　A社の経営層は，DX推進に先立ち，達成すべきビジョンを定めた。次に，外部環境変化とビジネスへの影響評価を考慮した上で，取組領域の策定及び推進プロセス策定を行い，達成に向けた道筋を整理した。その際，配車実績情報の電子化，配車業務の自動化，配車プラットフォームの構築という推進プロセスを実現するために，特に，企業競争力を高める経営資源の獲得，活用を重視し，経営層からのDX戦略へのコミットコミットメントを得ることに注力した。

　これらの活動の結果，A社は，収益を伸ばすために，顧客が乗車した状態（以下，実車という）で走る距離の走行距離全体に対する割合である実車率の向上に重点を置いて新サービスを企画することになった。

　私はA社の情報システム部門に勤務するITストラテジストの立場で，次のように新サービスを企画した。

memo

100字
200字
300字
400字
500字
600字
700字
800字

—— *memo* ——

ここに注目！👀
ITストラテジスト試験で問われる"業務改善"や"業務改革"ではない，"新サービス"である点に留意してください。

設問イ

第２章　企画した新サービス

2．1　ターゲットとした顧客とそのニーズ

　　A社の売上の多くは，顧客が乗車していない状態（以下，空車という）で走らせて顧客を獲得する流し営業によるもので，ドライバの経験やノウハウによって，実車率にバラツキがある。そこでターゲットとした顧客としては，流し営業での顧客である。

　　私はターゲットとした顧客へのアンケート調査を行った。その結果，次のニーズがあることが判明した。

①タクシー乗り場でなくてもタイミングよくタクシーを拾いたい

②目的地への道順などはタクシー側で把握してほしい

③希望する決済手段で決済したい

　　これらを踏まえて，次の新サービスを企画した。

2．2　企画した新サービス

　　ターゲットとそのニーズを踏まえて企画した新サービスは，次のとおりである。

①顧客がスマートフォンからタクシーを呼ぶことができ，多様な決済手段で乗車料金を支払うことができる

②ドライバが車載タブレット端末から，顧客を獲得できる可能性が高い地域の情報を確認することができる

③ドライバは予約・注文サービスから注文を受け付け，タブレット端末に表示された場所から顧客をピックアップして，タブレット端末に表示される走行ルートをたどって，注文された降車位置までタクシーを運行する

　　これらのサービスを実現するためはディジタル技術の活用が必須であった。

2．3　活用したデータとディジタル技術

　　特に，新サービスでは，顧客を獲得できる可能性が高い地域の情報を得ることが主要なテーマであった。そこで私は，DXの事例などを分析して，次の結論を得た。

　顧客を獲得できる可能性が高い地域の情報を得るために活用する情報は，A社における顧客の乗車実績情報である。これをビックデータとしてAIに学習させる。活用したディジタル技術はビックデータ技術とAI技術である。

　これらの情報は，新サービスで使用するタクシー内の車載アプリの地図情報に，顧客を獲得できる可能性が高い地域を色分けして表示する。これによってドライバは効率的な流し営業が可能となり，最終的には実車率の向上につながる，と考えた。

　これらの実現可能性については自社の情報システム部門のシステムアーキテクトに実現可能性について評価を依頼し，PoCの実施結果に基づき，実現可能という判断を得た。そこで私は新サービスの企画を経営層に提案した。

900字

1000字

1100字

1200字

1300字

1400字

1500字

1600字

5

—— memo ——

設問ウ

第3章　経営層への提案，評価，改善
3．1　経営層への提案
　　経営層への提案内容を次に論じる。
①新サービスの市場への普及方法と協業先
　　配車可能な車両台数が少ないと，新サービスを使って顧客がタクシーを呼べないケースが増える。増車による収益の拡大は難しいというタクシー業界の事業特性を踏まえると，それでは新サービスの普及は難しい。そこで私は，多様な決済手段をもたない他のタクシー会社と協業することを経営層に提案することにした。新サービスが提供する多様な決済サービスを，協業先の会社のタクシーが利用可能となることで，協業先にもメリットがある。一方で，提携によって配車可能な車両を増やすことが可能となることで，顧客への普及も推進できると考えた。
②リスクとその対応策
　　予見できる外部環境の変化はできるだけ予見し，適切な対応を練ることで，競合よりできるだけ優位に立つためのケイパビリティを確保できるDX戦略を考えておく必要がある。特に，ディスラプタの出現を考慮して業界外も対象とした。分析技法としては，PEST分析を採用し，自社においてどのようなビジネスへのリスクがあるかを考え，対応を策定した。具体的には次のとおりである。
　　自動運転が普及することで，タクシーが不要になるリスクがある。リスク対応策としては，乗車実績情報の学習データを強みとして，自動運転車両を推進する企業と業務提携を行う，あるいは，一人では手荷物をもてないなど，自動運転車両に対応できない顧客をターゲットとしたサービスを提供する差別化戦略などを策定した。
3．2　DX戦略への評価と評価を受けて改善したこと
　　経営層からは，「タクシーの保有台数に制限があり，実車率も上限があるため，当社の売上は頭打ちになる。

ここに注目！◉◉
"〜リスク"とリスクを表現している点に着目してください。

それをブレークスルーする策が盛り込まれていない」という厳しい評価を得た。これについては，最終的には当社が配車サービスプラットフォームを提供することで利益を得るという観点から，当社と業務提携先企業とのサービス内容を同等にするなど，業務提携先へのサービス内容を見直して，配車サービスプラットフォームのメリットを業務提携先も享受できるように提案内容を改善した。

－以上－

900字

1000字

1100字

1200字

阿部　政夫

設問ア

1. 私が携わったDXを実現するためのサービスの企画

1.1　背景にある事業概要・事業特性

　A協会は地方自治体の外郭団体であり，公園の整備・維持管理，キャンプ場や宿泊施設の整備・維持管理を事業として行っている。事業は非営利であるものの，適正な収益の確保は必須であり，地域住民への適切なサービスを提供することが求められることから，新たな事業の企画や運営を担当理事の監督の下で進めている。昨今は地域住民の健康増進や環境保護・自然保護への啓発活動も重要事項となっており，各種イベントの企画や運営も重要な事業となっている。事業特性としては，民間企業のような高い収益性までは求められないものの，利用者の満足度を高め，施設利用のリピータを増やすなど，既存施設の有効活用と効率性が求められている。

1.2　DXの取り組みの概要

　昨今，諸外国に比較して，国や地方自治体におけるIT化の遅れが指摘されることが多く，特にウイルス感染症の拡大といった社会情勢の中で，IT化の遅れに起因した住民サービスの低下が地方自治体においても大きな問題となってきた。このような状況下，政府において「デジタル社会の実現に向けた改革の基本方針」が決定され，目指すべきデジタル社会のビジョンとして「デジタルの活用により，一人ひとりのニーズに合ったサービスを選ぶことができ，多様な幸せが実現できる社会〜誰一人取り残さない，人に優しいデジタル化〜」が示された。A協会を所管する自治体は，従前から自治体DX（デジタルトランスフォーメーション）に熱心に取り組んでおり，A協会においてもドローンを活用した設備点検など，日常業務におけるDXに取り組んできたところである。私はA協会からDXアドバイザーとしての委託を受け，DX推進に向けたアドバイスや事業企画を担当している。

設問イ

2．DXを実現するために企画したサービス

2．1　ターゲットとした顧客とそのニーズ

　A協会が実施する事業の中で最も住民サービスに関わるのは，地域内にある10の大規模な公園の運営である。そこで，昨年度に実施した利用者アンケート結果を分析したところ，公園運営に対する要望として上位に挙がったのが，「公園の混雑状況をスマホ等で知りたい」というものであった。私はITを活用することにより，この要望に応えることは可能であると考えた。ターゲットは公園利用者であり，昨今のウイルス感染拡大における「3密回避」のニーズに合ったものであると位置づけた。

2．2　企画した新サービスの概要

　A協会におけるDX推進のため，私は昨年度から協会内におけるDX勉強会を立ち上げていた。若手職員を中心にDXに関心のあるメンバーやIT業務経験者を集め，ある程度システムの内製化ができるように，クラウド環境におけるローコード開発を中心に勉強を進めていた。本件はそれを実践する場にふさわしいものと考え，この勉強会メンバーを中心にシステム化の検討チームを立ち上げた。

　新サービスは，公園の混雑状況を何らかのしくみで把握し，それをスマホから閲覧できるしくみを提供することになる。スマホから情報を閲覧できるしくみについては，既に別プロジェクトで実績があったので，それほど困難ではないと考えた。課題は「公園の混雑度」をどのような手法で計測するかである。チームメンバーでディスカッションしたところ，以下のアイデアが出された。

①単純であるが，管理人が目視で把握し状況を登録する。

②出入り口にセンサーを設置して出入りをカウントする。

③カメラを設置し，画像データから人数をカウントする。

　これらの手法を詳細に検討したところ，②のセンサーを設置する手法では，入場か出場かを見分けるのが難しいこと，また出入り口が多い公園もあり，設置や管理に

memo

100字
200字
300字
400字
500字
600字
700字
800字

5

情報化リーダとしてのデジタルトランスフォーメーションや業務改革の推進

297

—— memo ——

コストがかかることなどから，実現性は低いと判断した。①については人手を煩わすものの，試行コストも低く抑えられることから，まずはこの手法でプロトタイプを開発するものとした。まずは内製で対応できる範囲で小さくスタートし，来年度に本格展開する計画とした。

　プロトタイプは，利用者向け画面と管理人向け画面を備え，公園の管理人が午前中に1回，午後に2回，公園内の混雑状況を目視で登録する。登録は目視であることから「混雑」「やや混雑」「空き」の3段階とした。利用者はスマホを用いて，公園別に混雑状況を確認できる。

　内製で開発したプロトタイプについては3か月程度実証実験を行い，募集した利用者（モニター）に情報を提供しフィードバックを得た。その結果，当初予定していたニーズへの対応はこの手法で十分にできることが実証された。このような実証実験はニーズに対するギャップのリスクを回避する上でも重要であると考えた。

2．3　活用したデジタル技術

　プロトタイプは成功したものの，管理人が目視で登録するのではDXとして十分であるとは言えない。そこで，来年度に向けて③のカメラを使った手法を検討するものとしたが，ここで問題が発生した。公園内にカメラを設置してその画像をクラウドに送信するとなると，個人情報保護上の問題が発生し，実現には相当ハードルが高いことが判明したのである。そこで，様々な情報収集を行ったところ，ある展示会でB社の製品が目に留まった。このカメラは対象となる領域に映った画像から，人数のカウントを，カメラ内部で稼働する解析ソフトウェアで行う機能を持っている。そのため，画像をクラウドに転送する必要がなく，人数のデータのみを転送することができ，先の制約を回避することができる。

　私はこの製品を活用したシステム企画書を作成して担当理事に提出し，来年度予算の獲得を依頼した。

（900字）
（1000字）
（1100字）
（1200字）
（1300字）
（1400字）
（1500字）
（1600字）

ここに注目！👓
実証実験を行う段階で，活用したディジタル技術を明示できると，更に良くなります。

設問ウ

3．経営層に対する提案
3．1　担当理事への説明
　私はこのシステム企画を担当理事に提案し，実現のための予算を獲得いただけるようにプレゼンテーションを実施した。

　その際に特に留意して伝えたのは以下の点である。

①アンケート調査においても，公園利用者からの要望として多く挙がってきたものであり，確実にニーズがある。

②既に検討メンバーによってプロトタイプを内製化して実証実験を行い，その基本的な機能については実証済である。

③新しい技術を採用したカメラ装置により，個人情報である画像情報を記録することなく，人数のみをカウントできる手法を用いるDXである。

④当協会が最も注力する公園事業における初のDX案件となり，広くアピールできる。

3．2　担当理事からの評価と改善
　プレゼンテーションの結果，担当理事からは実施に向けた良い感触を得ることができ，計画を詳細化するように指示があった。また，以下の評価と改善に向けた助言を得た。

①新型カメラによる混雑判定は人手を介さず効率的であるが，広い公園においてはエリア毎に混雑度が異なることもあるので，カメラの配置については十分に考慮し試行を行うこと。

②単に混雑判定を行うだけでなく，将来的には蓄積したデータを分析・活用できるしくみを整備し，利用者への新たなサービスにつながるものとすること。

③利用者のニーズの変化を把握し，ソフトウェアのバージョンアップ等に努めて，利用者の満足度向上を図ること。

—— memo ——

100字
200字
300字
400字
500字
600字
700字
800字

—— memo ——
ここに注目！👀

論文を書く人が改善した内容を，採点者にアピールすると，更に良くなります。

900字

　このような評価・改善への助言を得たことから，私はシステム企画書の詳細化において，これらの課題への対応を盛り込むこととした。また，予算化については理事会で承認され，来年度にシステムを整備することとなった。

1000字

1100字

1200字

IPA発表採点講評

　問1では，デジタルトランスフォーメーションを実現するための新サービスの企画について，具体的な論述を期待した。組織や地域社会の課題に対して，既存の事業を変革したり，新しいビジネスモデルを創出したりするなど，デジタルトランスフォーメーションを実現するための新サービスを取り上げている論述も見受けられ，題意はおおむね理解されているようであった。一方で，ディジタル化による業務改善や，業務の一機能に対するディジタル化にとどまっている論述も見受けられた。デジタルトランスフォーメーションは，企業がビジネス環境の激しい変化に対応し，データとディジタル技術を活用して，顧客や社会のニーズを基に，製品やサービス，ビジネスモデルを変革するとともに，業務そのものや，組織，プロセス，企業文化・風土を変革し，競争上の優位性を確立することである。ITストラテジストは，事業やビジネスを変革するような取組と，それを実現する新サービスを企画できるように，国内外のデジタルトランスフォーメーションの先進事例などの知見を深めて，実践での経験を積んでほしい。

ディジタル技術を活用した業務プロセスによる事業課題の解決について

　今日，ディジタル技術を活用した業務プロセスによって多くの事業課題の解決が可能となった。IT ストラテジストは，ディジタル技術を活用して効率化できたり，品質の向上が図られたりする業務を特定し，業務プロセスにディジタル技術を活用することによって，事業課題の解決を実現することが重要である。このような例としては次のようなものがある。

　病院において，看護師が看護に専念できる時間をより多く確保するという事業課題に対し，看護に直接関わらない業務を特定し，その中で記録業務プロセスに音声認識装置と AI の活用を図った。これによって看護師は迅速に記録業務を行うことが可能となり，看護に専念する時間が増え，事業課題を解決した。

　組立加工業において，経験の浅い作業者でも熟練作業者と同等の作業水準を達成するという事業課題に対し，熟練作業者が行っていた組立業務プロセスに AR 機器と IoT の活用を図った。これによって熟練作業者と同等の作業水準が達成され，事業課題を解決した。

　ディジタル技術を活用した業務プロセスの実現性の担保に当たっては，ディジタル技術の機能，性能，信頼性などを検討することが必要であり，先行事例の調査や実証実験が重要である。IT ストラテジストは，ディジタル技術を活用した業務プロセスが，事業課題の解決にどのように貢献するかについて，投資効果を含めて事業部門に説明する必要がある。

　あなたの経験と考えに基づいて，設問ア～ウに従って論述せよ。

設問ア　あなたが携わったディジタル技術を活用した業務プロセスによる事業課題の解決において，解決しようとした事業課題及びその背景について，事業概要，事業特性とともに 800 字以内で述べよ。

設問イ　設問アで述べた事業課題の解決に当たり，あなたはどのようなディジタル技術を活用し，どのような業務プロセスを実現したか，その際に実現性を担保するためにどのような検討をしたか，800 字以上 1,600 字以内で具体的に述べよ。

設問ウ　設問イで述べたディジタル技術を活用した業務プロセスが，事業課題の解決に貢献することについて，あなたが事業部門に説明した内容は何か。また，事業部門から指摘されて改善した内容は何か。600 字以上 1,200 字以内で具体的に述べよ。

論文事例１

岡山　昌二

設問ア

第１章　事業概要と事業課題
1.1　事業概要

　A社はテレビCMなどの宣伝活動を行い，コールセンタにおける受電活動によって商品を顧客に販売する通信販売会社である。主に日本国内で製造した，女性向け及び男性向け化粧品を日本国内に販売している。A社では，Webによるネット販売も行っているが，問合せをした後に，納得して注文をしたい顧客も多いため，受電して販売するスタイルの売上もA社の売上高の７割を占めている。

　通信販売業界では，テレビCMや新聞に宣伝活動を行った後は注文が集中して発生する。そのため，通信販売業界の事業特性としては，固定費としてコールセンタ業務を中心に人件費の割合が高いという点を挙げることができる。同様な特性がA社においてもある。

1.2　解決しようとした事業課題とその背景

　A社の経営陣は，成長戦略を採用して，今後４年で，売上高利益率1.5％向上を事業目標として設定した。その際，三つの事業課題が挙げられた。そのうち私が担当し，解決しようとした事業課題は，人件費の削減である。この事業課題の背景には，A社における売上高と人件費の関係は，直近の４年間で売上が1.4倍に対して人件費が1.3倍とほとんど比例の状態であり，このままでは，売上高利益率の向上が難しい状況があった。

　私はA社に情報システム部門に勤務するITストラテジストの立場で，ディジタル技術を活用して，事業課題の解消に向けて次に述べる活動を行った。

---memo---

100字
200字
300字
400字
500字
600字
700字
800字

ここに注目！◎◎

合格レベルの論文の多くは設問アを700字オーバしています。もう少し書いてみましょう。

5

情報化リーダとしてのデジタルトランスフォーメーションや業務改革の推進

———— memo ————

ここに注目！ 👀
定量的な表現をすることも大切です。

設問イ

第2章　実現した業務プロセスと検討内容
2.1　実現した業務プロセスと活用したディジタル技術

　人件費の削減に向けて，コールセンタにおける受注業務について現状調査を行うことにした。理由は，費用対効果の高い業務プロセスを特定するためである。具体的には，コールセンタの受電担当者の会話状況を分析して，1件当たりの時間の使われ方を集計した。その結果，顧客からの商品に関する問合せの回答に時間が掛かっていることが判明した。受電担当者では答えられない問合せについては，商品によっては15%の問合せを専門家にエスカレーションして顧客にコールバックしている状況であった。

　このような状況で，私が実現した業務プロセスは，顧客からの受電後に音声を分析してAIツールに入力して，受電担当者に対して問合せの検索結果を自動的にスクリーンに表示するという問合せ回答業務である。従来は，受電した顧客からの内容を聞き出し，受電担当者がFAQを検索して，顧客に回答していた。これをAIによる音声認識と検索というディジタル技術で実現する。

2.2　実現性を担保するための検討

　ディジタル技術の活用が，事業課題の解決の成否を決定付ける。そのため，次のような，AIによる音声認識と検索に関わる実現可能性の検討を実施した。

(1)費用対効果

　A社の投資判断基準では，IRRがハードルレートを超えることが前提となっていた。シミュレーションによる人件費の削減額と投資額の概要から，4年間のキャッシュフローを可視化してIRRを求めた結果，ハードルレートを超えることは難しい状況であった。

　そこで事業課題の解消の面から，定量的な効果と定性的な効果に加え，戦略的な効果をアピールすることにし

———— *memo* ————

た。具体的には売上高利益率の向上という事業課題の解消である。削減可能な人件費を計算した結果，今回の投資で1.0％の向上が見込まれることが判明した。これにより，並行して実施される，他の事業課題の解消策によって，売上高利益率の1.5％向上は達成できると判断した。

⑵ディジタル技術の性能の検討

　受電による音声認識とAI検索の性能を担保するために既存のSaaSを利用して，システムアーキテクトの協力を得て概念実証を行った。概念実証では，APIを経由した音声認識のAI機能，及び，AI検索ツールの検索機能について，要求事項の実現可能性を検証した。

⑶ディジタル技術の信頼性の検討

　先行事例の調査を行った結果，AIの導入は，AIの精度の向上に合わせて段階的に行う必要があることが判明した。加えて，AIをリリースする際には，AIのアウトプットの品質を評価するフェーズも必要となると考えた。なぜならば，ある状況だけに過度に対応してしまう"過学習"を避ける必要があるからである。そこでAIの学習と評価を分けることが重要と考え，導入計画では，学習チームと評価チームを分けて計画を立案し，過学習などのリスクを回避する計画とした。

　以上の検討内容を整理して，事業部門のシニアマネジメントに，次のように説明した。

900字
1000字
1100字
1200字
1300字
1400字
1500字
1600字

5

情報化リーダとしてのディジタルトランスフォーメーションや業務改革の推進

305

—— memo ——

設問ウ

第3章　事業部門に説明した内容
3．1　事業部門に説明した内容
　事業部門に説明した内容は，次の項目である。

(1)費用対効果
　IRR面からの費用対効果，及び，事業課題の解消など
の戦略的な効果をアピールすることにした。特記すべき
ことは，定性的な効果として，AI導入による業務プロセ
スの成熟度の向上をアピールすることにした点である。
　AIを導入し，学習させることでAIが出力する内容の精
度が次第に向上し，それにより，業務プロセス間の連携
の自動化に必要な，業務に関わるノウハウの一元管理が
推進される。業務に関わるノウハウの一元管理の推進は，
例えば，顧客用に用意したFAQの検索のAI化による顧客
満足度の向上や，顧客による自己解決の推進によって，
最終的には人件費の削減に結び付くことを説明した。

(2)性能の検討結果
　概念実証の結果を踏まえ，受電時の顧客との会話時間
が少なくとも20％削減されることが判明した。更に，新
人に対するコールセンタ業務に関わる訓練が15％削減可
能であることが分かった。これによって，事業課題の解
消の実現可能性が高いことを説明した。

(3)信頼性の検討結果
　AI導入の成功事例のみならず失敗事例を踏まえて，AI
学習度の検証の重要性を説明して，AIの信頼性を高める
ことを考慮した導入計画の妥当性を説明した。
　ただし，これらの項目について詳細に説明しても，意
思決定を難しくする可能性があった。なぜならば，A社
にとって新技術であり，活用経験がないからである。そ
こで私は，各項目において，メリット，デメリット，リ
スクを一覧表に整理して，迅速な意思決定を支援するよ
うにした。
3．2　改善した内容

ここに注目！ ◉◉
対応の難しさを説明し
てから施策を論じる展
開で，工夫を採点者に
アピールしています。

100字
200字
300字
400字
500字
600字
700字
800字

　事業部門からは，主となる事業課題の解消については分かるが，その他の事業課題の解決度を明確化してほしいという改善を求められた。この投資がどのような事業課題の解消にどの程度，寄与するのか，を定量的に示してほしい，という要望である。

　そこで私は，他の事業課題の解消に関するミーティングを行い，各事業課題がどの程度解消されるかを確認した。具体的には，事業課題ごとに，今回の投資による改善の度合いを定量化した。例えば，今回の投資で，Aという事業課題は100％解消し，Bという事業課題は20％解消する，などと定量化するという提案内容の改善を実施し，提案は承認された。

— 以上 —

論文事例2

令和元年度　ST　問1

鈴木　久

鈴木　久

—— memo ——

設問ア

1. ディジタル技術を活用した業務プロセスによる事業課題の解決

1. 1　解決しようとした事業課題

　私は食品製造業A社の情報システム部に勤務するITストラテジストである。主にシステム化の企画を行っているが，今回事業課題を解決するためにITを活用し，業務プロセスを支援する事項に取り組んだ。その内容は，物流センターの配荷業務の支援である。物流センターは，全国の営業倉庫へ工場製品の出荷物の配送指示を行う。A社の主力製品群の配荷を担当する社員は，長年この業務に携わり，ベテランとして活躍しているのであるが，このたび定年退職の予定である。家庭の都合で完全に離職しなければならず，その専門知識の継承が大きな課題となった。前任者に相当する有識者をアサインするか，その代替の業務方法を模索する必要があった。

1. 2　その背景，事業概要，事業特性

　A社は概して，社員が高齢化の傾向にあり，あまりジョブローテーションが盛んでなく，各職場が専門的になりがちである。その業務の匠，職人がいろいろといるわけであるが，仕事のモチベーションが高い一方で，こうした退職等による継承の問題を抱えることが多い。そういう専門的な知識や技能が属人化されていることで，外部から透明性がなく，実態として最適な方法なのかというところも不明確なところがある。やはり，食品製造という保守的で技術革新の変化が穏やかな業種であるので，安全性，保守的なやり方が好まれる風土がある。こうした業務プロセスをガラス張りにしていくことも全社として共通の事業課題といえる。

100字
200字
300字
400字
500字
600字
700字
800字

ここに注目！ 👀

設問文で問うている事業特性を"事業特性"という表現を使って明示すると，更に良くなります。

設問イ

2．活用したディジタル技術と業務プロセスの実現
2．1　活用したディジタル技術

　今回私が活用した技術は文書ソフトのマクロ機能である。調味料分野の配荷担当の専門家知識を整理して支店営業所，製品，時期，取引先の卸店，小売店，気候，特定イベントの有無などから何をいつ，いくつ配送すべきかの助言を提示するシステム化を行った。先進な技術ではないが，低予算で，即時に実装でき，社内リソースを活用できる点で有用と判断して取り入れることとした。今回のシステム化では，システムへのデータの入力あるいはデータの取り込みを自動化したかったのであるが，企画の起案が急であり，予算がなく実施までの時間がなかった。そこで，システムからの助言メッセージの表示に留める仕様として，開発を急いだ。

2．2　実現した業務プロセス

　実現する業務プロセスは，社内のウェブサイトでの物流管理システムで行われる。物流センターの配荷担当者が，配荷指示の製品の，数量，場所を入力する際に，従来の熟練した担当者は，売上動向や支店営業所の情報を踏まえた上で，入力データを決定し，入力を行うものである。決定後の細部の交渉も合わせて，タフで根気のいる作業である。

　現在注目されているRPAによるロボ化も検討したが，費用の問題で断念した。なお，オフィス文書についてスペシャリストが社内に何人かいて，技能を活用できるところから，現実的な選択肢として今回の方法を推進した。システム操作中に，サブシステムを起動させ，前提情報や入力結果をソースとして助言を返してもらい，次のアクションにつなげるというプロセスで，作業を効率的に進められるようにプロセスは作りこまれている。

2．3　実現性を担保する検討

　この仕組みを実装しても，助言が無意味ならば，無駄

—— memo ——

ここに注目！◉◉

設問文で問うている“ディジタル技術”を使って表現すると，更に良くなります。

5

情報化リーダとしてのディジタルトランスフォーメーションや業務改革の推進

—— memo ——

な作業に終わってしまう。そこで，開発の初期に現状のベテラン社員による作業と並行して検証を行った。その助言が妥当な内容かチェックしてもらった。併せて，未経験者が同等に作業できるかも確認しながら開発を進めて行った。すると，最初のヒアリング内容に実は過剰な仕様が含まれていて，必要なかった場合が見られた。このようなチェック作業を綿密に行い，建設的なブラッシュアップを図れた。

900字

1000字

1100字

1200字

1300字

1400字

1500字

1600字

設問ウ

3. 業務プロセスの事業課題解決への貢献
3. 1　事業部門に説明した内容

　作業効率の向上，未経験者がシステム援用で当該業務を行っても，現状のベテラン社員による作業よりも効率がよいパフォーマンスが得られる見込みを事業部門に伝えていたが，それよりも，未経験者が実務を担当できることに驚きと称賛を受けた。検証作業の内容から，未経験者でも対応可能で，ベテラン作業者よりも高いパフォーマンスを発揮することを，作業生産性のデータを示し，本件の推進支持を訴えた。

　事業部門の意見としては，是非とも早期に調味料製品カテゴリの配荷業務について導入したいとの要望を受けた。なお他の製品カテゴリの配荷担当者もベテランかつ高齢化の状況があるため，逐次横展開して導入することを合わせて要望された。

3. 2　事業部門からの指摘と改善

　ただし，表計算ソフトのマクロ機能を使う点については，構造上脆弱でフールプルーフではないこと，開発や改修に相応の時間や手間がかかるところから，保守に関する懸念が寄せられている。やはり，当初検討したRPAの範疇での展開が望まれている。

　社内的には別の案件でRPAのプロジェクトが立ち上がっている。今回の案件もそのプロジェクトに吸収できるように整理し，予算化したうえで合流できるよう検討していくつもりである。

— memo —

ここに注目！ 👓

設問文にある"事業課題の解決"を絡めて論じると，更に良くなります。

5

情報化リーダとしてのデジタルトランスフォーメーションや業務改革の推進

———— *memo* ————

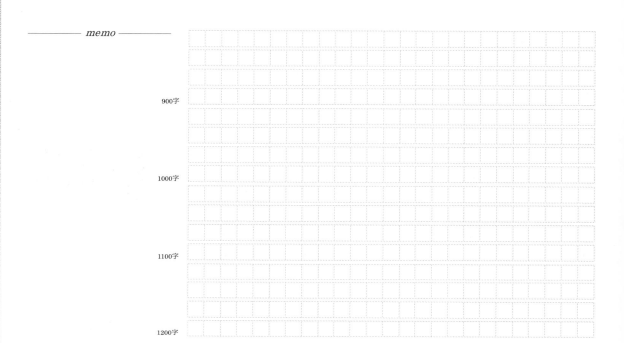

900字

1000字

1100字

1200字

IPA発表採点講評

（ディジタル技術を活用した業務プロセスによる事業課題の解決について）

　企業の経営戦略に基づいて事業課題の解決を目指した業務プロセス改革を実行した経験がある受験者には，論述しやすかったと思われる。一方で，ディジタル技術を活用したシステム導入に終始している論述も少なくなかった。また，事業特性や背景にひもづいていない事業課題の論述や，解決を目指す事業課題，実現すべき業務プロセス，活用したディジタル技術の関連が明確でない論述も散見された。ディジタル技術によって事業課題を解決する業務プロセスとは何かを考察し，実践での経験を積んでほしい。

情報化リーダとしてのデジタルトランスフォーメーションや業務改革の推進

ITを活用したビジネスモデル策定の支援について

　規制緩和や異業種の参入，技術の進展などによって業界を超えた企業間の競争が激しくなる中，新規顧客の獲得，競争優位性の確保，新たな収益源の創出などが企業の経営課題となっている。

　昨今，企業は，こうした経営課題を解決するために，スマートフォンやIoT，クラウドサービスなどのITを活用したビジネスモデルを策定し，それを実現している。

　ビジネスモデルの策定では，顧客は誰か，顧客にどのような価値を提案するか，事業の収益や利益をどのように確保するかなどを検討することが必須である。ITストラテジストは，ITをどのように活用してビジネスモデルを実現するかという観点で，事業部門の検討を支援することが求められる。

　例えば，カーシェアリング事業では，自動車の貸出しを希望する顧客に対し，スマートフォンで空車を探して利用の予約ができる，利便性の高いサービスを提供している。また，自動車に搭載したIoT機器で貸出し・返却を無人化することで運営コストを最小化し，利益を確保している。

　電子決済サービス事業では，手軽に支払をしたい顧客に対し，スマートフォンでQRコードなどを提示するだけで決済できるサービスを提供している。加盟店からの決済手数料に加えて，購買データの販売料で収益を確保している。

　策定したビジネスモデルを立ち上げるためには，初期利用者の獲得，サービス基盤の迅速な整備，実行体制の構築などの施策が重要である。ITストラテジストは事業部門とともに，策定したビジネスモデルと施策を経営層に説明し，承認を得る必要がある。

　あなたの経験と考えに基づいて，設問ア～ウに従って論述せよ。

設問ア　あなたが策定に携わったITを活用したビジネスモデルについて，経営課題，ビジネスモデル策定の背景を，現行事業の特性とともに800字以内で述べよ。

設問イ　設問アで述べた経営課題の解決のために，どのようなビジネスモデルを策定したかについて，顧客，価値提案，収益や利益確保の方法，活用したITを明確にして，800字以上1,600字以内で具体的に述べよ。

設問ウ　設問イで述べたビジネスモデルを立ち上げる上で，あなたが重要と考えた施策は何か。また，ビジネスモデルとその施策について経営層から指摘されて改善した内容は何か。600字以上1,200字以内で具体的に述べよ。

論文事例1

岡山　昌二

設問ア

第1章　ITを活用したビジネスモデル

1. 1　経営課題

　論述の対象は，レンタカー事業を地方で展開している
A社において策定したビジネスモデルである。A社では，
カーシェアリングを行う競合他社の進出によって，売上
が低迷している状況であった。そのため，カーシェアリ
ングに負けないサービスを提供することで競争優位を確
保することが経営課題であった。

1. 2　ビジネスモデル策定の背景

　ビジネスモデル策定の背景として，カーシェアリング
がA社の市場占有率を脅かしていることが挙げられる。
A社では，カーシェアリングのメリットをそのまま，レ
ンタカー事業に取り入れた新サービスを立ち上げて，カ
ーシェアリングに対して競争優位に立つことが，A社の
経営層で決定された。この決定を受けてレンタカー事業
部門では，ビジネスモデル策定チーム（以下，チームと
いう）が結成され，A社の情報システム部門に勤務する
私は，ITストラテジストの立場で，新ビジネスモデルの
策定を支援することになった。

1. 3　現行事業の特性

　レンタカー業界における事業特性としては，レンタカ
ーの稼働率を上げることが売上向上に直結するという点
を挙げることができる。
　レンタカーを借りるための各種手続を減らして顧客が
行う手続をリモートで可能にすることは，カーシェアリ
ングに対抗する手段になる。一方，レンタカーを顧客に
貸し出している以外の時間，例えば清算などの各種手続
を減らすなどして，レンタカーの稼働率を極力上げるこ
とが競争優位に立つためには重要である。
　私はレンタカー事業部門に対してレンタカーとカーシ
ェアリングの長所をもつ新ビジネスモデルの策定を支援
した。

memo

5

情報化リーダとしてのデジタルトランス
フォーメーションや業務改革の推進

設問イ

第2章　策定したビジネスモデル
2．1　ビジネスモデル
　チームにおいて私は，GQM＋StrategiesというＩＴを手法を用いてIT戦略を策定した。策定したIT戦略は，"1年以内に，スマートキーというＩＴを活用することで，新たなビジネスモデルを実現する"である。チームではビジネスモデルに関わる次の項目について検討した。
(1)活用したIT
　活用したITは，顧客のスマートフォン内にもたせたレンタカーの仮想の鍵である。カーシェアリング事業を分析した結果私は，レンタカーの貸出，返却について，A社のスタッフが一切関わらずレンタカーを利用できるという新ビジネスモデルの実現を提案した。このビジネスプロセスでは，貸し出すべきレンタカーを顧客がスマートキーを使って始動させ，利用後はレンタカーを停止させて返却終了となる。
(2)顧客
　A社の既存の顧客を対象とせず，既にカーシェアリングを利用している人を対象とした。利便性という面では，新ビジネスモデルはカーシェアリングと同等となると考えたからである。これによってA社の市場占有率の奪還が可能となる。
(3)価値提案
　SWOT分析を実施した結果，カーシェアリングと比べたレンタカーのメリットには，借りられる車種が多いという点がある。そこで，カーシェアリングの顧客に対して，カーシェアリングの簡便さで，多様な車種の車を借りることができるという価値提案を考えた。
(4)収益や利益確保の方法
　カーシェアリングに勝つためには，レンタル料を下げる必要がある。収益確保の方法としては，レンタカーの貸出，返却に関わる人件費の削減である。ITを活用する

— memo —

100字
200字
300字
400字
500字
600字
700字
800字

ここに注目！ 👓
ビジネスモデルに関する問題では，このように"顧客における価値"をしっかりと書けるようにしておきましょう。

ことで，レンタカー営業所の要員を減らすことが可能となる。新旧のレンタル業務をシミュレーションした結果，ITなどの投資と人件費の削減を相殺できるレベルになることが試算できた。

　収益については，新ビジネスモデルによって，カーシェアリングの顧客を囲い込むことで市場占有率を戻し，更に向上させることで，レンタカーの稼働率が上がる。レンタカーの稼働率を上げることが売上向上に直結するという事業特性の面からも整合性があると考えた。車を所有しない，若年層を新たに取り込むことで，収益性が確保できると試算した。

　以上が経営課題を解決するために策定したビジネスモデルの内容である。

900字

1000字

1100字

1200字

1300字

1400字

1500字

1600字

ここに注目！◉◉

本試験の場では，勢い余って"施策を実施した"などと書かないようにしましょう。趣旨にあるように，経営層からの承認がないと実施できません。

設問ウ

第3章　ビジネスモデルを立ち上げる上での施策と改善
3．1　重要と考えた施策

　今回のビジネスモデルの立上げは，短期間で実施する必要があるため，実行体制の構築が重要と考えた。具体的には次の施策を検討し策定した。

(1)パイロット導入の実施

　貸出や返却にA社スタッフが関わらないビジネスプロセスでは，使用したガソリンの清算方法など，課題が多い。そのため，スマートキーを活用したシステム（以下，スマートキーシステムという）を稼働させる店舗を2店舗ほどに絞り，パイロット導入した後，全店舗における本格稼働は1年後とした。全店舗導入完了までは，チームが中心となって，レンタカー事業部門を支援する体制とした。

(2)カーシェアリングに関わる要件の実現可能性

　レンタカーに傷が付くなど，レンタカーに損傷が発生した場合に自動検知するなどの要件を，実現するノウハウがA社にはない。このようなノウハウについては，①組込みシステムを製造する企業との業務提携，②組込みシステムの製造会社などと調整ができる人材のヘッドハンティング，あるいは，③自社における人材の育成などが考えられる。この点については，案を示すだけで，経営者に決断してもらうことにした。

　以上のビジネスモデルと施策を，私は経営層にプレゼンテーションした。

3．2　ビジネスモデルと施策への指摘内容と改善内容

　経営層からビジネスモデルへの指摘内容としては，"対象とする車種を絞り込む"があった。根拠は車種による燃費の違いである。燃料代をレンタル料に含めるため，燃費の良い車種を対象とするように改善した。

　経営層から施策への指摘内容としては，レンタカーに損傷が発生した場合の車体損傷自動検知機能に加えて，

———— memo ————

車体損傷自動記録機能が欲しい，スマートキーで直接，車両のドアを開けて，エンジンを始動できる機能を車両に実装するシステムにしたい，という点である。後者については，スマートキーで車のキーが格納された箱を開く，というカーシェアリングと同等な方法を想定していた。

　これについては自動車メーカとの連携で実現するよう計画を改善した。具体的には，車体を監視するカメラを実装しての車体損傷自動記録機能や，スマートキーとして配賦された秘密鍵を使ってBluetooth通信で車両を開錠しエンジン始動する機能を提案に盛り込んだ。

—以上—

900字

1000字

1100字

1200字

5

情報化リーダとしてのデジタルトランスフォーメーションや業務改革の推進

論文事例2

令和元年度　ST　問2

阿部　政夫

———— memo ————

設問ア

1．私が携わったITを活用したビジネスモデル

1．1　現行事業とその特性

　A社は服飾品や家庭雑貨を中心に店舗展開している中堅小売企業である。数年前に，店舗販売だけではなく，Webショッピングサイトを立ち上げ，リアル店舗とWeb通販の両方でビジネスを行っている。私はA社がWebショッピングサイトを立ち上げる際にITコンサルタントとして支援を行った経緯がある。

　A社の店舗は駅構内のショッピングモールへの出店も多く，店舗の規模は比較的小さい。そのため，在庫を店舗で十分確保することが難しいという特性がある。

　リアル店舗における主要顧客は20〜30歳代の女性であり，スマートフォンやPCを使いこなしていることがアンケート結果から分かっている。

1．2　経営課題とビジネスモデル策定の背景

　Webショッピングサイトの立ち上げ後，ここ数年間は通販による売上は順調に伸びている。また，専門雑誌との提携により取扱い商品の種類も増え，利用者からも好評である。そういったことから，経営陣もWebショッピングサイトについては成功であったとの判断を行っている。一方，リアル店舗については売上の増加が鈍化しているのが現状である。利用者へのアンケート調査によっても，リアル店舗での購入からWebショッピングサイトに切り替えたという回答も多く，リアル店舗とWebショッピングサイトで顧客を取り合っている状況であることも分かった。これまで，会社としても社内で両者を競争させるような方策をとっていたことも問題であり，大きな経営課題であると考えた。そこで，私は「リアル店舗とWebショッピングサイトを競合させないビジネスモデル」を考えることが重要であると，経営陣に提言を行った。

設問イ

2．策定したビジネスモデル

2．1　新たなビジネスモデルへの転換

　私は，リアル店舗とWebショッピングサイトを競合さ
せず，むしろ両方の特徴を生かして会社としての売上を
継続的に向上させるようなビジネスモデルへの転換が必
要であると考えた。

　そこで，リアル店舗の状況と利用者へのアンケート結
果などから，以下の施策が有効ではないかと考えた。

①リアル店舗におけるネット販売商品受取り

　多くの顧客は企業に勤務しており，日中は自宅での受
取りができないとのアンケート結果であった。一方，リ
アル店舗は駅中にも多く，日々の通勤路で商品を受け取
ることができれば顧客の利便性も向上し，また，商品受
取りの際に，店舗での購買を促進する効果もあるのでは
ないかと考えた。

②リアル店舗でネットショッピング

　前述したように，駅中の店舗は面積も限定されており，
多くの在庫を持つことが難しい。また，陳列場所にも制
限があることから，すべての商品を置くことはできない。

　そこで，店舗ではサンプル品と商品を特定する２次元
バーコードを表示し，顧客はスマートフォンでそれをス
キャンすることにより，詳細な商品情報を確認して購入
できるしくみである。購入した商品はその店舗で受取り
可能とする。こういったしくみにより，面積の小さい店
舗でも多種の商品を販売することができ，顧客の利便性
も向上する。

2．2　新サービスの概要

　私は上記の新ビジネスモデルを実現するために，現行
システムにどのような実装を行うかを考えた。

①リアル店舗におけるネット販売商品受取り

　本機能については，現行のWebショッピングサイトの
システムの改修で対応するものとする。ショッピングカ

memo

5

情報化リーダとしてのデジタルトランス
フォーメーションや業務改革の推進

321

—— memo ——

ートから注文する際に，「リアル店舗を選択する」という項目を設け，GPS機能から近くの店舗を表示あるいは自分で登録したお気に入り店舗が表示されて選択できる機能を追加するものとした。

900字

②リアル店舗でネットショッピング

　本機能については，現行のスマホアプリの改修で対応するものとする。現行のスマホアプリはポイントカードの機能を持ち，画面にバーコードを表示する機能を持っ

1000字

ている。これに，バーコードをスキャンして商品情報を読み込み，購入手続きを行う機能を追加するものとした。

　これらの2つの機能を実装することにより，リアル店舗とWebショッピングサービスを連携させたビジネスモ

1100字

デルに対応することができる。顧客の利便性も大きく向上し，リアル店舗かWebショッピングかという二者択一のビジネスモデルから脱却できると判断した。私はこれ

1200字

らのシステム改修についての要件定義書を作成し，開発ベンダーに見積をとった。その結果，改修に必要な投資額は顧客の利便性向上によって中長期的に十分回収可能な範囲であると結論付けることができた。

ここに注目！ 👓

設問文に"顧客，価値提案，収益や利益確保の方法，活用したITを明確にして"とあるので，それらをもっと明示的に論じると，更に良くなります。

1300字

1400字

1500字

1600字

設問ウ

―― memo ――

3．私が重要と考えた施策
3．1　店舗従業員への周知と教育

　まず新しいビジネスモデルを展開するにあたって重要と考えた施策は「店舗従業員への周知と教育」である。リアル店舗とWebショッピングサイトを連携した施策を実施することから，店舗での商品受取りや，店舗でのスマホによるショッピングなど，各店舗による運用がこれまでとは大きく変わることになり，店舗従業員がこれらの手順に習熟していないと顧客とのトラブルが発生することが懸念されるからである。

　そこで，店舗従業員には研修と，模擬店舗における実演など，新しいビジネスモデルの趣旨の理解から現場での手順までの理解が深まる施策を実施した。

3．2　新サービス導入の効果を検証するための方策

　次に私は新サービス導入における効果を検証するための方策が重要であると考え，以下の方策を立案した。

①Webショッピングサイト訪問者の動線分析

　Webショッピングサイトに訪問した顧客が，サイト内でどのような動線を辿るのか，また，従来の動線からどのように変化したのかを分析するものとした。これにより，導入したしくみの有効性を測ることができると考えた。

②リアル店舗での受取りと購買の相関分析

　Webショッピングサイトで購入した商品がどの程度リアル店舗で受け取られているのか，また，その際に顧客が店舗で購入しているかという点について分析を行った。これにより，リアル店舗での受け取りがどのように店舗での購買に貢献しているのかを測ることができると考えた。

3．3　経営層からの指摘を受けて改善したこと

　私は新ビジネスモデルの導入に関して，その必要性と概要について経営層にプレゼンテーションを行った。そ

100字 200字 300字 400字 500字 600字 700字 800字

────── memo ──────

ここに注目！👀

設問文に"ビジネスモ
デルとその施策につい
て経営層から指摘され
て改善した内容"とあ
るので，"と"に着目
して，ビジネスモデル
と施策を分けて論じる
と更に良くなります。

の結果，経営層からは以下の指摘を受けた。

① 新しいビジネスモデルについては顧客にも十分周知を行い，Webショッピングサイト等の新機能を十分活用いただけるようにすること。

② 社内においてリアル店舗の担当部署とWebショッピングサイトの担当部署でタスクフォースを立ち上げ，新ビジネスモデルの効果が最大化するように施策を継続的に検討すること。

③ Webショッピングサイトの動線分析を行うことに関係して，集積したデータを十分に活用し，顧客の購買行動に合わせたサイトの更新を行うこと。

　私はこれらの指摘事項を整理して優先度を付け，Webショッピングサイトに新たな機能の説明動画を掲載するなど，優先度に合わせて改善活動を進めた。

以上

900字

1000字

1100字

1200字

IPA発表採点講評

（ITを活用したビジネスモデル策定の支援について）

　新規事業や新サービスの企画を行った経験がある受験者には，論述しやすかったと思われる。一方で，策定したビジネスモデルについて具体的に論述せず，既存の業務改善のためのシステム開発の論述に終始しているものも少なくなかった。設問ウはビジネスモデルの立ち上げにおける実践経験を問う問題として出題したが，単なるITコスト削減や人材育成といった表面的な内容にとどまる論述も多かった。経営環境の変化に対応すべく，経営目線でITを活用したビジネスモデルの検討を推進できるよう，実践での経験を積んでほしい。

5

情報化リーダとしてのデジタルトランス
フォーメーションや業務改革の推進

新しい情報技術や情報機器と業務システムを連携させた新サービスの企画について

　近年，IT ストラテジストは，事業戦略を実現するために，オープン API やタブレット端末などの新しい情報技術や情報機器（以下，新技術という）と業務システムを連携させ，顧客満足度や生産性などを向上させた新サービスを企画することがある。

　銀行業では，"フィンテックを活用して顧客満足度と収益の向上を図る"という事業戦略を実現するために，フィンテック企業が提供するスマートフォン向けアプリケーションソフトウェア，オープン API と銀行のシステムを連携させたビジネスモデルを検討し，顧客がいつでも入出金の確認や送金ができる新サービスを企画した。

　航空業では，"高品質かつ効率的な整備作業によって，安全かつ安定した運航を実現する"という事業戦略を実現するために，タブレット端末と整備管理システムを連携させた整備作業のビジネスプロセスを検討し，整備士が作業場所で，整備計画や図面の確認，点検箇所の撮影と作業報告などができる新サービスを企画した。

　IT ストラテジストは，新技術と業務システムを連携させた新サービスを企画する際には，事業戦略を実現するために，ビジネスモデル又はビジネスプロセスを検討し，どのような利用者にどのような便益を提供するのかを定義する。そして，投資効果を算出した上で，新サービスを企画する。

　さらに，新サービスの導入では，新サービスの有効性，信頼性，安全性などを検証する必要があり，試験的な導入，機能や範囲を限定した段階的な導入などの対応策も立案した上で，経営層に提案し，承認を得ることが必要である。

　あなたの経験と考えに基づいて，設問ア～ウに従って論述せよ。

設問ア　あなたが携わった新技術と業務システムを連携させた新サービスの企画において，企画の背景にある，事業概要，事業特性，事業戦略，新技術を採用した必要性について，800 字以内で述べよ。

設問イ　設問アで述べた事業戦略を実現するために，新技術と業務システムを連携させて，どのような新サービスを企画し，どのような利用者に提供することを検討したか。検討したビジネスモデル又はビジネスプロセス，利用者の便益，投資効果を明確にして，800 字以上 1,600 字以内で具体的に述べよ。

設問ウ　設問イで述べた新サービスにおいて，新サービスの導入でどのようなことを検証するためにどのような対応策を立案し，経営層に提案したか。対応策の評価と評価を受けて改善したこととともに，600 字以上 1,200 字以内で具体的に述べよ。

岡山　昌二

設問ア

第1章　新サービスの企画

1.1　事業概要

　A社は，車での国内出張者を対象とするビジネスホテルチェーンである。そのため，駅の近くにはホテルを建てず，安価で敷地を確保できる，高速道路インターチェンジや主要国道の近くにホテルを建設している。顧客ロイヤリティとしては，車での出張ならばA社ホテルチェーンを使う点を挙げることができる。

1.2　事業特性

　ビジネスホテル業界では，顧客単価はほぼ一定である。会社から支給される宿泊費は，横並びだからである。そのため，ビジネスホテル業界の事業特性としては，顧客を囲い込みリピート率を上げ，客室稼働率を上げることが，売上向上に直結するという点を挙げることができる。

1.3　事業戦略

　事業特性を踏まえた上で顧客満足度を更に向上させ，A社の顧客ロイヤリティを確固たるものとして，客室稼働率を5％向上させるという差別化戦略が，経営目標，経営戦略としてA社の経営陣から出された。早速，A社のCIOやA社のITストラテジストである私が中心となる企画チームが結成された。GQM＋Strategiesを活用して策定した事業戦略は，ITを活用することで，顧客の便益を向上させて，顧客ロイヤリティを確立させる，である。

1.4　新技術を採用した必要性

　現状では，業務プロセスを最適化することで，ホテルのフロントにおける時間を短縮する努力を行ってきた。例えば，宿泊代金の前払などである。そのため，既存のITでは，これ以上，チェックイン，チェックアウトに関わる時間を短縮することは難しいと考えた。そのため，スマートフォンを使用した客室のカギや，顔認証システムなどの新技術を採用する必要があると考えた。

— memo —

100字
200字
300字
400字
500字
600字
700字
800字

設問イ

第2章　事業戦略の実現
2．1　新技術と業務システムを連携させた新サービスとビジネスプロセス

　新技術としては，既存の客室のキーを代替するための技術として，①顔認証システム，②スマートフォンを利用したキーシステム（以下，スマートキーという）を検討した。昨今，顔認証に関わる個人情報の収集などに関して顧客が嫌う傾向があること，スマートフォンを活用することで宿泊代金の決済も省力化できることを根拠に，②のスマートキーを新技術として採用することにした。

　新サービスの内容は，スマートフォンアプリを使って顧客が予約を行うことで，顧客はスマートフォンにスマートキーをダウンロードし，チェックインレス，チェックアウトレスで，Ａ社のホテルを利用できるというものである。今まで時間が掛かっていた，チェックアウト時における領収書の発行や代金支払が，スマートフォンを使ってできる。

　新ビジネスプロセスは，①予約時にダウンロードしたスマートキーを使ってチェックインする，②スマートキーを使ってチェックアウトする，③チェックアウト時に代金支払を済ませる，となり，人手を介さずにホテルを利用できる。

2．2　新サービスを提供する利用者の検討と利用者の便益

　新サービスを提供する利用者としては，①新規顧客，②既存顧客のうちリピート率が低い顧客，③既存顧客のうちリピート率の高い顧客を検討した。その結果，②のリピート率の低い既存顧客を新サービスの主要対象とした。理由は，顧客満足度の上下の振れ幅が大きく，顧客満足度の向上の度合いが測定しやすいからである。反対に，リピート率の高い顧客はもともと顧客満足度が高い側に振れているため振れ幅が小さく，顧客満足度の変化

を測定しにくい。
　利用者の便益としては，チェックインレス，チェックアウトレスであるために，特にチェックアウト時において，同じような時間帯に出張先に行くためにフロントが混雑するという顧客の状況を緩和できると考えた。

2.3　投資効果

　まず，チェックインレス，チェックアウトレスを実現することで，顧客ロイヤリティを確固たるものにできること，顧客満足度が向上することを企画チーム内で確認し，その上で営業部部長から客室稼働率を5％向上させることが可能であることの確約を得た。客室稼働率の5％向上を前提条件として，経常利益の増加分を試算し，そこから投資効果額を算出した。投資額については，新サービスに関わる開発費用のみならず，システム導入費用，職員教育，ランニングコストなどの費用を加えて算出した。
　ROIを算出した後，それがA社の投資基準に達していることを確認した。

memo

900字

1000字

1100字

1200字

1300字

1400字

1500字

1600字

ここに注目！ ◎◉

いくら"投資効果"があっても"投資額"が大きいと費用対効果であるROIが下がるので，ROIまで論じています。

5

情報化リーダとしてのデジタルトランスフォーメーションや業務改革の推進

329

—— memo ——

設問ウ

第 3 章　新サービスの導入における提案
3．1　新サービスの導入における検討内容と対応策
　企画自体は承認されたが，新サービスの導入について
検証すべき次の事項があった。
①新サービスの有効性
　これを検証するために，パイロット導入を行った上で
有効性を確認して本格導入とする対応策を経営者に提案
することとした。ただし，パイロット導入先については，
隣接する 2 つのホテルを対象として選ぶこととした。な
ぜならば，障害発生時にどちらのホテルにも迅速に対応
できると考えたからである。
②スマートキーに対する，情報セキュリティに関わる顧
　客の安心度
　顧客の立場からは，スマートフォンを利用したシステ
ムについて，(1)スマートフォン決済に関わる不安，(2)ス
マートキーの不正コピーによる客室への不正侵入などの
不安，が想定できた。
　(1)については，政府主導でスマートフォンによる電子
決済が一般化しつつあるので問題とならないと考えた。
　(2)については，秘密鍵を活用してスマートキーを構成
するので，キーの複製などは難しい旨をスマートフォン
アプリ内で顧客に分かりやすく説明するという対応策を
経営者に提案することとした。
3．2　対応策への評価
　新サービスの有効性への評価は厳しく，障害対応の容
易性ではなく，顧客満足度の測定の観点から，パイロッ
ト導入先を選ぶべきであるという意見を得た。
　顧客の安心度に関わる評価も厳しく，スマートフォン
の紛失時への対応なども含めて顧客に周知する必要があ
るという意見があった。
3．3　評価を受けて改善したこと
　新サービスの有効性への評価を受けて，顧客満足度の

ここに注目！ 👓
(1)について，問題と
ならないならば，書か
なくてもよいでしょ
う。

———— *memo* ————

測定がしやすい，売上高利益率が高いにもかかわらず，リピート率の低いホテルをパイロット導入先として選ぶように改善した。理由はシステム導入効果をリピート率の面などから測定しやすいからである。

　ただし，リピート率については，測定に時間がかかるという問題がある。そこで私は，リピート率を測定する前に，顧客満足度の測定を充実させる仕組みを構築するよう計画を改善した。

　顧客の安心度に関わる評価を受けて，例えば，スマートキーを構成する秘密鍵は厳重に保護され，実際のスマートキーデータは，秘密鍵を使って構成されたデータであることやスマートフォンの紛失時にも問題がないことを顧客に簡潔に説明し，紛失時に対応できるようにホテルの案内カードを顧客に事前に渡すなどより網羅性を高めた顧客対応を行う計画に改善した。

—以上—

900字
1000字
1100字
1200字

5

情報化リーダとしてのデジタルトランスフォーメーションや業務改革の推進

論文事例2

平成30年度　ST　問2

阿部　政夫

設問ア

1．私が携わった新技術と業務システムを連携させたサービスの企画

1．1　事業概要・事業特性・事業戦略

A社はあるグループ企業の中で，総務・人事に関するアウトソーシングサービスを提供する企業である。事業の概要としては，総務業務領域においては，受付業務・会議室管理・什器備品管理・警備等があり，人事業務領域においては，給与支払業務・保険年金関係業務・人事情報管理等がある。事業特性としては，全般的に人手に頼る業務が多いことから，これまでその効率化が経営課題となってきた。人事関係業務では，情報化投資の成果が比較的上がっている一方，総務業務領域では，受付や警備など，現場での業務が多いことからIT化が進んでおらず，昨今のウイルス感染拡大といった状況における出勤抑制への対応も難しい状況である。A社は事業戦略として，IT化による効率化を図り，サービスをグループ各社以外にも展開することを目標としており，総務業務領域における，新技術と業務システムを連携させたサービスの企画についての相談が私のところに持ち込まれた。私はA社から業務委託を受けたITストラテジストである。

1．2　新技術を採用した必要性

総務業務領域においても，とりわけIT化による改革が必要とされていたのは「受付業務」であった。多くの受託先の会社においては，受付に要員を配置し，来訪者の対応にあたっているが，来訪者が集中する時間帯においては待ち行列が発生し，また，社内の担当者との連絡がとれずに来訪者を待たせるなど，人手を介するがゆえの非効率やサービス低下が目立っていた。そこで，これまでの来訪者管理を刷新するには，来訪者を特定する手段として2次元バーコードを用いた手法など，新技術を採用したシステム化と業務システムの連携が必要であると判断した。

設問イ

2．新技術と業務システムを連携させたサービス
2．1　現状の受付業務
　テナントとして入居するビルの管理状況によって，若干の手順の相違はあるものの，A社が請け負っている現状の受付業務の流れは以下のようになっている。
①来訪者は1Fのビル管理会社の受付で手続きを行い，ゲートを通過するための来訪者用カードを受け取り，そのカードを使ってゲートを通過する。
②当該階にエレベータで移動し，各企業の受付に行く。
③各企業の受付において会社名・氏名・担当者等を告げ，担当者を呼び出してもらう。
④担当者が来るまで待ち，担当者が来客用会議室に案内する。
　このような手順を踏むため，次の問題が発生していた。
①午前10時頃と午後1時ごろに来訪者のピークがあり，企業によっては受付に待ち行列が発生して渋滞し，予定時刻に会議やセミナーを開始できないという問題。
②受付から担当者に連絡しても連絡がつかず，来訪者を待たせてしまう問題。
　いずれも，来訪者に対するサービス低下であり，総務業務領域における優先度の高い改善課題であると考えた。
2．2　企画した新サービスの概要
　課題を解決するために，私はまず現行のビジネスプロセスを新技術によってどのように改善すべきかの検討を行った。また，システム化の範囲も重要な視点となる。
　まず，システム化の範囲については，ビルへの入館については各ビル管理会社によってルールが異なることからいったんは範囲外とし，当社が業務を請け負っている，各企業の受付業務を対象とする。また，現行の来訪者管理システムの機能を改修し，新技術を使ったしくみと連携させるものとする。
　企画した新サービスを用いた業務の流れは以下のとお

memo

5

情報化リーダとしてのデジタルトランスフォーメーションや業務改革の推進

333

memo

りである。

①担当者は来訪者管理システムを用いて，来訪者の情報
（会社名・氏名・来訪日時等）を登録する。また，使
用する来訪者用会議室を登録する。

②来訪者にシステムから招待メールが送られ，メールに
記載されたURLをクリックすることにより，2次元バ
ーコードが表示される。

③来訪者はその2次元バーコードを当該企業の受付にあ
る端末のリーダーにかざす。

④端末からは会議室番号と位置をプリントした用紙がプ
リントされるので，指定された会議室に行く。

⑤システムから来訪者が受付を完了した旨，担当者にメ
ール通知が届くので来訪者対応を行う。

⑥退出時には退出用のリーダーに2次元バーコードをか
ざすことにより退出処理が行われる。

　以上の機能を来訪者が使うことにより，半自動的に受
付処理を行うことができ，人手に依存しない効率的な受
付が行われる。

2．3　利用者の便益と投資効果

　本システムの利用者としては，来訪者と企業の担当者
がいるが，来訪者への便益としては，混雑する時間帯に
おいても渋滞することなく受付が行え，時間どおりに会
議等が始められることである。また，担当者への便益と
しては，受付が完了するとメール通知が来るので，受付
からの電話連絡を逃すような事態も発生しない。半自動
での処理ができることから，時間帯によらず，受付担当
者は1名の常駐で十分に処理ができるようになった。企
業によっては，ピーク時に4〜5名の受付担当者を配置
する必要があったことから，大幅な削減となる。このよ
うにして空いた人員を，より総務サービス向上に向ける
ことができることから，投資効果は当初の想定以上であ
ると判断している。

900字
1000字
1100字
1200字
1300字
1400字
1500字
1600字

ここに注目！
利用者の便益と投資効果が分かりやすいです。総合受付サービスなどという新サービス名にして，他の論文ネタとしても活用できそうです。

設問ウ

3．新サービス導入の検証
3．1　検証に向けた対応策の立案
　新サービスの導入は，比較的大規模なグループ企業を対象に，段階的に試行するものとした。
　①第1段階：グループ企業所属の来訪者のみ
　②第2段階：①に加えて来訪頻度の高い客先
　③第3段階：すべての来訪者
　このように段階的な導入を行ったのは，受付方法の変更やシステムの不具合による混乱を防止するためである。第1段階が完了した時点で利用者にアンケートを実施し，受付手順やシステムの機能を見直した上で，第2段階以降を実施するものとした。また，システムの導入効果の検証については，第3段階開始後に，以下の事項について調査を行うものとした。
　・ピーク時における来訪者の待ち時間（実査による）
　・来訪者の利便性（アンケートによる）
　・企業担当者の利便性（アンケートによる）
　・受付業務責任者へのヒアリング
　このように，本システムのステークホルダーを漏れなく調査することにより，新サービス導入の効果を多方面から検証するものとした。
3．2　対応策の評価と評価を受けて改善したこと
　検証の結果
・ピーク時においても受付待ちの渋滞は発生することがなく，その改善効果は想定以上であった。
・来訪者からも利便性が上がったとの評価が得られた。
・企業担当者からは，席を外しているときに来訪者があっても待たせることが無くなったとの評価であった。
・受付業務責任者からは，退出処理ができるので，実質的な会議室の利用時間を把握することができ，無駄に長時間の予約をしている場合に注意喚起できるなど，管理面でも効果が高いとの評価であった。

—— memo ——

100字
200字
300字
400字
500字
600字
700字
800字

5

情報化リーダとしてのデジタルトランスフォーメーションや業務改革の推進

ここに注目！👓

経営層への提案の後にくる評価なので，経営層からの評価に絞り込むと，より趣旨に沿った論文になります。

—— memo ——

900字

　これらの評価結果から，当面はこのまま運用を続けていくものとするが，一部の来訪者からは「ビルの入館手続きと企業の受付手続きの2段階になっているのが煩わしい。」との意見もあった。ビルの入館手続きについては，ビル管理会社ごとにシステムが異なるので統合は難しいが，2次元バーコードリーダーをゲートに備えているケースもあり，今後はそのようなケースで発行する2

1000字

次元バーコードの統合ができないか，検討を進める方針である。

1100字

1200字

IPA発表採点講評

　（新しい情報技術や情報機器と業務システムを連携させた新サービスの企画について）では，新技術と業務システムを連携させた新サービスの企画を行った経験がある受験者には，論述しやすかったと思われる。一方で，事業戦略を実現するために，どのようなビジネスモデル又はビジネスプロセスを検討したかを具体的に論述せず，システム機能中心の論述に終始しているものも散見された。また，企画に必須である投資効果について，前提条件，算出根拠や実現可能性などを具体的かつ定量的に記述できていない論述も少なくなかった。投資効果の算出方法について理解し，実践で深く検討する経験を積んでほしい。

5

情報化リーダとしてのデジタルトランスフォーメーションや業務改革の推進

平成28年度 ST ▼ 問2
IT導入の企画における業務分析について

　事業全体の業務の効率向上・スピードアップ，新規事業による売上拡大などの事業目標の達成に向けて，ITストラテジストが事業部門とともに業務分析を行い，真の問題を発見してその原因を究明し，問題の解決策としてIT導入を企画することが増えている。特に，経営の要求に適時適切に応えられないIT，標準化されていないITなどが業務のボトルネックになっていたり，モバイルコンピューティング，IoTなどの新しいITの活用によって業務改革，新規事業が実現できたりする場合，ITストラテジストへの期待は大きい。

　業務分析では，事業目標を理解し，まず，業務内容，業務プロセス，IT活用などの現状を調査して問題を発見する。次に，個々の問題を関連付けたり，顕在化していない問題を探ったり，経営の視点で業務全体をふかんしたりして真の問題を発見し，その原因を究明する。この過程では，例えば次のようなことが重要である。

・業務フロー，業務機能関連図などを作成して業務を可視化する。
・MECE（Mutually Exclusive and Collectively Exhaustive），バリューチェーン分析などの手法を利用して全体を網羅する。
・ベンチマーク，他社の成功事例などと客観的に比較検討する。

　問題の解決策の策定では，ITストラテジストはIT導入を企画し，適用するITの機能，性能を明確にすることが必要である。その上で，投資規模，ITの導入範囲などを検討し，事業部門に対してIT導入の投資効果を説明する必要がある。

　あなたの経験と考えに基づいて，設問ア〜ウに従って論述せよ。

設問ア　あなたが携わった，事業目標の達成に向けたIT導入の企画における業務分析について，事業目標の概要，業務分析が必要になった背景を事業特性とともに，800字以内で述べよ。

設問イ　設問アで述べた業務分析において，どのような手段，工夫で真の問題を発見し，その原因を究明したか。また，問題の解決策としてどのような機能，性能のIT導入を企画したか。800字以上1,600字以内で具体的に述べよ。

設問ウ　設問イで述べたIT導入について，その投資効果をどのように事業部門に説明したか。また，今後，改善すべきことは何か。600字以上1,200字以内で具体的に述べよ。

論文事例1

岡山　昌二

設問ア

第1章　事業目標の概要と業務分析が必要となった背景

1.1　事業目標の概要

　A社は産業用エネルギー機器を製造・販売する企業であり，産業用エネルギー機器の業界では，A社の市場シェアは上位である。ただし，市場シェアが上位であっても，機器の製造・販売で毎年，利益を上げることが困難であるという事業特性があった。A社で製造する機器の修理と販売はA社の販売代理店に任せているが，販売代理店の数が少ないために，販売代理店による，顧客へのセールスプロモーションが不十分な状況であった。そこで，販売代理店に任せていた修理サービスを，A社自らが行う24時間365日の修理サービスとして開始が決定された。

　この有料サービスによる売上増，及び販売代理店における修理業務を軽減して，顧客への販売活動を充実させることによる売上増によって，3年後にはA社の売上高利益率を2％改善するという事業目標が設定された。

1.2　業務分析が必要になった背景

　A社の販売代理店では，修理サービスの業務量が多く，販売活動に費やす時間が確保できないという問題があった。この問題に加え，A社における製品企画活動では，販売代理店からの修理情報，顧客からの機器の運転や機器の利用に関する情報を参考に，新機能，新機種を開発しているが，販売代理店からの情報は，曖昧なところが多いので，新機能や新機種を開発・検討するのには不十分であるという問題があった。

　これら2点の表面的な問題点に対して，真の問題点と原因を究明して対応策を講じることが，業務分析を行うことになった背景である。私はA社の情報システム部に勤務するITストラテジストの立場で，次に述べる連関図法を用いた業務分析を実施し，真の問題点と，その原因を究明して，解決策を提案した。

memo

100字
200字
300字
400字
500字
600字
700字
800字

5

情報化リーダとしてのデジタルトランスフォーメーションや業務改革の推進

設問イ

第2章　業務分析
2.1　真の問題点の発見方法

　業務分析では，まず，修理に関わる業務内容を中心に現状を調査して問題点を挙げるようにした。さらに，連関図法を用いて，問題点を分類した後，問題と原因の構造図を作成した。経営の観点から，業務全体を俯瞰すること，真の問題点を特定することがねらいである。

　連関図では，根本となる問題から開始して，構造図の下位にある問題を真の問題と原因とした。ただし，解決策が一意に決まるような問題を，真の問題としないようにした。なぜならば，費用対効果を検討した上で，原因に対する解決策を策定する必要があるからである。

2.2　発見した問題の原因

　連関図を用いた分析の結果，真の問題は，「故障した機器から正確な情報を迅速に収集できていない」という点であることが分かった。原因は，故障に関わる情報の収集方法が人手による方法という点を挙げることができる。

2.3　ITの機能や性能

　使用するITは，IoTで活用されているWi-Fiモジュールである。これを顧客に納品されている機器に装着して，機器の稼働状況をA社側で収集する。

　ITの機能としては，機器稼働状況の収集機能である。これによって，故障時における遠隔保守が可能となる。従来は，販売代理店の修理要員が出向いて機器の故障箇所を診断して，交換部品などを手配していたが，遠隔診断によって，修理要員が修理に必要な交換部品を持参して顧客に出向くことが可能となる。これによって，平均修理時間を短縮できる。

　なお，ITの性能としては，Wi-Fiモジュールの無線LAN機能を活用すれば，顧客企業の工場内の無線LAN環境において，高速な通信網を容易に実現可能である，と

判断した。
　機能と性能を踏まえて，投資規模を試算した。この際，留意したことは，投資規模の試算には，情報システムの構築費用だけでなく，Ａ社における修理業務の改善にかかる費用なども，考慮した点である。具体的には，Ａ社における修理要員の育成などである。
　さらに，経営のスピードに合わせる情報システムにするため，投資規模が割高な短納期の開発スケジュールも代替案として，企画することにした。なぜならば，経営環境の変化は常に発生しているため，複数案を示すことで意思決定の時点における経営のスピードに合った，情報システムの開発スケジュールを経営者が選択できるからである。

900字

1000字

1100字

1200字

1300字

1400字

1500字

1600字

第3章　IT導入の投資効果

3．1　IT導入の投資効果の説明方法

　　Wi-Fiモジュールを活用した遠隔保守を中心とする修理サービスの投資対効果では，算出した投資規模に対して，効果を次のように試算して，事業部門に提案した。
①情報システムによる人件費の削減効果を「効果」とする
　　1年間の人件費と削減可能人数の積を求め，ROIの効果を算出した。
②期待する利益の一定割合を情報システムによる「効果」とする
　　経常利益の一定割合を情報システムの効果と捉え，ROIの効果を算出した。
　　以上の2種類の効果を算出して投資対効果を示すようにした。なぜならば，情報システムの投資効果の測定では，絶対的，というものがない。そのため，人件費削減や利益拡大など，事業部門による意思決定では，多面的に効果を測定する必要があると考えたからである。
　　ただし，定量的な効果に加えて，定性的な効果も示すようにした。定性的な効果では，顧客メリット，販売代理店のメリット，A社のメリットの一覧表を1ページにまとめることで，事業部門が迅速に意思決定できるようにした。

3．2　今後改善すべき点

　　定量的効果，定性的効果に加え，戦略的効果を説明したが，事業部からは戦略的効果を事業目標と絡めて定量的に示すと更によい，という評価を得た。具体的には，「稼働率の高い機器については，受注生産から見込み生産に切替え，他社よりも納期を短縮することで競争優位に立つ」という効果を戦略的効果として定量的に測定してほしいという要望である。
　　今後は，今回の投資では，事業課題がどのくらい解決

---

memo

ここに注目！👀
定量的効果を事業部門に対して，多面的に示しています。

100字
200字
300字
400字
500字
600字
700字
800字

できる見込みなのかを定量的に示すように改善したいと
考えている。定量的，定性的効果に加え，戦略的効果を
更に定量的に示すことが，今後の改善すべき点である。
　　　　　　　　　　　　　　　　　　　　－以上－

memo

900字

1000字

1100字

1200字

5

情報化リーダとしてのデジタルトランスフォーメーションや業務改革の推進

論文事例2

高橋　裕司

memo

設問ア

1. 社内ITのテレワーク制度対応に伴う業務分析

SI事業者のテレワーク制度導入に向けた社内システムの機能強化に伴う業務分析について以下に述べる。

1. 1　事業目標の概要

A社は，顧客システムの構築及び運用保守を受託するSI事業者である。総従業員数は約1,500人であり，東京本社に800人，全国各地の7支店に各50人〜200人の従業員が勤務している。

IT機器のコモディティ化が進んだことから価格競争が激化し，A社は売上を維持しつつも利益率は低下傾向にある。売上及び利益率の向上のため，営業活動の効率化と販売管理費の削減が経営課題となっている。

また，近年，競争優位を確保するために優秀な人材の確保や，経験を積んだ有能な従業員の離職防止のため，柔軟な働き方を実現する，いわゆる働き方改革の推進が必要となっている。

このような背景から，A社では場所や時間にとらわれず業務を実施できる環境を整えることを目標としたテレワーク制度導入プロジェクト（PJ）を立ち上げた。私は，A社の情報システム部に所属するITストラテジストであり，テレワーク導入に必要な社内システム改修の企画担当としてPJに参画した。

1. 2　業務分析の必要性

A社ではモバイルPCからファイルサーバーやメールシステムへのリモートアクセスを可能としていたが，見積作成，人事・経理申請のシステムは，社内だけでしか利用できなかった。PJでは外出の多い営業担当者やSEがこれらのシステムをテレワーク時に利用可能とすることを目標として定めた。私は，業務効率を確保するためには単純に既存の各システムをリモートアクセスの対象とするだけでなく，現業部門担当者と共同の業務分析が必要と考え，実施することにした。

設問イ

2. 業務分析で発見した問題点と原因，解決策となるITの導入

2. 1 業務フローと社内システムとの関連づけ

　前述のとおり，PJの全体目標から細分化した社内システム改修の目標として，現業部門の外勤者・内勤者が使用する見積作成システム，人事・経理申請システムの2システムについて，場所や時間にとらわれずに利用可能とすることが定められた。これを受けて，私は，現業部門の外勤者・内勤者，人事・経理部門の担当者とともに，業務フローに沿って，事業所外からの利用が必要となるシステムの対象範囲を抽出し，システム改修の仕様を策定する方針で業務分析を実施した。なお対象の2システムはいずれも情報システム部門で管理する社内ワークフローシステム（WF）上に構築されていた。

　PJの対象となるシステムを含む，A社の現業部門の業務フロー自体は，前年度までのJ-SOX対応プロジェクトで整備されたフローが継続更新されていたので，これを利用した。しかし，業務フローとシステムとの関連を現業部門担当者にヒアリングした結果，そもそもWFに移行されていない，書面での決済を前提とした業務フローが現業部門及び人事経理部門ともに残っていることが判明した。

　これは，WF導入時から，既存の業務フローに含まれる複雑な決済ルールが，WFの機能制約のため移行できないとされていた問題であった。しかし，各部門の責任者や担当者とともにWFの実装済み機能と業務内容を再度分析した結果，長年にわたる改定を経て複雑化した既存業務フローの見直しをしてないことが真の原因であることが判明した。よって，私はこの問題をPJ全体会議にエスカレーションし，経営層を含めて全体最適を優先する合意をとりつけた上で，WFに実装できていなかった業務フローについては，WFの仕様を前提に業務フローの見直しを

memo

100字

200字

300字

400字

500字

600字

700字

800字

ここに注目！ 👓

趣旨に沿って，「真の問題」を発見して，その原因を究明する展開にすると，更に良くなります。

345

memo

行うように徹底した。部門へのヒアリング結果以外の根拠として，複数社のWF導入成功事例を調査し，カスタマイズを最小限にすることが主要成功要因とされていたことを確認した。これによって，テレワーク時の業務処理が可能な状況を確保するとともに，WFのカスタマイズを行う場合に発生する費用や時間をかけないようにした。

2．2　　社内会議のためのWeb会議システム

　業務フローに沿った業務分析を実施した結果，WFを利用した決済でも，社内で事前に対面による会議をして確認する場合が多いことが判明した。テレワーク時でもこのような対面でのコミュニケーション手段の確保が必要となるため，導入後の柔軟な変更を考慮してSaaS型Web会議システムの導入を検討に加えることにした。

2．3　　モバイルPCからの情報漏えいリスクの対応

　業務分析を進める上で，現業部門ではモバイルPCからの情報漏えいの懸念と，管理面の負荷を心配する声が出ていた。社内リスク管理部門で策定しているセキュリティルールでは，モバイルPCで秘密情報を持ち出す際には，部門長の承認を得ることが定められていた。

　このため私はリスク管理部門を業務分析の対象に加え，WFをサーバ処理の画面転送だけになる仮想アプリケーション化し，作業を行う端末には情報が残らない仕様とすることで，セキュリティルールを満たすことを確認した。仮想アプリケーションについては，構築後にJIS Q 27001のフレームワークによって管理策が適切に適用されていることをリスク管理部門で再確認してもらうことにした。

　前述を踏まえて，WFのリモートアクセス対応，アプリケーション仮想化，Web会議システム導入という社内システム更改を行うことにした。

900字
1000字
1100字
1200字
1300字
1400字
1500字
1600字

設問ウ

3．IT導入の投資対効果
　PJでテレワーク対応のために実施する社内システム更改の投資対効果を以下に示す。
3．1　仮想アプリケーションによるWFのリモートアクセス対応
　前述のとおり，WFの仕様を前提とした業務フローの見直しを行う方針によって，WFのカスタマイズ費用をかけることなく，テレワーク時に必要となる業務フローのWF上の実装率を100％とすることができる。
　その上で，WFに仮想アプリケーション化するためのゲートウェイ設備を追加する初期・運用費用として，5年分で約1千万円が必要となる。対する効果は，外勤者が帰社して実施していた，見積作成システム及び人事・経理システムを使う業務が，時間・場所を問わず実施できるため，人件費の削減が可能となる。削減額は，全社の外勤者600名分で最低でも年間500万円になることが業務分析から把握できていた。このため費用対効果は十分であると判断された。
　さらに，仮想アプリケーション化することの副次効果として，アクセスする端末には実データが流れないことから，従来は会社支給のモバイルPCだけに限定していたリモートアクセスを，個人所有の端末でも利用する，いわゆるBYOD導入も可能となった。これによって，モバイルPCを持っていないテレワーク対象者（200名想定）に新規に配布するコスト（単価20万円×約200名）も，削減されることになる。
3．2　SaaS利用のWeb会議システム
　業務分析時に，社内会議のために拠点間を移動したり，外出先から帰社したりする時間をヒアリングし，その時間に相当する人件費を原資として，Web会議システムの導入を検討した。スマートフォン対応など技術革新の著しいアプリケーションであるため，初期投資額が少なく，

memo

ここに注目！
設問ウでは，「どのように事業部門に説明したか」とあるので，説明方法についてももっとアピールすると，更に良くなります。

347

——— memo ———

　柔軟に変更が可能なSaaSでの導入とした。
　現業部門の外勤者の人件費を上限としてSaaS利用料に充当するが，実際には部門を限定せずに全社利用を可能とするライセンス契約とすることで，得られる投資効果としては，全社の拠点間会議のための移動時間の削減も含まれることになり，効果は上昇する想定となる。

3．3　今後の改善点

　以上の業務分析から発見された問題点の解決によって，社内ITの更改及びPJは無事に完了した。
　仮想アプリケーションのゲートウェイが故障した場合の業務への影響が大きいことから，可用性の確保が今後の改善点として挙げられている。
　また，今後のテレワーク制度の試験導入を通じ，内勤者が育児などで在宅勤務する場合でも，社内と同様に業務が実施可能かの検証が行われ，システム面でのフィードバックがあった場合に順次対応していく。　－以上－

900字
1000字
1100字
1200字

IPA発表採点講評

　（IT導入の企画における業務分析について）では，業務分析において，業務内容，業務プロセス，IT活用に関する問題を発見し，その原因を究明して問題の解決策を策定した経験がある受験者には論述しやすかったと思われる。一方で，問題の原因を究明せず，問題とその解決策だけの論述も散見された。

5

情報化リーダとしてのデジタルトランス
フォーメーションや業務改革の推進

平成 26 年度 ST ▼ 問 1
IT を活用した業務改革について

　　近年は，IT の進展によって，事業課題に対して IT を積極的に活用し，新たな事業・サービスを展開することが可能となっている。このような中，IT ストラテジストは，事業部門と協力して，IT を活用した業務改革を実施することによって，事業・サービスの優位性確保，新規顧客の獲得などの事業課題に対応することが求められている。

　　IT を活用した業務改革には，例えば，次のようなものがある。

・外勤業務サービスの差別化のために，営業員，サービス員にタブレット端末などのスマートデバイスを配備し，業務進捗状況の迅速な確認，顧客別情報の適時適切な提供などの業務改革を行い，顧客対応時間の増加，顧客サービスの強化を推進する。

・店舗の売上げ拡大のために，内部の POS 情報，外部の SNS・ブログの情報を活用した顧客の購買傾向の分析と的確な品ぞろえ，対象を絞り込んだ顧客への情報発信などの業務改革を行い，販売機会の創出，顧客の囲い込みを推進する。

・物流サービスの優位性確保のために，配送車両に GPS 端末と各種センサを配備し，位置確認，道路情報に基づく配送経路の柔軟な変更，顧客への的確な情報提供などの業務改革を行い，顧客満足度の向上，物流サービスの品質向上を推進する。

　　IT ストラテジストは，IT を活用した業務改革を実施する際，事業課題に関連する業務の現状と将来見通し，複数の改革案と各案の結果の比較，活用する IT の費用などを検討し，定量的な費用対効果の根拠を示して経営者に説明することが重要である。

　　あなたの経験と考えに基づいて，設問ア〜ウに従って論述せよ。

設問ア　あなたが携わった，IT を活用した業務改革について，業務改革の背景にある事業課題を，事業の概要，特性とともに，800 字以内で述べよ。

設問イ　設問アで述べた事業課題に対応するために，実施した業務改革とそのときに活用した IT，及び費用対効果の定量的な根拠とそのときに検討した内容について，800 字以上 1,600 字以内で述べよ。

設問ウ　設問イで述べた業務改革の実施結果は，経営者にどのように評価されたか。更に改善する余地があると考えている事項を含めて，600 字以上 1,200 字以内で具体的に述べよ。

論文事例 1

岡山　昌二

設問ア

第 1 章　業務改革の背景にある事業課題

1．1　事業の概要

　A社は自動販売機を製造・販売する中堅の企業である。A社の顧客は，清涼飲料水や酒類など（以下，飲物という）のメーカや，複数のメーカから飲物を仕入れて販売を行う，飲物専門の販売会社がある。

　飲物のメーカによっては，ルーレットなどのゲームを購入者に行わせ，当たりの結果が出た場合に飲物をプレゼントする機能をもたせている。最近では，昼間は電気を消費しない省エネ機能をもつ商品が売れ筋である。ただし，商品の機能は基本的には大差はない。

1．2　事業の特性

　商品の基本機能に大差がない点から，業界ごとの事業特性としては，商品を差別化しにくいという点を挙げることができる。そのため，他社の商品と差別化できる機能があれば，競争優位に立てるチャンスはあると考えることができる。

1．3　業務改革の背景にある事業課題

　自動販売機という商品は，成熟した商品であるため，ゲーム機能や省エネ機能などを商品の差別化として利用しても，参入障壁が低いために継続して競争優位に立つことは難しかった。商品の製造・販売だけでは，シェアを伸ばし利益を拡大することは，難しい状況が続いていた。

　A社の経営者は，このような利益構造を転換して，売上利益率の高い商品及びサービスを開発して，利益を拡大するという事業課題を策定した。A社のITストラテジストである私は，この事業課題を解消するために，次に述べるようにして，顔認識などのITを活用した商品とサービスを提供して業務改革を行った。

memo

100字
200字
300字
400字
500字
600字
700字
800字

設問イ

第2章　実施した業務改革
2．1　実施した業務改革
　　自動販売機で販売した商品の販売動向は，人手による
販売情報の収集が主体であった。自動販売機に商品を追
加する担当者がどれだけ売れたかを報告すると，それが
メーカや専門の販売会社に収集され，購買動向の分析に
利用されるという，バッチ処理的な状況であった。
　　そこでバッチ処理的からリアルタイム処理的な分析に
移行するために，新たな自動販売機にはカメラを装着す
ることにした。カメラからは，購入者の性別，年齢を認
識して，販売日時，気温，湿度を販売情報として，自動
販売機の通信機能を用いてA社に送信する。A社側では，
販売情報を分析して，その結果をメーカあるいは販売会
社に，販売予測や購買傾向の分析結果として送信する。
　　すなわち，業務改革はA社で自動販売機から収集した
購買動向を分析して，飲物別に販売予測や購買傾向の分
析結果を有料で提供する新サービスの開始である。
2．2　活用したIT
　　活用したITは，①自動販売機にカメラを取付け，購買
者の顔認識を行い，性別や年齢を認識するIT，②自動販
売機に通信モジュールを装着して，リアタイムに購買傾
向をA社のサーバに送信するIT，である。
　　なお，飲物別に販売予測や購買傾向の分析結果を提供
する新サービスについては，既存のサービスを流用する
ことで可能なことを，A社のシステムアーキテクトに確
認して了承を得た。
2．3　費用対効果の定量的な根拠と検討した内容
　　カメラを自動販売機に装着して顔認識し，購買傾向を
A社に送信する機能については，A社の組込みシステム
を担当する設計部門と連携してコストを算出し，定量的
な根拠とした。
　　更に，新サービスについては，PaaSのクラウドサービ

ここに注目！◉◉
ITを活用して競争優位
に立つという視点で，
町中のいろいろなもの
を見直してみましょ
う。

100字
200字
300字
400字
500字
600字
700字
800字

スを利用してソフトウェアを稼働させ，それを新サービスとしてＡ社から提供する形を採用することにした。

　以上のように，製品コストについては設計部門が定量的な根拠を明らかにした。新サービスのイニシャルコストについては，Ａ社の情報システム部門がソフトウェアの開発を見積り，定量的な根拠を明らかにした。新サービスのランニングコストについては，クラウドサービスの利用料金とソフトウェアの開発・保守コストから定量的な根拠を明らかにした。

　新商品と新サービスの売上向上への効果については，それぞれを分解して効果を検討した。新商品の効果については，過去の省エネ機能付きの自動販売機を売り出したときの売上状況を根拠にして商品の売上高を推測して，それらを基にして利益を算出することにした。新サービスの効果については，類似しているビジネスモデルであるカーナビの地図販売と地図のメンテナンスサービスを参考にして効果を算出した。ただし，月額費用の支払いの敷居を低くするために，新サービスは最初の 1 年間は無料とし，2 年目以降は自動販売機ごとに月額費用を顧客から請求するという方式にした。

　以上を企画書としてまとめ上げ，経営者に提案して承認された。

900字
1000字
1100字
1200字
1300字
1400字
1500字
1600字

設問ウ

第3章　経営者からの評価と更に改善する余地
3．1　経営者からの評価
　カメラ付きの新商品のリリース後，省エネの自動販売機時よりも売上を伸ばし，結果的に，新商品の発売後2年経過した時点で，予測した以上の売上と利益の確保が実現した。
　有料の新サービスについても，商品と同様にサービスの契約数を伸ばし，今回の業務改革は，2年目以降は黒字に転換して，利益構造の転換の推進に成功したと判断できる。
　経営者からは，A社全体での売上高利益率は向上して，目標達成率9割程までになっているという評価を得た。ただし，自動販売機にカメラを付けていることが購入者に分かるため，個人情報保護法に抵触しない旨を明確にしておくという指示を受けた。
3．2　更に改善する余地
　今後は，業務改革を更に浸透させるために，購入者の情報を詳細にして，販売予測や購買傾向の分析結果の精度を上げて，サービスの品質を向上させる余地があると考えている。
　一方，購買者の顔認識の精度を上げると，個人情報保護法への配慮が重要になってくる。現状では，顔認識は不可逆である，すなわち，顔認識から得られる情報で，個人を特定することは難しいため，個人情報保護法には抵触しない。ただし，精度を上げることで個人を特定できる可能性が高くなるので，関連する法律への配慮も必要となってくる。
　個人情報保護法に抵触しない範囲で，購買者の情報の粒度を細かくして収集し，購買傾向の分析精度を高める点が，更に改善する余地として考えている。
　　　　　　　　　　　　　　　　　　　　　　－以上－

memo

ここに注目！◉◉
「ただし～」と書いて，次の更に改善する余地につなげる展開にします。

100字
200字
300字
400字
500字
600字
700字
800字

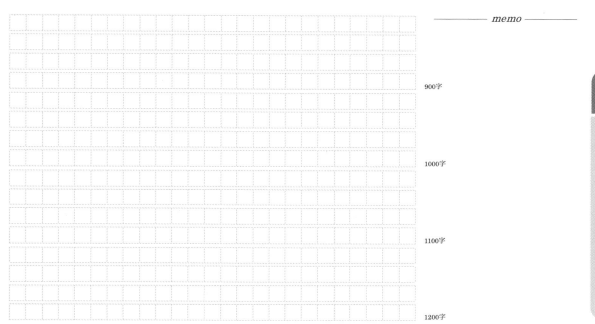

memo

900字

1000字

1100字

1200字

IPA発表採点講評

　（ITを活用した業務改革について）では，事業課題を明確に認識した上で，この課題に対応するために費用対効果の定量的な根拠を検討し，適切なITを選択・活用した業務改革を行った経験がある受験者は，論述しやすかったと思われる。一方，業務改革でなく，業務上の問題点の改善，システムの改善に終始した論述，費用対効果の定量的な根拠を具体的に説明できていない論述が散見された。

Memo

第6章

組込みシステム・IoTを利用した
システム

経営環境の急激な変化に伴う組込みシステム事業の成長戦略の意思決定について

　昨今の組込みシステム，IoT 製品の業界は，デジタルトランスフォーメーション（DX）推進などによる多様な分野への急激な市場拡大，また新型コロナウイルス感染症拡大による社会情勢の変化などによって経営環境が急変し，今後の業績，事業の成長の見通しが不透明となっている。

　経営環境を取り巻くそのような状況下において，事業の成長を目的とした意思決定のためには，成長戦略の継続的な見直しが必要である。成長戦略を見直す手法として，成長戦略を新規．既存製品と新規・既存市場の組合せで四つに分類し，製品市場マトリクスとして検討する考え方がある。具体的には，①新製品開発戦略（新規製品を既存市場へ投入），②新市場開拓戦略（既存製品を新規市場へ投入），③多角化戦略（新規製品を新規市場へ投入），④市場浸透戦略（比較的経営環境の変動が小さい既存市場での既存製品維持）である。例えば既存製品の売上減少，市場の縮小・消失などが見込まれる場合では，新市場開拓戦略と多角化戦略が考えられる。多角化戦略の例として，事務機器メーカのアルコール自動噴霧器の市場への投入，防災機器メーカの AI 自動顔認証体温測定装置の市場への投入などがある。

　組込みシステムの IT ストラテジストは，既存製品，既存市場又は新規市場を分析し，経営環境の変化に対応する事業の成長を見据えた成長戦略を立案するなどの意思決定を行うことが重要である。その際に，立案した目標と結果がかい離するなどの経営リスクをあらかじめ分析し，その分析結果に対応するための経営リスクマネジメントも重要である。さらに，新規製品投入の場合には，早期に開発するために必要な保有技術・新規開発技術を鑑みた検討が必要である。

　あなたの経験と考えに基づいて，設問ア～ウに従って論述せよ。

設問ア　あなたが携わった組込みシステムの製品の概要，経営環境の変化，及びそれに応じた，製品市場マトリクスにおける成長戦略の内容を，800 字以内で述べよ。

設問イ　設問アで述べた成長戦略における市場の特徴，成長戦略を立案した根拠及び意思決定に至った過程，また，どのような経営リスクを想定し，どのような経営リスクマネジメントを実施したか，800 字以上 1,600 字以内で具体的に述べよ。

設問ウ　設問イで述べた成長戦略を立案した根拠及び意思決定に至った過程を基に，現時点における成長戦略の評価，意思決定の評価，経営リスクマネジメントへの評価を，600 字以上 1,200 字以内で具体的に述べよ。

設問ア

1　組込みシステムの概要，経営環境の変化，市場成長マトリクスにおける成長戦略

1．1　組込みシステムの概要

　私は，計測機器メーカのA社の経営企画部に所属するITストラテジストである。A社は，電気製品など向けの計測機器を製造・販売している。計測機器メーカとして創業したA社は80年を超える歴史をもち，電力計，テスタ，プローブなどが主力製品である。海外にも進出し，米国，台湾，中国，ドイツなどに現地法人を設立している。論述対象の組込みシステムは，ヘルスケアロボット（以下，Hロボットという）である。Hロボットは，血圧計，体重計，体温計，歩数計などの計測機器と赤外線や無線LANで接続し，測定データを蓄積・分析して利用者にアドバイスする機能などを提供する。

1．2　経営環境の変化

　計測機器メーカとしてのA社は知名度が高く，製品の品質が評価されていて，市場における一定のシェアは，1年前までは維持できていた。既存ユーザは継続的にA社の製品を導入している状況であった。ただし，タブレットやスマートデバイスにセンサを組み合わせた競合他社の製品が市場に参入するようになって，専用デバイスであるA社の計測機器のシェアの低下傾向が鮮明になり，A社幹部は事業の成長戦略の見直しを決断した。私は，A社幹部から，事業の成長を見据えた成長戦略の立案を指示された。

1．3　市場成長マトリクスにおける成長戦略

　私は，A社の製品について，これまでの導入実績，品質などの市場評価を鑑みると，他社の計測機器と比較して，十分競争力があると考えている。しかし，市場規模の拡大は期待できない。他社の新製品の出現によりシェア維持は難しく，新しい市場向けの新製品を投入する必要があり，多角化戦略が最適であると判断した。

memo

100字
200字
300字
400字
500字
600字
700字
800字

設問イ

memo

2　市場の特徴，成長戦略を立案した根拠および意思決定に至った過程，経営リスクマネジメント

2．1　市場の特徴

　私は新しい市場について，規模が拡大する可能性の高い市場にターゲットを絞り，今後も増え続ける高齢者を対象にした製品の企画を検討することとした。少子高齢化が叫ばれるようになって数年が経過しており，19歳以下の人口，20〜64歳の人口が今後40年間で大幅に減少することに対して，65歳以上の人口は横ばいという見込みが示されている。

2．2　成長戦略を立案した根拠および意思決定に至った過程

　高齢者人口が横ばいという仮定の下，競合製品の少ない市場を見出すことが重要である。現在の日本では，多くの世代で健康志向が高まっていて，年金生活者にとって医療費の高騰は懸念事項である。私は，日常の健康管理をサポートし，高齢者が自ら健康維持できるようにすることを目的とする製品が有効ではないかと考えた。

　高齢者を対象に健康管理の状況を調査してみると，「忘れてしまう」という事象が上位を占めており，具体的には「普段服用している薬を飲み忘れてしまう」，「血圧や体重の測定を忘れてしまう」のような状況であることが判明した。他には，「測定した結果を記録することに手間が掛かる」，「歩数計の情報が操作ミスで消えてしまった」のような意見も散見された。私は，Ｈロボットと周辺機器を連携させることによって，「忘れてしまう」ことを防止するためにロボットから利用者に話しかける機能，一連の情報の記録を周辺機器との通信によって自動的に行う機能を実装する方針とした。

2．3　経営リスクマネジメント

　私は，立案した成長戦略について，Ａ社がこれまでに立案した戦略の実行状況，業界における成長戦略の事例

を分析した結果，次のような目標と結果がかい離する経営リスクがあると考えた。

・市場における製品の認知が進まず，販売計画を下回ってしまう。

・関連する機器は外部調達を予定しているが，適切な機器が調達できなかったり，Ｈロボット全体のマネジメントが期待どおりに進まなかったりする。

　前者については，コンサルティングファームに協力を要請し，告知時期，告知手段，マーケティングチャネルなどの全体像を事前に明確化し，戦略の実行に着手する。後者については，システムアーキテクトの事前の調査によって目標とする機能は実現できるという判断をしている。調達先の企業と連携して，プロトタイプを先行して開発し，Ｈロボットの機能が実現可能かを見極める。新製品は現時点で競合がほとんどなく，早期に市場へ投入する必要がある。実現が困難な箇所が生じた場合は，機能を縮小した製品を先行して投入する計画である。

───── memo ─────

ここに注目！ 👀

"～と考え"などという展開を盛り込んで，専門家としての考えを採点者にアピールするように表現すると更に良くなります。

6

組込みシステム・IoTを利用したシステム

900字
1000字
1100字
1200字
1300字
1400字
1500字
1600字

—— memo ——

設問ウ

3　成長戦略の評価

3. 1　成長戦略の評価と意思決定の評価

　私が立案した成長戦略は，多角化戦略であった。A社にとってみると，初めて手掛ける分野の製品であり，私は，市場に受け入れられる製品となること，適切な規模の市場を早期に獲得できることが成長戦略の成否に直結すると考えている。

　製品については，これまで培った計測機器の設計ノウハウが活用できる部分もあり，調達先の企業と連携して試作した新製品は十分実用に耐え得るものであった。市場については，コンサルティングファームとの協業の下調査した結果，一定規模の市場を確保できる見込みである。第一段階として，既存顧客が多い地域をモデル地区として，地域に立地する民間の医療福祉施設などをターゲットに展開を図る計画としている。これらの結果から，成長戦略，意思決定とも十分評価できるものと考えている。

3. 2　経営リスクマネジメントへの評価

　私が立案した成長戦略について，管掌役員をとおして，社内の経営審議会で説明する機会を，私は与えられた。社内の技術とりまとめ責任者，オブザーバとしてコンサルティングファームの責任者に同席いただき，新製品の概要に加え，市場規模，経営リスクマネジメントなどについて，私から全体を説明することができた，幹部からは市場規模の見極めと，経営リスクマネジメントについて，何点かコメントが発せられた。私は，事前に準備しておいた詳細な分析資料を用い，ITストラテジストとしての判断理由を説明し，幹部から成長戦略の承認を得ることができた。これらの結果から，私は，自身が検討した経営リスクマネジメントは十分評価に値するものと考えている。

以上

ここに注目！ 👓

　"具体的には〜"などと展開して，コメントの内容と詳細な分析資料の例を示して，事例の詳細を論じると，更に良くなります。

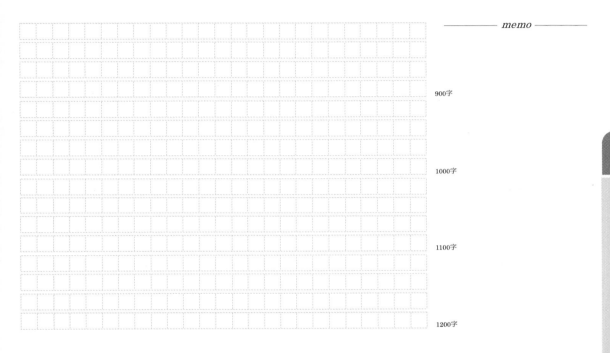

IPA発表採点講評

　問３では，多くの論述は具体性があり，既存製品，既存市場又は新規市場を分析し，経営変化に対する事業の成長を見据えた成長戦略を立案するなどの意思決定を行った経験のある受験者には，論述しやすかったと思われる。一方で，対象とする製品の概要が不明瞭な論述，成長戦略の内容が不足した論述，経営リスクに対して技術的課題を論述しているものも見受けられた。組込みシステムのITストラテジストは，既存製品，既存市場又は新規市場を分析した結果を基にした，成長戦略の意思決定について理解し，経営リスクマネジメントとともに実践で深く分析する能力を養ってほしい。

異業種メーカとの協業による組込みシステムの製品企画戦略について

　近年，異業種メーカとの協業による組込みシステムの製品が様々な市場に進出している。新分野における新製品の開発及び既存製品の機能の見直しを検討し，IoT，AI を導入した異業種メーカと協業することで，新たな価値を創造した製品戦略を策定することができ，未開拓の新市場などへの参入が可能になる。

　既存製品の市場におけるライフサイクルのステージが成熟期・衰退期の時期であっても，異業種メーカと協業することによって，既存製品を新たなニーズに対応した価値のある製品として新市場に投入する戦略が考えられる。また，新市場の調査結果を基に企画した製品について，自社の保有技術だけでは製品化，販路の開拓などの実現が難しい場合でも，異業種メーカとの協業によって実現できることもある。

　例えば，ディジタルサイネージメーカでは，防災機器メーカ，自動販売機専門メーカとの協業によって"高機能型 IoT 自動販売機"を製品化することが挙げられる。

　協業する企業は，投入する製品を補完する部分及び新市場を分析し，技術的な適性，実績，企業系列などを吟味し，社内方針に従って選定される必要がある。

　組込みシステムの IT ストラテジストは，企画した製品に関して協業する各企業と協議した上で，課題の抽出，課題に対する解決策，適用範囲などを取りまとめることが求められている。その過程の中で，協業する企業の分担範囲をトレードオフしながら切り分け，最適な製品を企画することが重要である。

　あなたの経験と考えに基づいて，設問ア～ウに従って論述せよ。

設問ア　あなたが異業種メーカとの協業で企画・検討をした組込みシステムの製品の概要，企画・検討に至った経緯を，新市場の特徴とともに 800 字以内で述べよ。

設問イ　設問アで述べた製品において，異業種メーカとの協業を検討した理由，協業する各企業の分担範囲及びそのトレードオフ，各企業から挙がった課題及びその解決策として考えられる内容を，800 字以上 1,600 字以内で具体的に述べよ。

設問ウ　設問イで述べた異業種メーカとの協業について判断したことの妥当性，分担を考えた内容の妥当性，課題に対する解決策についての評価を，600 字以上 1,200 字以内で具体的に述べよ。

論文事例1

高橋　裕司

設問ア

memo

1．サイバーセキュリティ機能付きスマートファクトリー対応LANスイッチの企画戦略

1－1　企画・検討をした組込みシステムの製品の概要

　論述の対象とする製品の企画は，政府の掲げるスマートファクトリー構想の実現に向けたNW機器の新規開発である。私は，国内でトップシェアを占めるコンピュータネットワーク（以下NW）機器メーカA社の商品開発部に所属するITストラテジストで，本企画を主幹した。

　A社は企業用のL2/L3NW機器，ファイアウォール，無線LAN装置が主力製品であり，ファクトリーオートメーション（以下FA）用途のNW機器もラインナップしている。

　FA用NW機器は，通常の企業用NW機器に電磁ノイズ耐性や防じん性，動作温度などの環境面の要件を満たす改良をした製品である。しかし他の差別化は他社を含めて困難で値引き競争になっている市場の状況を脱する必要があった。

　この製品は，FA用LANスイッチに，付加機能として業界標準プロトコルで工作機械の状態を把握するプログラムを内蔵する。さらに，FA系NWとERPなどが配置される業務系NWの間を，セキュリティを確保して接続するゲートウェイ機能を有する。

1－2　企画・検討に至った経緯

　政府は，近年IoTを活用したものづくりのスマート化，スマートファクトリー構想を打ち出しており，FA業界では高度な機能を持つNW機器への設備投資の機運が高まり，新市場を形成しつつあった。そこで私は，開発のターゲットを既存のFA用LANスイッチの付加価値を高めた「サイバーセキュリティ機能を有するIoT対応LANスイッチ」（以下製品X）とした。

100字
200字
300字
400字
500字
600字
700字
800字

6

memo

設問イ

2．異業種メーカとの協業における課題と解決策について

2－1　協業先として工作機械メーカ及びERPソフトメーカを検討した理由

　製品X開発に際し，自社技術だけでは製品化と販路拡大が困難な点が2点あった。1点目は，FA機器とのI/F機能を追加するための工作機器メーカのノウハウが自社にないこと。2点目は，ERPを介した将来のマス・カスタマイゼーション機能の検討はソフトメーカとの連携が必要かつ販促活動も自社単体では困難なことである。このため私は，両メーカを含んだ協業体制で企画を進めることとした。

　協業先の選定においては，工作機械メーカ及びERPメーカともに，NW分野のハードウェア製品で自社と競合していない点を重視した。なぜならば私は，新製品を今後の自社主力製品にしたいと考えており，長期的な協業体制を構築する必要があったためである。結果として工作機械メーカはFA用NW機器を当社にOEM提供しているB社，ERPはソフト専業のC社を選定し，共同開発の体制を整備した。

　選定の上でのトレードオフとして，上記の制約を重視したためB社，C社とも各業界のトップメーカではなかったが，逆にNW機器トップであるA社との友好的な協力関係を築くことができた。両社とも製品Xの開発に必要な技術力に問題がないことは，事前にヒアリングシートなどを交換し確認した。

2－2　工作機械及びERPへのデータ連携機能の課題と解決策

　私は協業先2社との分担を，各社の保有技術を基に以下のとおり調整した。製品Xの当初の開発スコープを明確化したことで，分担決めは円滑に実施できた。
・A社は，製品XのLANスイッチ・セキュリティ機能及

ここに注目！👀

IPA発表の採点講評にある"協業を検討した理由が不明瞭で内容が不足している"と評価されないように，設問で"理由"を問うている場合は，"理由は〜"などと明示的に論じるとよいです。このように表現することで，少なくとも不明瞭ではなくなります。

———— memo ————

びハードウェアを担当。

・B社は，工作機械と通信し状態取得する製品Xに組み込むプログラム開発を担当。

・C社は，複数の製品Xから情報集約しFAの稼働状況を可視化するERPのアドオンソフト開発を担当。

　しかし，具体的な仕様を策定する段階で，調整が必要な課題が1点持ち上がった。その課題の内容は，B社とC社が工作機械とのデータ通信及びERPでのデータ集約において，開発の容易性を理由に，既存製品に準拠した独自規格での実装を要望してきたことであった。

　A社としては製品Xの性質上，幅広いメーカの工作機械やERP製品を仲介する存在にする必要がある。私は，工作機械及びERPとの通信プロトコルは業界標準に準拠しておくことが戦略上重要であると考えた。このため，自社及び各社のシステムアーキテクトを交えて打ち合わせを行い，既存製品の仕様について把握した上で，以下の説得を行った。

・各社の実装済みの機能は製品Xの要件に対して不足があり，追加開発が必要であること。追加開発を行うことを考慮すると，既存改修よりも標準規格準拠の方が効率が良いこと。

・各社独自規格に依存した実装は，今後の各社の製品バージョンアップの際に制約となる懸念があること。

　最終的に両社は上記の内容に合意し，製品Xは標準規格準拠で開発を進めることとなった。

900字

1000字

1100字

1200字

1300字

1400字

1500字

1600字

——— memo ———

設問ウ

3．異業種メーカとの協業に関する評価

現在，製品Xは初期バージョンの開発が完了し，3社共同のプレスリリースと製品プロモーションの展開及び協業先B社，C社での製品導入先に試験導入が開始されている。

3－1　協業について判断したことの妥当性

製品Xの開発を通じて3社とも今まで十分な知見の蓄積がなかったIoT分野において自社製品の付加価値を高める技術開発ができたことから，3社での協業を選択した判断は妥当性があったと評価する。

また，企画から現時点の開発まで，通信方式の標準化準拠についての調整以外は大きな会社間の調整事項が発生していないことから，卓越した技術力や市場シェアではなく，市場での競合がなく円滑に協業を進められる関係にあるB社，C社を選択したことは妥当であったと判断している。

3－2　分担を考えた内容の妥当性

製品XはFA系NWと業務系NWをゲートウェイ機能でセキュリティを確保しながら相互接続し，FA側で工作機械との通信，業務側でERPとの通信を行うという明確なコンセプトをもたせていた。このため，異業種メーカ間でも責任分界点を適切に設定できている。相互の分担部分でビジネスが競合しないことも有効に作用していると評価している。

3－3　課題に対する解決策についての評価

製品Xの初期リリースは，当初の想定どおりの納期で，同種の他社製品よりも先にリリースできたことから市場からも好意的な評価を得ている。

また，他の工作機器メーカ，ERPメーカなどからの相互接続についての問合せも寄せられており，協業したB社，C社との標準規格に準拠した仕様及び実装が今後の同種の製品のデファクトスタンダードとなる可能性も高

ここに注目！◉◉

根拠を盛り込んで評価している点が良いです。

まっている状況である。これらのことから，標準規格を
採用して開発を実施した方向性について，適切であった
と評価している。

―― *memo* ――

900字

1000字

1100字

1200字

6

組込みシステム・IoTを利用したシステム

IPA発表採点講評

　問3では，異業種メーカとの協業による組込みシステムの製品企画戦略について，具体的な論述を期待した。異業種メーカとの協業によって，既存製品を新たな製品として新市場へ投入する企画を立案した経験のある受験者には，論述しやすかったと思われる。一方で，新製品の概要が不明瞭な論述，異業種メーカとの協業ではなく単なる外部調達に言及する論述，協業を検討した理由が不明瞭で内容が不足している論述も見受けられた。組込みシステムのITストラテジストは，既存製品のライフサイクルのステージを基にした，新市場への投入戦略について理解し，実践で深く分析する能力を養ってほしい。

組込みシステムの製品企画における調達戦略について

　組込みシステムの製品において，近年の AI，IoT などの進展に伴い，他社製品との連携，複合化，新要素技術の導入など，高度化，複雑化した要求が増えている。

　組込みシステムの IT ストラテジストは，製品を企画する際にシステムアーキテクトなどに協力を求め，必要な技術を洗い出す必要がある。洗い出した結果を基に，現在の自社保有技術と経営戦略との両面から中長期的な展望を視野に入れ，自社開発と外注化などによるアウトソーシングを含めた外部調達との棲み分けを分析し，調達方針を検討しなければならない。

　調達戦略では，既存製品の購買費，内製・外製を鑑みた新規開発費などのコスト削減を検討する。自社保有技術があっても陳腐化によって，競合他社と比較して弱みとなることが考えられる場合は，強みとするために，新技術を用いた製品を自社開発以外に調達することも検討する必要がある。また，ネットワークを利用した製品においてセキュリティに関するスキルが自社にない場合は，外部の専門家を要請するケースもある。これらの調達先の選定は，例えば，これまでの自社との関係・実績，強みとなる技術評価，長期的な供給の安定性，見積提示価格，品質管理体制などの項目から関連部門と吟味して方針を決定することが重要である。

　組込みシステムの IT ストラテジストは，製品を企画する際に必要な技術を洗い出し，中長期的な視点で自社開発と外部調達との棲み分けを決定し，外部調達については，外部へ情報を開示するリスクにも配慮しなければならない。

　あなたの経験と考えに基づいて，設問ア～ウに従って論述せよ。

設問ア　あなたが企画した組込みシステムの製品の概要，製品企画の背景，調達戦略の特徴を，800 字以内で述べよ。

設問イ　設問アで述べた製品の自社保有技術の内容，調達先の選定に関する方針内容，専門家の要請に関する検討内容，外部調達に伴うリスク及びそのリスクに対応するために配慮した内容について，800 字以上 1,600 字以内で具体的に述べよ。

設問ウ　設問イで述べた調達先の選定の方針の妥当性，外部調達に伴うリスクに対して配慮した内容の評価，外部調達による副次効果，及び将来の展望について，600 字以上 1,200 字以内で具体的に述べよ。

論文事例1

満川　一彦

設問ア

1　製品の概要，製品企画の背景，調達戦略の特徴

1．1　製品の概要

　私は，A社の経営企画部に所属するITストラテジストである。A社は，オフィスや事務所向けの監視カメラを主力とする防災機器メーカである。セキュリティの重要性が幅広く認知される前から製品を設計・製造・販売していて，建設業界の市場から高い評価を受けている。近年は一般家庭向けの製品も手掛けており，業績は好調である。ただし，現在では競合他社が多数参入し，特に価格面で有利な海外メーカの存在が大きくなってきている。A社幹部は，監視カメラの画像を解析することができ，セキュリティ機能を強化した監視カメラの新製品を市場に提供する中期計画を決定した。

1．2　製品企画の背景

　監視カメラの業界は，多くの企業が参入しており，特定の企業がシェアの大半を占めるという状況ではない。A社を含めた大手の数社で市場の70%を占有し，シェアは拮抗している。監視カメラの基本性能は，画像の精細さ，暗所での撮影能力などセンサに依存する部分が大きく，差別化は難しい。A社の経営幹部は，私に対して，監視カメラの主力製品の次期モデルとなる製品の企画を指示した。

1．3　調達戦略の特徴

　競合他社の動向を鑑みると，新しい機能を備えた監視カメラを市場に提供することが最も重要であると考えられる。新しい機能を短期間に実現し，新製品を市場に投入するためには，自社の技術だけで開発することが難しいことがあり，外部から必要な技術を調達することも必要である。私は，実績のある企業だけではなく，調達対象となる技術を有していればベンチャー企業などについても候補とすることとした。

——— memo ———

設問イ

2　自社保有技術の内容，調達先の選定に関する方針内容，専門家の要請に関する検討内容，外部調達に伴うリスク，リスクに対応するために配慮した内容

2．1　自社保有技術の内容

　私は，新製品の企画を進めるにあたり，システムアーキテクトのS氏に自社が保有する技術の状況の調査を依頼した。S氏が調査した結果，次のような報告を受けた。

・基本技術について；A社の監視カメラは，長期間市場に投入している実績があり，市場からも十分認められている。競合他社の製品と比較して，性能面，品質面で劣ることもなく，監視カメラの基本的な設計技術は，新製品の開発にも大きく寄与できるものと考えられる。

・画像解析について；これまでのA社の製品では，静止画の簡単な解析を取り入れたことがある程度で，動画の画像解析モジュールは自社で保有していない。静止画の解析技術をベースにモジュールの開発を進めるには長い時間を要するものと考えられる。

　私は，S氏から報告された調査結果を踏まえ，監視カメラの新製品に必要となる動画の解析モジュールを外部調達する必要があると判断した。

2．2　調達先の選定に関する方針内容

　調達先の選定について，調達先がもつ技術の見極めに加え，A社との取引の実績，供給の安定性，調達コスト，調達先の品質管理体制などを検討項目とした。S氏の助言を交えながら検討した結果，調達先の候補として残ったのは，P社とQ社であった。

　P社とQ社とも，これまでの取引実績はなく，動画解析モジュールの製品化はP社が先行している。出荷実績についてもP社の方が多くなっている。Q社の歴史はP社より浅いものの，P社と同様に上場企業で，様々なシーンに対応した多様な動画解析モジュールを製品化している。P社，Q社とも，ここ数期の決算報告を確認する

—— memo ——

限り業績は良く，供給の安定性に不安はないと考えられる。調達コストは概算の見積りでＰ社の方が高い。品質管理体制は両社とも国際標準の認証を受けていて問題はないと判断できる。

900字

　私は，調達コストの差と，多様な動画解析モジュールを製品化している点を踏まえ，Ｑ社からの調達を決定した。

２．３　専門家の要請に関する検討内容

1000字

　動画解析モジュールの技術は，外部調達によって得ることができる。一方，Ａ社にとって，動画の画像解析は初めての取り組みであるため，動画の解析結果を基に「脅威である」と判断するスキルをもつ人材がなかった。

1100字

私は，当該スキル不足を補うため，外部から専門家を要請することを決定した。

２．４　外部調達に伴うリスク

　Ｑ社は新しい取引先であり，動画解析の技術に関する

1200字

情報は，Ｑ社の公開情報と契約に際しＱ社から提供される情報に限定されるため，動画解析に関する技術が期待どおり得られないというリスクが存在する。上場企業であるＱ社の財務状況については，ＩＲを信用できると判断

1300字

した。

２．５　リスクに対応するために配慮した内容

　Ｑ社が期待した技術を提供できると判断するためには，事前に得られる情報だけでは不十分である。私はＱ社と

1400字

交渉し，正式な契約の前に実証実験を行うことで合意した。実証実験では，技術面で問題が生じないことを確認する。

1500字

1600字

ここに注目！◉◉

趣旨にある"外部調達については，外部へ情報を開示するリスクにも配慮しなければならない"という記述に沿って論じていることを，もっと採点者にアピールするように論じると，更に良くなります。

設問ウ

—— *memo* ——

3　調達先の選定の方針の妥当性および外部調達に伴うリスクに配慮した内容の評価，外部調達による副次的効果と将来の展望

3．1　調達先の選定の方針の妥当性および外部調達に伴うリスクに配慮した内容の評価

　私は，調達先の候補であるP社とQ社について，複数の項目を評価し，最終的な調達先をQ社に決定した。正式契約の前に，システムアーキテクトのS氏に対して，動画解析の実証実験と試作品の作成を依頼した。S氏からは，期待どおりの機能をもった試作品が完成したという報告があり，私が立案した調達先の選定の方針は妥当であると判断する。

　Q社がもつ動画解析の技術が期待どおりでないというリスクに対して，S氏による動画解析技術の評価は良好であった。Q社の動画解析技術が適切ではなかった場合に損失が生じるため，Q社との契約に際しては，A社における社外契約を取りまとめる部門の指示に従い，外部の組織と契約損失の補塡などを含む条項を含めている。私は，外部調達に関するリスクは十分小さくできたと判断している。私がリスクに対して配慮した内容は適切であったと評価できる。

3．2　外部調達による副次的効果と将来の展望

　今回の製品企画における調達戦略によって，新たな取引先となるQ社と契約を結ぶことができた。完成品の市場における評価は上々で，Q社がもつ動画解析の技術がA社にもたらしたものは大きい。A社のWebサイトを見た個人顧客からの問い合わせが多数あり，セキュリティ意識の高まりの影響かと考えられる。次期製品の方向性を広げる結果となっている。

　競合他社がひしめく業界において，相応の速度をもって新製品を継続的に提供することが重要である。私は，新製品に必要となる技術分野のうち，自社で保有してい

ここに注目！

設問で問うている"副次的効果"を使って，"〜という副次的効果があった"などと明示的に論じると更に良くなります。

100字　200字　300字　400字　500字　600字　700字　800字

——— memo ———

|な|い|技|術|分|野|は|，|今|後|も|外|部|調|達|を|活|用|す|る|こ|と|を|考|え|
|て|い|る|。|

以上

900字

6

1000字

組込みシステム・IoTを利用したシステム

1100字

1200字

組込みシステムの製品企画戦略における市場分析について

　組込みシステムの市場は，IoT，AIなどの新技術の影響で，新製品の投入が活発化している。新製品を企画する際には，同業他社の動向などを調査して優位性を確保し，更に新技術の潮流を把握する必要がある。その上で市場の分析手法を用いて，市場に投入する新製品の売上高，利益率，販売数などを試算し，その結果を勘案して戦略を立案する。

　市場の分析手法として，市場成長率を縦軸に，市場占有率を横軸にとり，全体を4象限に分割し，当該企画製品がどの象限に該当するかを分析する手法がある。市場占有率は，新製品と類似の製品を投入している先行メーカを参考にしながら試算し，目的の象限に合致するように戦略を立案する。例えば，市場成長率が高く，市場占有率が低い場合は，拡大戦略を立案する。具体的には，販売促進・販売代理店強化・積極的な展示会への出展などで訴求力を高め，更に利用者の要求情報などを基に新たな機能を追加する。これに対し，市場占有率の拡大が見込めない場合は，参入を取り止めたり，調査した市場から別の市場へと切り替えたりする戦略もある。

　別の手法として，市場の魅力などを縦軸に，当該企画製品の優位性などを横軸にとり，全体を9象限に分割する手法もある。特徴として，前述の手法と比較したとき，自社に合った指標を選択できる利点がある。その一方で，内部データを多く使用するので同業他社との比較が難しい，主観的な分析となるなどの懸念もある。

　組込みシステムの新製品を企画する際に，ITストラテジストに求められるのは，投入する市場の売上規模，市場成長率，市場占有率などを調査・分析し，その分析結果から製品投入の戦略を立案することである。

　あなたの経験と考えに基づいて，設問ア～ウに従って論述せよ。

設問ア　あなたが企画した組込みシステムの新製品の概要・特徴及び企画に至った経緯について，800字以内で述べよ。

設問イ　設問アで述べた新製品の投入を考えた市場について，どのように調査したか。分析手法の選定理由，分析方法，分析内容及び立案した戦略について，800字以上1,600字以内で具体的に述べよ

設問ウ　設問イで述べた市場の調査方法，分析内容は妥当であったか。戦略の評価及び市場参入の評価とともに，600字以上1,200字以内で具体的に述べよ。

論文事例 1

満川　一彦

設問ア

1　新製品の概要と特徴，企画に至った経緯

1．1　新製品の概要と特徴

　私は，輸送機器メーカのA社の経営企画部に所属するITストラテジストである。A社は，ゴルフ場などで使用される電動カートを主力製品としている。A社の電動カートは，ゴルフ場以外に，工場，農業用地，ホテル，墓地などでも利用されている。ゴルフ場用の電動カートのシェアは50％を超え，国内のトップであり知名度も高い。

　論述の対象とする新製品は，高齢者向けのシニアカーである。ゴルフ場の電動カートで培った技術を活かした製品であり，「天候に左右されず使用できる」，「起伏に対する性能に優れる」などの特徴をもつ。シニアカーを製品化しているメーカは数社あり，新たに参入するA社と競合することになるが，価格的には十分対抗できる見込みである。

1．2　企画に至った背景

　A社の主力製品に位置づけられる電動カートの市場は，現状の数社で寡占状態である。一方，市場そのものは飽和状態となっている。製品の買い替え需要はあり，多くの顧客は同じメーカの製品を購入する傾向がある。ただし，製品の差別化が難しく，一定の売上は維持できるものの，売上高の大きな伸びは期待できない。

　A社の経営陣は，これらの状況を鑑み，少子高齢化社会に対応すべく，新たな市場として高齢者向けの製品を開発し，ビジネスの拡大を図る方向性を打ち出した。A社がもつ技術力を活用すれば，シニアカーは次期主力製品の有力候補として期待できるとA社の経営陣は考えている。

　A社の経営陣による意思決定の後，私は，シニアカーの新製品の企画をA社の経営陣より指示された。

——— memo ———

100字
200字
300字
400字
500字
600字
700字
800字

設問イ

― memo ―

2　新製品の投入を考えた市場，分析手法の選定理由，
　　分析方法と分析内容，立案した戦略
2．1　製品の投入を考えた市場
　　新製品を投入するのは，高齢者向けのシニアカートの市場である。Ａ社の主力製品となっている電動カートは6〜8名程度の乗車定員であるのに対して，シニアカートは基本的に一人乗りであり，高齢者が一人で利用することを想定した市場となっている。

2．2　分析手法の選定理由
　　シニアカート市場へは新規参入である。シニアカート市場について，Ａ社が独自に保有している情報は非常に少ないため，市場を分析するための情報は，一般に公開されている情報や流通している情報，白書などから得られる情報，コンサルタントなどに依頼して入手できる情報に限られる。私は，今回の市場分析において，まずは俯瞰的に市場を分析することが重要と考えた。分析の段階で選択した分析手法は，市場成長率を縦軸に，市場占有率を横軸にとり，市場全体を4つの象限に分割し，Ａ社のシニアカーがどの象限に位置づくかを明確にする手法である。

ここに注目！ 👀

設問文で問うている"選定理由"という表現を使って論じると，更に良くなります。

2．3　分析方法と分析内容
　　私は，市場成長率と市場占有率を，次のように分析した。

(1)市場成長率
　　競合相手となる各メーカが公表しているシニアカーの売上の伸び，今後10年間の65歳以上の人口の推移，経済産業省が公開している白書の情報などを参考に試算すると，年間5〜7％程度の市場拡大が少なくとも5年は継続するものと考えられた。市場成長率は「高い」と判断した。

(2)市場占有率
　　Ａ社は新規参入となるため，市場占有率は「低い」こ

—————— *memo* ——————

とになる。現状のシニアカート市場について，競合メーカは数社あり，各社が公開している情報を基に判断すると，特定のメーカが寡占していることはなく，複数のメーカで市場を分け合っている状況であることが推察できた。性能や価格面で差別化できれば，Ａ社が参入できる余地は十分あると判断した。

２．４　立案した戦略

　市場分析の結果から，Ａ社が置かれているポジションは，市場成長率は高く，市場占有率は低いという状況であるため，私が立案した戦略は拡大戦略である。具体的には，次の２点を重点方針とする。

・Ａ社の知名度を活かし，関連製品の展示会や商談会などへ積極的に出店し，Ａ社のシニアカーの認知度を上げる

・既存製品の販売代理店を活用し，Ａ社のシニアカーの販売チャネルを開拓する

900字
1000字
1100字
1200字
1300字
1400字
1500字
1600字

6

組込みシステム・ＩｏＴを利用したシステム

379

設問ウ

3　戦略の評価および市場参入の評価，市場の調査方法と分析内容の妥当性

3．1　戦略の評価および市場参入の評価

　私が採用した拡大戦略は，市場占有率が非常に低い市場へ新製品を送り込むために，Ａ社の認知度という強みを十分活用した戦略になっていると考えている。Ａ社は，電動ゴルフカートのようなモビリティ以外に，電子デバイスや音響機器など幅広い製品をラインアップしている。自社のロゴそのものが認知されているため，市場への浸透は十分期待できる。私が立案した戦略は十分評価できると考える。

　シニアカーの新製品を市場に投入してから1年半経過した。販売状況を確認すると，おおむね計画どおり推移している。シェアはまだ僅かであるものの，シェアが実質ゼロという状況から販売を始めたことを鑑みると，販売は順調なものとなっていると判断できる。使用していただいた顧客へのアンケートによると，顧客の満足度も高いことが判明した。顧客からの意見は，使い勝手の良さ，性能への満足度など，好意的な意見が大半となっている。私は，結果を踏まえると，市場参入は十分評価できるものと考えている。

3．2　市場の調査方法と分析内容の妥当性

　私が立案した戦略を実行し，Ａ社として新しい分野であるシニアカーの市場への参入を果たすことができ，期待どおりの結果が得られている状況である。Ａ社の経営層は，今回の結果を評価し，市場参入の結果を踏まえて，今後，継続的な製品の投入と製品の拡充を決定した。

　市場参入が実現できたこと，経営層に結果が評価されたことを踏まえると，私は，採用した市場調査の方法，実施した市場分析の内容とも，妥当であると考えている。

以上

memo

ここに注目！ 👓

　"具体的には～"などと展開して，今回の分析手法（PPM分析）が効果的であった理由など，もう少し掘り下げて論じると，更に良くなります。

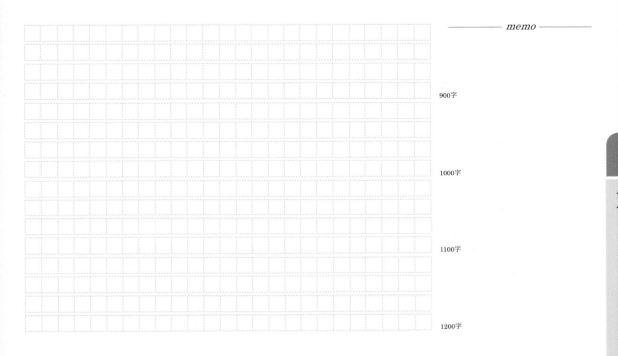

IPA発表採点講評

　（組込みシステムの製品企画戦略における市場分析について）では，市場への新製品の投入が活発化している状況において製品を企画する際，投入する市場を的確に分析し，その分析結果から適切な製品投入戦略を立案することについて論述を求めた。多くの論述は，投入市場に適合する分析手法を理解し，それに沿った適切な戦略の立案を論じていた。一方で，どのように調査したかの論述がないもの，分析について触れられず単に市場占有率などの結果だけを説明した論述も散見された。

組込みシステムにおける事業環境条件の多様性を考慮した製品企画戦略について

組込みシステム製品の事業環境は，昨今の IoT ソリューションの急成長などに支えられた新市場開拓，新分野進出などによって活性化し，市場を拡大している。それとともに，異業種からの新規参入が増加し，他社との競争が激化している。また，組込みシステム製品への AI などの先端技術の導入も進むなど，事業環境条件は多様に変動している。

そのような状況において，他社との競争を勝ち抜くために，組込みシステムの IT ストラテジストは，製品を企画する際にまず，事業環境条件の多様性を的確に分析し，その分析結果を基に製品企画戦略を策定することが重要である。

事業環境条件を，自社内の環境資源である内部環境と社外に存在する外部環境に大別する。内部環境については，競合他社と比較して自社の強み・弱みの要素を挙げ，分析する。外部環境については，機会・脅威の要素を挙げ，分析する。それらの分析結果の各要素を検討・調整して，最適な戦略の策定を行う。その検討例を次に示す。

・自社の保有技術，知的財産などによる強みを生かした方策の検討
・保有していない技術などの弱みを強みに変える方策の検討
・市場の需要拡大などの機会に強みを生かす方策の検討
・弱みと，競合他社の低価格化，新規参入などの脅威とが重なる場合の対策の検討
・セキュリティ面，将来の市場の縮小化などの脅威に伴う対策の検討

製品企画を検討する際には，事業環境条件の多様性を考慮しながら適切な分析手法を用い，その分析結果を基に製品企画戦略を策定することが重要である。

あなたの経験と考えに基づいて，設問ア～ウに従って論述せよ。

設問ア あなたが携わった組込みシステム製品の企画の概要，製品の特徴及び事業環境条件の多様性について，800字以内で述べよ。

設問イ 設問アで述べた製品企画の際に分析した内部環境・外部環境の各要素を挙げ，それぞれどのように分析したか。また，各要素に対して，どのような方策又は対策を検討したか。その検討内容を基に，どのような観点で製品企画戦略を策定したか。分析・検討・策定した内容を，800字以上1,600字以内で具体的に述べよ。

設問ウ 設問イで述べた内部環境・外部環境の分析結果，それらの分析結果に基づいた方策又は対策の妥当性，及び策定した製品企画戦略の評価について，策定した結果を含め，600字以上1,200字以内で具体的に述べよ。

設問ア

1　組込みシステム製品の企画の概要，製品の特徴，事業環境条件の多様性

1．1　組込みシステム製品の企画の概要

　A社は，家庭用の電化製品を製造するメーカであり，AV機器に強みをもっている。私は，A社の経営企画部に所属するITストラテジストである。論述の対象とする組込み製品は，A社が主力製品の一つとして位置付けている高級ハードディスクレコーダである。A社は，知名度のある高級ブランドをもっており，今回は，そのブランド力を生かしたハードディスクレコーダのフラッグシップ機を市場に投入するという企画である。

1．2　製品の特徴

　投入する新製品のアピールポイントは，AIを活用した録画機能である。ハードディスクレコーダの競合他社は数社あり，価格帯ごとに競合機が販売されている。機能面では差がつきにくく，ブランドやデザインなどについての好みや，テレビ製品との連動の可否などによって，顧客の購買行動に結びついている。長時間番組が多くなっていることや，BS放送，CS放送では，多数の番組が放映されていることなどから，録画できる容量が不足するという顧客の声が多い。全ての番組を録画する機能をもった競合製品は存在するが，顧客にとっては不要な番組も多く，顧客が視聴したいと考える番組をAIの活用によって効率よく録画できる製品を目指している。

1．3　事業環境条件の多様性

　事業環境としては，安価な海外製品の流入が目立ってきており，新製品にとっては価格競争の面で不利になる。他にも，コンパクトな筐体を前面に押し出した製品，スマートフォンと連携して外出先から視聴できる製品など，各社得意技術を生かした製品を次々と発表している。国内では，少子高齢化の影響で世帯数の増加があまり期待できず，市場も限られた状況である。

memo

100字
200字
300字
400字
500字
600字
700字
800字

6

組込みシステム・IoTを利用したシステム

383

― memo ―

設問イ

2　事業環境の分析，製品企画戦略の策定の観点

2.1　事業環境の分析と方策

　私は，事業環境を内部環境と外部環境に分け，内部環境は強みと弱みについて，外部環境は機会と脅威について，分析と方策の検討を行った。

(1)強み

　内部環境の強みは，A社が保有する高い技術力である。新製品のアピールポイントとなるAIについても，他分野の製品で適用した実績があり，AIを活用するノウハウが蓄積されている。現時点では，競合他社でAIを活用した製品を発売している実績はなく，ノウハウの蓄積は競合他社に対する大きな強みになっていると考えている。適切な時期に新製品の告知を行い，新製品の認知度を高めておくこととした。

(2)弱み

　内部環境の弱みは，製品開発期間の長さである。A社は伝統的に品質を非常に重視する社風で，製品の開発標準が厳密に定められている。製品開発中に何らかのトラブルが発生し，当初の製品リリース時期を守ることが厳しくなっても，開発標準が遵守されるため，製品のリリース時期を遅らせた事例が過去に数多くある。競合他社が類似製品を先行してリリースする可能性もあるため，品質管理部門と開発期間の短縮について検討しておくことにした。

(3)機会

　外部環境における機会は，A社がもつ高いブランド力である。国内だけではなく海外にも幅広くブランドは知られている。特にAV機器については，性能と品質が良い製品を数多く製品化してきた実績がある。デザイン性でも市場から幅広く評価を受けている。A社製品を購入する顧客はリピート率が高く，今回の新製品がA社製品を購入してきた顧客へ浸透することは十分に期待でき，高

— memo —

級ブランド製品の路線を継続することとした。
⑷脅威
　外部環境における脅威は価格競合性である。A社はAV機器については，性能と品質が良い製品を数多く製品化してきた実績を十分に有している。一方，A社の製品は高価であるというイメージが市場に浸透している。今回開発するフラッグシップモデルが，A社以外のメーカの製品を購入している層にどの程度受け入れられるかを見極めることは難しいため，営業部門と情報交換を密にしていくことにした。
２．２　製品企画戦略の策定の観点
　私は，内部環境，外部環境の分析と方策を検討してきた結果を踏まえ，新製品について次の観点で具体的な製品の企画を策定することにした。
①業界初というキャッチコピーでAIをアピールポイントとする。
②高級感あふれるデザインと高品質をコンセプトとする。

900字

1000字

1100字

1200字

1300字

1400字

1500字

1600字

ここに注目！◉◉

趣旨にある「強みを生かした方策」や，「弱みを強みに変える方策」を打てるSTであることを，もっとアピールすると，更に良くなります。

設問ウ

——— memo ———

3　分析結果と方策の妥当性，策定した結果，製品企画戦略の評価

3．1　分析結果と方策の妥当性

　私は製品戦略を策定するに当たり，分析結果と検討した方策の妥当性を確認した。

(1)強み

　十分に差別化できており，妥当であると考えられる。競合他社の状況について情報収集に努め，新製品の告知タイミングを見極めることが重要である。

(2)弱み

　品質確保が弱みの要因になっているが，どのような製品であっても品質第一を掲げているため，妥当であると考えられる。品質管理部門と検討し，開発期間を短縮できる範囲を定量的に把握しておくことが必要である。

(3)機会

　高めの価格設定となるものの，A社製品の購入者のリピート率を鑑みると妥当である。新製品の特徴を購買意欲に結び付ける広告戦略がポイントになると考えられる。

(4)脅威

　新製品はフラッグシップモデルであり，スキミングプライシング戦略を採用し，特定の消費者への早期浸透を目指すため妥当である。継続して廉価版の製品開発を行う必要があると考えられる。

3．2　策定した結果

　策定した製品企画戦略では，新製品は，AIという新機軸と自社のブランド力を生かした高級品で，①AIの技術を活用し，顧客が期待する番組を効率よく録画できる製品，②フラッグシップモデルという位置づけで，「製品をもつ喜び」を顧客に感じさせる製品となる。

3．3　製品企画戦略の評価

　私は，経営層が意思決定をする戦略検討会議の席で，製品企画戦略を経営層に提案し，提案内容については承

認が得られた。経営層からは，投資額の回収計画について質問が発せられたが，別に準備しておいた具体的な数値を示した資料で，計画案に追加して説明し，回収計画についても経営層から承認が得られた。私は，今回の製品企画戦略は十分に評価できるものと考えている。

—以上—

900字

1000字

1100字

1200字

memo
ここに注目！◉◉

AI活用などの策定した製品企画戦略に寄せて，評価について論じると，更に良くなります。

6

組込みシステム・IoTを利用したシステム

IPA発表採点講評

　（組込みシステムにおける事業環境条件の多様性を考慮した製品企画戦略について）では，事業環境条件が多様に変動している状況において製品を企画する際，当該条件を的確に分析し，その分析結果から対策又は方策を検討して，製品企画戦略を策定することについて論述を求めた。内部環境及び外部環境の分析は，理解された論述が多かった。一方で，事業環境条件の多様性については，分析結果だけの論述，どのような観点で製品企画戦略を策定したかが読み取れない論述が散見された。

IoT に対応する組込みシステムの製品企画戦略について

　　既存の組込みシステムは，特定の領域・環境などを前提としたスタンドアロン型が主流であった。しかし，近年はインターネットの普及に伴い，監視・制御などに Internet of Things （IoT）の活用が進むことによって，組込みシステムの利用が拡大してきている。このような潮流の中で，組込みシステムの IT ストラテジストには，IoT に対応する組込みシステムの製品企画が求められている。

　　既存システムを基にして，IoT を活用したシステムを企画する際には，IoT への対応によって外部との情報のやり取りが可能となるので，情報の利活用によるサービス，データ解析などによる新たな価値の創造などについて調査する。その調査結果を基に分析した後，関連部署と協議して，既存システムの中から IoT を活用すべきシステムを選択し，製品企画を立案する。

　　一方，新分野，新市場への参入を目指して，IoT を実現する統合システムを企画する際には，情報を利活用したソリューションに携わっている，エンタープライズ系の IT ストラテジストとの連携が考えられる。その際に必要なのは，組込みシステムの特徴が生かされた製品企画か否かを双方で十分に検討すること，技術的な内容を共有すること，及び役割分担を明確にすることである。さらに，要件によっては，新たな機能を追加して柔軟に対応しながら参入しやすい製品企画を立案する。

　　あなたの経験と考えに基づいて，設問ア～ウに従って論述せよ。

設問ア　あなたが携わった，IoT に対応する組込みシステムの製品企画の概要と企画に至った経緯，及び既存システムの市場，新分野，新市場のそれぞれの内容と特徴を，800 字以内で述べよ。

設問イ　設問アで述べた製品企画において，既存システムを基にして，IoT の活用によるシステムを企画した場合は，どのような観点・手順で選択し，新たな価値を付加したか。また，IoT を実現する統合システムを企画した場合は，組込み系・エンタープライズ系の双方で検討すべき役割分担・立案の内容，及び配慮すべきと考えた事柄とその理由は何か。そのいずれかについて 800 字以上 1,600 字以内で具体的に述べよ。

設問ウ　設問イで述べた既存システムの選択，又は統合システムの企画に対してどのように評価したか。また，そのシステムは，今後どのように改善又は，発展させるべきか。600 字以上 1,200 字以内で具体的に述べよ。

論文事例1

満川　一彦

設問ア

1　製品企画の概要，企画に至った背景，既存システムの市場

1．1　製品企画の概要

　私は，電子機器メーカのA社の経営企画部に所属するITストラテジストである。A社の主力製品はセンサ技術を応用した各種機器で，代表的な製品はRFIDを活用した入退室管理システムである。今回，私が製品企画を取りまとめたのは入退室管理システムと連動する活動分析支援システムである。活動分析支援システムは，例えば，店舗で働く従業員が装着したタグの位置を検出し，移動経路をトレースすることで，効率的な店舗レイアウトを提案することに活用できるシステムである。

1．2　企画に至った背景

　少子高齢化や政府主導の働き方改革などによって，多くの業界で人手不足になっている。コンビニエンスストアなどにおいては，アルバイトの人材確保も困難という状況である。少ない人員で効率よく店舗を運営するために，例えば，商品棚の配置を見直したり，厨房機器の構成を変更したりといった改善を行いたいというニーズは少なくない。私は，従業員の入退室管理や出退勤管理に使われているシステムにセンサ技術を応用し，付加価値を高めた製品の企画を立案することになった。

1．3　既存システムの市場

　ICカードを活用した入退室管理システムを導入済みの企業は多く，市場は飽和状態となっている。RFIDを活用した入退室管理システムであっても，機能面で差別化するのが難しいことと，相応な設備投資が必要になるため，導入済み企業の置換え需要は少ない。

　都市部の再開発が盛んに行われており，新しいオフィスビルの新設などは参入の機会になるが，絶対的な数は限られている。

memo

100字
200字
300字
400字
500字
600字
700字
800字

6

組込みシステム・IoTを利用したシステム

————— *memo* —————

2　IoTを活用したシステムに関連する調査，調査結果の分析，関連部署との協議内容，立案した製品企画
2．1　IoTを活用したシステムに関連する調査

　B社はA社と長年の取引があり，レストランチェーンを営んでいる。B社では今年度，高級感を売り物にした新しいチェーンを展開する計画が決定している。新しいチェーンの展開に際して，厨房及びホールを担当する従業員の効果的な配置や，調理効率を考慮した厨房のレイアウトを事前に検討したいという要望がB社から寄せられた。私は，ホールや厨房を担当する従業員にRFIDを活用した無線タグをつけていただき，氏名，店内での位置，時刻を収集することによって必要な情報が得られると考え，現在の店舗で試行することとした。ただし，単に情報収集をするだけでは，現場が抱える真の問題が発見できないと考え，現在展開中のレストランチェーンに出向き，ヒアリングも実施することにした。B社に依頼して，規模や立地など特徴的な店舗を数店選択していただき，営業の妨げにならないような時間帯に訪問し，対面式でヒアリングを実施した。訪問に際しては，技術者に同行を依頼し，無線タグから発せられる情報を的確に受信できるように通信実験を行い，受信装置の取付け位置を明確にしておいた。

2．2　調査結果の分析

(1)試行結果

　試行の結果，従業員ごとの時系列のポジション，特定の場所における滞在時間，エリアごとの要員の集中・分散の度合いなどの情報を取得することができた。分析した結果，ホールでは従業員がテーブルを回り，食事が済んだ食器の片づけ，新たな注文の確認などをしているが，テーブルへのアクセス回数が場所によって差があることが分かった。B社の取りまとめ担当者に確認すると，多少の差があることは経験値として分かっていたが，想定

100字

200字

300字

400字

500字

600字

700字

800字

以上に大きな差であるというコメントをもらった。

⑵ヒアリング結果

　昼食時や19時～20時の夕食時間帯の混雑時に，ホール，厨房とも担当する従業員の移動量が多くなり，衝突しそうになったり，通路の狭い箇所で立ち止まったりするという意見を聞くことができた。ヒアリング結果を無線タグから得られた情報と比較して確認すると，従業員で混み合っているエリアがある反面，従業員が少ないエリアがあることが明確になった。

　私は，これらの結果から，入退室管理システムにRFIDを活用した無線タグによる情報収集機能を追加することで十分な価値が得られるものと判断した。

2．3　関連部署との協議内容

　無線タグから得られる情報は個人が特定できるため，個人情報としての取扱いやプライバシの侵害には注意しなければならない。私は社内の法務部門と協議し，収集する情報の管理方法，必要に応じたマスキング，情報収集に際して従業員から同意を得ることなどについて明確にしておいた。

2．4　立案した製品企画

　私は，RFIDを活用した無線タグを従業員につけて行動パターンを分析することで，彼らの配置や行動ルールについてのアドバイス，通路幅の設定やデッドスペースを発生させないレイアウトの提示などが行えるシステムの企画を立案した。

— memo —

900字

1000字

1100字

1200字

1300字

1400字

1500字

1600字

ここに注目！◉◉
設問で問われている「観点」や「新たな価値」についてもっと鮮明に論じると，更に良くなります。

6
組込みシステム・IoTを利用したシステム

設問ウ

3　既存システムの選択に対する評価，今後の改善点
3．1　既存システムの選択に対する評価
　私は，今回の既存システムの選択について，試行の結果から，現状の店舗における作業効率向上や顧客満足度の向上においては十分に有効な情報が得られると考えている。ただし，B社が準備を進めている高級感を売り物にした新しいチェーン店については新規となるため，店舗設計段階で有効な情報となるか否かを明確にしなければならない。私は，社内の情報システム部門に協力を要請し，シミュレーションを行うこととした。シミュレーションのための入力情報は，新しい店舗のレイアウト図と従業員の配置予定，店舗の立地を踏まえた来客予想などである。店舗完成後の厨房のレイアウト変更は非常に困難であり，ホールについては照明を含めた什器一式を変更することも困難である。私は，幾つかのパターンを準備してシミュレーションを行った。
　シミュレーションの結果，レイアウトの改善点や，時間帯別の従業員の配置数など，改善策の候補が明確になり，B社の取りまとめ担当者との今後の導入計画を前進させることができた。
3．2　今後の改善点
　私は，今後の改善点として次の事項の検討が必要であると考えている。
(1)実績データの蓄積
　企画段階では実際のデータを収集することができない。導入効果の測定，導入時の注意点などを明確にしていくために，データ収集に協力してくれる顧客を募り，データ収集を行うと同時に，シミュレーションの結果を明確にする。一方的にデータを収集することは現実性に欠けるため，協力してくれた顧客に対しては，改善案を提供することにした。
(2)AIの活用

ここに注目！👀
既存システムの中からIoTを活用すべきシステムを選択したことへの評価を，もっと鮮明に論じると，更に良くなります。

100字
200字
300字
400字
500字
600字
700字
800字

現時点では，過去の実績値を踏まえて，事前にシステムに保持しておいた複数のアドバイスから選択して，結果を表示させる仕掛けである。私は，実績値が蓄積されてくれば，AIを活用して最適なアドバイスができるようになると考えている。第一段階はレストランや居酒屋など食事を提供する業種が主な顧客となるが，徐々に対応できる業界を広げていく所存である。

－以上－

memo

900字

1000字

1100字

1200字

6

組込みシステム・IoTを利用したシステム

IPA発表採点講評

　（IoTに対応する組込みシステムの製品企画戦略について）では，既存システムを基にしてIoTの活用によるシステムの企画，又はエンタープライズ系のITストラテジストと連携してIoTを実現する統合システムの企画について論述を求めた。IoTに関連しない製品企画を題材として，内容の不十分な論述，また既存システムに関する内容と統合システムに関する内容を両方混在させただけの論述が散見された。

平成27年度 ST ▼ 問3
多様な顧客要求に応えられる組込みシステムの製品企画について

　組込みシステム製品（以下，製品という）には，多様な顧客要求に応えることが求められ，要求自体もますます複雑化する傾向にある。その一方で，競合他社との価格競争力に加えて，品質向上，高信頼性，短納期化なども必要とされる。組込みシステムの IT ストラテジストには，そのような潮流に柔軟に対応し，受注に結び付けられる製品を企画することが求められている。そのためには，まず，市場調査，技術動向調査などを実施し，多様な顧客要求及び製品化に伴う課題について検討する。次に，その結果を基に，課題に対する施策の提案を関連部署に依頼する。その後，提案された施策について，関連部署と協議し，製品企画を立案する。その際，初期投資予算，自社の強み，保有技術，体制，リリース時期，施策の優先順位などを考慮する必要がある。例えば，システムアーキテクト，エンベデッドシステムスペシャリストなどに対して，開発の効率向上などの施策の提案を依頼した場合，提案される施策としては，次のような項目が想定される。
　　・共通部の洗い出しによるプラットフォームの採用などの標準化の提案
　　・市場調査，技術動向調査を基にしたオプションの用意，機能のカスタマイズの提案
　　・モジュール，ライブラリなどの資産の再利用による設計効率向上の提案
　組込みシステムの IT ストラテジストは，提案された施策の妥当性を精査し，関連部署と協議しながら製品企画を立案し，施策の効果を製品リリース後に評価することが重要である。
　あなたの経験と考えに基づいて，設問ア〜ウに従って論述せよ。

設問ア　あなたが携わった，多様な顧客要求に応えられる製品企画の概要について，製品企画に至った経緯，市場調査，技術動向調査などの結果を含め，800 字以内で述べよ。

設問イ　設問アで述べた製品企画において検討した，多様な顧客要求と製品化に伴う課題の内容，それに対する関連部署から提案された施策の内容，及び関連部署と協議して立案した製品企画の内容と立案が決定に至った根拠を，800 字以上 1,600 字以内で具体的に述べよ。

設問ウ　設問イで述べた，関連部署から提案された施策の内容の妥当性，立案内容の評価，及び製品リリース後の施策の効果とその評価を，600 字以上 1,200 字以内で具体的に述べよ。

設問ア

1．組込みシステム製品企画の概要

1．1　製品企画の経緯

　私は，各種の業務システムや組込み系システムを開発するQ社の組込みシステム開発事業部に所属するITストラテジストである。今回，取り組んだ製品企画は，イベント会場での入場者の認証を行い入場できるようにするセキュリティゲートシステムである。ICカードをゲートに設置したカードリーダに読み込ませて，入場者のセキュリティ認証を行い，閉じてあるゲートを開いて入場を許可するシステムである。このセキュリティゲートシステムは幾つかのユーザ企業より引合いがあり，スポットの開発・製造ではなく，シリーズ化した複数台の製品の開発・製造を行う必要があった。よって，複数台の製品を開発することによるコストメリットを重視し，コストを抑制する効率的な製品とする必要があった。

1．2　製品の市場調査及び技術動向調査

　今回の開発製品は各種イベント会場での入場者の正当な認証に使用される。会場で催されるイベントによっては，入場時にセキュリティゲートに故障・停止が見られると入場に影響を及ぼし，会場全体が大混乱になりかねない。また老若男女様々な人々を対象にするため，特に設備動作の状況で影響を受けやすく，また，子どもや高齢者に対する安全性の配慮は重要である。この企画の時点では，ゲート製品の市販品は他社で発売されておらず，ユーザのあつらえで制作されている状況であった。また，想定される基本機能の技術は，市中で見受けられるセキュリティゲートの仕様を確認する限り，Q社内の技術で補完できるものと考えられた。

設問イ

2．製品化に伴う課題，各部署からの提案，製品企画の
　　内容と立案決定の根拠
2．1　製品化に伴う課題
　今回の製品企画では，複数社の顧客への対応が必要で
あり，品質要求事項の内容も各社様々であった。ただし
製品の原則としては，常にシステムの基本機能を維持す
るものであったので，安全性の観点から設計手法はフー
ルプルーフを採用することにした。
　なお，入場のセキュリティゲートは，入場動作する入
場者一人一人が順番にゲートに入る時間を標準的な時間
に設定して制御する必要があるが，認証に要する時間よ
りも速く入場した場合，ゲートが開くのが遅れゲートに
体を打ち付けてしまうことが予想される。そこで，セン
サを設置し，標準の時間よりも人間の動作が速い場合を
システムの誤操作として察知し，ドアを迅速に開くよう
に設計した。異常に対してはゲートを開く方向に動作し，
システムを停止させずに，人体の安全を確保するように
した。これは，安定稼働させることと，安全を確保する
という品質要件を重視し，入場のセキュリティの確保よ
りも優先させる設計思想である。
　ところが顧客によっては，安全性よりもセキュリティ
の厳密さを求める場合も見られた。その場合，センサに
対し高感度にゲートを閉じ，システムを停止させる仕様
が要求され，要求仕様の多様化への対応が課題であった。
2．2　各部署からの提案
　営業部門からの顧客要求は多様化しており，前述のよ
うに，ゲートに入場する人数の時間速度が比較的小さく，
厳密な入場者の認証が必要なケースもあった。この場合，
安全性よりも厳密なセキュリティが要求される。一方，
入場者数が多く，入場者のセキュリティよりも，安全な
入場を確保する要求が強い顧客もいるため，この点はニ
ーズが相反する様相が見られた。おおむね，入場者認証

memo

100字
200字
300字
400字
500字
600字
700字
800字

のセキュリティを重視する顧客と，入場動作の安全性を重視する顧客とに分かれる。営業部門からも，標準仕様として顧客要求を満たすような製品企画を実現するように提案を受けた。

　二つの仕様を効率的に両立させるようなマスカスタマイズの設計仕様で企画できないかという依頼を受けた。幾つかの顧客で要求仕様が分かれるため，どちらの要求仕様でも標準的に営業部門でも対応できるからである。

2．3　製品企画の内容と立案決定の根拠

　それぞれの要求仕様を満たすためには，二つの仕様を独立して設計し，組み合わせて実装するのが確実である。つまり，入場者の安全を確保するゲート制御を行うユニットに加えて，入場者認証のセキュリティを強化する別のドアと制御ソフトを加えるというような設計である。

　ただし，製品開発のスケジュールとコストの制約から，仕様をなるべく統合して，開発量を抑制することが求められた。そこで，ドア部分に人間検知センサを取り付け，人が近くにいるとドアが動作しない，システムの異常動作に対してもドアが動作しないようにソフトウェアの制御を行うが，その程度は細部を設定可能とする設計思想での製品を企画した。入場者認証のセキュリティについては，システムの制御やメカニズムの観点で確保するのではなく，ドアに用いる素材の材質と，ドアの大きさや形状をオプション化して採用できるようにして，コストを抑制できる仕様の統合を実現する。この仕様の場合，人間検知センサを必要としない顧客に対しても，そのセンサ分のハードが設置された製品が納品されるので，一見冗長かつ無駄に感じられるが，そのコストへの影響は小さく，仕様の一本化のメリットの方がはるかに大きくなる。仕様を二系統で独立させて考える設計と比較すると，製品開発のスケジュール，コストの両面で大きく優れている。

ここに注目！

設問文にある「関連部署と協議して立案した製品企画の内容」に沿って「協議」する展開を盛り込むと，更に良くなります。

900字
1000字
1100字
1200字
1300字
1400字
1500字
1600字

設問ウ

3．提案内容の妥当性と立案内容の評価，製品リリース後の施策の効果と評価

3．1　提案内容の妥当性と立案内容の評価

　今回の製品企画での品質要件として，引合いを受けた顧客の要求を満たすレベルを想定し，入場動作を確率分布に従ってシミュレーションし，机上のテストをして問題がないことを確認した。さらに，マネキンを用いた物理的な擬似的シミュレーション試験も実施した。なぜなら，今回の製品企画で求められた品質要件は人体に影響がある安全性に関わる要素を含み，より現実に近い形でテストを行い，品質を厳密に担保するためである。このようなテストを繰り返すことによって，統合された製品仕様で確実に安全性の品質要件を満たすことが確認でき，この点について営業部門も自信をもって顧客にアピールできたため，販売面においても有効であったと評価している。また，スケジュールやコストの面でも当初の計画を達成できている。合理的な仕様統合が奏功したと判断している。

3．2　製品リリース後の施策の効果と評価

　今回の製品企画の仕様は，スケジュールとコストの制約を可能な限り追求したものであり，この観点でのメリットは十分に得ることができている。なお製品リリース後の副次的なメリットとしては，顧客によっては，イベントの種類が時期によって変更され，セキュリティ入場ゲートの要件が変化することがあるので，これに対して柔軟に対処できる点である。今回の製品は，仕様が統合されて制御を柔軟に行うやり方を採用しているので，制御の柔軟な対応かつより顧客要求に合致した形で実現できる。

　このメリットは当初想定していなかったものであるが，製品の特長としては非常に大きい。このことを様々な顧客に理解してもらい，当初予定していなかった顧客への

ここに注目！👀
「製品リリース後の施策の効果」を，副次的なメリットについて論じることで，上手に表現しています。

memo

100字
200字
300字
400字
500字
600字
700字
800字

販売にも結びついた。今回のような設計思想は，システム稼働開始後の要件の変化に柔軟に対応しやすく，今後の製品企画にも広く取り入れていきたい。

－ 以上 －

memo

900字

1000字

1100字

1200字

6

組込みシステム・ＩｏＴを利用したシステム

IPA発表採点講評

　（多様な顧客要求に応えられる組込みシステムの製品企画について）では，市場調査などを実施し，それらを基に課題の抽出，課題に対する施策を協議し，製品を企画した一連のプロセスに対し，経験のある受験者は論述しやすかったと思われる。一方で，多様な顧客要求への対応ではなく製品自体の課題の抽出など題意から外れた論述も散見された。

Memo

事例作成者の紹介と
一言アドバイス

■ 岡山　昌二（おかやま　しょうじ）

外資系製造業の情報システム部門に勤務の後，1999 年から主に論文がある情報処理試験対策の講師，試験対策書籍の執筆を本格的に開始する。システムアーキテクト，IT サービスマネージャ，プロジェクトマネージャ，IT ストラテジスト，システム監査技術者試験の対策の講義とともに，コンサルティングを行いながら，（株）アイテックが出版しているシステムアーキテクト試験の「専門知識＋午後問題」の重点対策，総仕上げ問題集を執筆。システム運用管理技術者，アプリケーションエンジニア，プロジェクトマネージャ，IT ストラテジスト，システム監査技術者，元 EDP 監査人協会（現 ISACA）東京支部　広報・出版担当理事。

✎ 論文問題攻略のためのワンポイントアドバイス

　章立てや論述内容を決める論文設計は，論文を書き始める前に必ず行いましょう。論文設計では，問題の趣旨に追加で論文ネタを，設問文に章立てを書き込むようにして，メモ用の白紙ページではなく，問題が書かれたページを使うようにしましょう。

■ 阿部 政夫（あべ まさお）

　1955 年兵庫県生まれ。大学・大学院時代は理論物理学を専攻し FORTRAN でのプログラミングや初期のマイコン製作に熱中する。1979 年に情報系企業に入社。スーパーコンピュータを用いた科学技術計算（数値シミュレーション），官公庁向け情報システムのコンサルティング・設計・構築に携わる。2000 年頃からインターネットを活用した Web 系システムの企画・設計・開発・運用と情報セキュリティ分野を中心に活動する。専門分野は，IT ガバナンス・プロジェクトマネージメント・Web 系システム技術・情報セキュリティマネージメントなど。業務分野としては官公庁関係の業務システムを得意とする。IT 人材育成としては社内における試験対策講師として 20 年ほど論文指導等に携わる。2015 年 4 月　内閣官房政府 CIO 補佐官に就任，現在は 2021 年 9 月に設立されたデジタル庁においてプロジェクトマネージャー、デジタル統括アドバイザーを務める。

　保有資格は，情報処理技術者（IT ストラテジスト，システムアナリスト，システム監査技術者，プロジェクトマネージャ，アプリケーションエンジニア，IT サービスマネージャ，上級システムアドミニストレータ，テクニカルエンジニア（システム管理））ほか 16 区分を保有。情報処理安全確保支援士（登録番号 004153）

✒ 論文問題攻略のためのワンポイントアドバイス

　午後 II の試験についてはいきなり論文を書こうと思わず，視点を変えて午後 I との対比で考えてみてはどうでしょうか。午後 I はまず長文の問題文があって，そこで対象となるシステムの状況や課題が記述され，設問において「○○○の理由を 30 文字以内で述べよ。」といった短文での解答が求められます。午後 I がこのように短文で解答できるのは，長文の問題文の中に解答を導くことのできる伏線が張られているからです。午後 II はその逆になっています。問題文は短く，解答は長文で書く必要があります。両者は異なるように見えますが共通点もあります。午後 II の設問には「あなたが重要と考え，工夫したことは何か。」といった明確な問いかけがあるわけですから，論文の構成としてはそこに導く伏線が張られている必要があります。つまり，論文を読んだときに「重要と考え，工夫したこと」が納得感をもって読者に伝わる必要があります。このように考えると，設問の趣旨を的確に表現した論文にするためには，論文中にどのように伏線を張っていくかを考えることが重要です。午後 II はとにかく「題意に沿う」ことが大前提ですから，まず設問内容をよく理解し，そこに導くための伏線を考えながら論文を構成することを考えてみて下さい。また，設問内容には論文の中で必ず明確に答えることが必要です。

■ 庄司　敏浩 (しょうじ　としひろ)

　横浜国立大学経営学部卒。日本アイ・ビー・エム㈱にて SE，PM を経て，2001 年から IT コーディネータとして独立。中小企業の IT 活用，ビジネスアナリシス，情報セキュリティマネジメント，プロジェクトマネジメントのコンサルティングを行うとともに，情報処理技術者教育に携わる。

　著書には，「プロジェクトマネージャ「専門知識＋午後問題」の重点対策」（共著，アイテック），「PMP 試験合格虎の巻」（共著，アイテック），「空想プロジェクトマネジメント読本」（共著，技術評論社）などがある。

✎ 論文問題攻略のためのワンポイントアドバイス

　論文は事例紹介ではありません。あくまでも自分が受験対象資格にふさわしい力量をもっているかを判断するための手段です。したがって，実際に起こった事実を淡々と述べるだけでは，合格にたどり着くことは困難です。求められている人材像を十分に把握して，どのような行動や考え方をすべきなのかを明確に頭の中に描いた上で，理想の人材像にふさわしい行動・考え方ができていることを論文の中で表現しましょう。

　特に，自分の力量を示すためには，自分が工夫したことをアピールすることが重要です。通常は，自分が工夫したことは設問イの中で表現することになります。まず自分が実施したことを述べて，その中で工夫したことを述べる流れになりますが，工夫した点は，自分が実施したことの紹介と同等かそれ以上の記述量を持たせるようにしましょう。採点者は，そこを最も読みたいのですから，工夫点があまり書かれていない論文には高得点は与えないでしょう。

■ 鈴木　久 (すずき　ひさし)

　1963 年静岡県生まれ。専門分野は応用統計学，オペレーションズリサーチ，コンピュータ科学（工学部出身）。国内大手・外資系電機メーカに勤務，生産管理，品質管理，マーケティング，商品開発，情報システムの業務に携わり，利用部門の立場で業務とシステム化のかかわりに従事。独立後，システムの企画段階のコンサルティングや分析業務を手掛けるかたわら，情報処理技術者試験の論文対策指導を長年行っている。「システムの供給側と利用側がいかに協力できるか」が指導の中心である。

✎ 論文問題攻略のためのワンポイントアドバイス

　細かい表現を模倣するのではなく，全体の流れをしっかりととらえることが重要です。誰でも自分独自の文体や書き味があるのでそれを生かしつつ，いかに文章を良くするかに集中してもらいたいと考えます。

　まず，設問要求に対してシンプルに文章を展開することが重要です。採点する人は短時間で採点・評価を行っていると考えられるので，とにかく分かりやすい文章とすることが大前提となります。

　また，施策の報告の列挙では論述として不十分です。自分の考えや主張を述べて客観的な理由説明を行い論述展開して，いかに自分の専門能力が高いかアピールしましょう。そして，施策を行った過程にも注目して，どのような努力や苦労があったのかをアピールして，臨機応変な行動力があることを示しましょう。こうしたアピールは，対象システムの状況や特徴を基に妥当性・正当性を高めるようにしましょう。

■ **高橋　裕司**（たかはし　ゆうじ）

（株）SHIFT でインフラサービスを担当する基盤系 IT コンサルタント。「システムが価値を生むのはリリース後」をモットーとし，得意分野はサービスマネジメントと情報セキュリティ。計装センサ研究，防災情報システム設計，情シス部門リーダー，社内 CSIRT 運営などを経て，「組織目標を達成するための情報システム」を目指して多種多様なインフラの課題解決に従事している。IT ストラテジスト以外の主な保有資格は，情報処理技術者（システム監査技術者，システムアーキテクト，プロジェクトマネージャ，IT サービスマネージャ，ネットワークスペシャリスト，情報セキュリティスペシャリスト），技術士（情報工学，電気電子，総合技術監理），情報処理学会認定情報技術者，CISA，CISM，伝送交換主任技術者，他。

🖊 論文問題攻略のためのワンポイントアドバイス

孫子の教えにも「彼を知り己を知れば百戦殆からず」とありますので，まずは IPA が公開している情報をしっかり理解しましょう。現在も有効な文書の一つ「試験制度の手引き」（※）では，評価の視点として「設問で要求した項目の充足度，論述の具体性，内容の妥当性，論理の一貫性，見識に基づく主張，洞察力・行動力，独創性・先見性，表現力・文章作成能力など」を挙げています。最初の項目以外はすべて事前に準備が可能ですから，論文問題は，体系化して修得した自身の「経験と考え」を基に試験時間内で「設問で要求した項目」をどれだけ充足させられるかが問われているともいえます。

試験準備で作成する論文は，自分の経験や知識を「素材」にした「調理例」となるものです。素材の数，調理方法の引き出しが多いほど，試験当日の設問に柔軟に対応できることは容易に理解できるでしょう。それを実現するには，十分な時間をかけて，いままでの業務経験から「素材」を取り出して下ごしらえし，大小様々な事象を含んだ生々しい事例からストーリーとして骨子を体系化しておくことが早道と考えます。

ぜひ「迫力」のあるストーリーを多く用意して試験に臨んでいただきたいと思います。

（※）参考：https://www.jitec.ipa.go.jp/1_00topic/topic_20071225_shinseido_4.pdf, P.30

■ 満川　一彦（みつかわ　かずひこ）

人財育成業務に従事。

保有資格は，技術士（情報工学）を筆頭に，情報処理技術者（システム監査技術者，IT ストラテジスト，システムアナリスト，プロジェクトマネージャ，アプリケーションエンジニア，IT サービスマネージャ，上級システムアドミニストレータ，テクニカルエンジニア（システム管理）ほか（エンベデッドシステムスペシャリスト以外全てでで）など。

著書は，「2022 IT ストラテジスト「専門知識＋午後問題」の重点対策」（アイテック），「情報処理教科書　システムアーキテクト　2022 年版」（共著），「OSS 教科書　OSS-DB Silver Ver.2.0 対応」（共著），「IT Service Management 教科書　ITIL ファンデーション　シラバス 2011」（共著，以上翔泳社），「書けるぞ高度区分論文（うかるぞシリーズ）」週間住宅新聞社　など。

✎ 論文問題攻略のためのワンポイントアドバイス

論文試験においてA判定（合格）を得るためのポイントを 4 点紹介します。

第一は，題意（設問文の「述べよ」という指示）に沿って論述することです。題意に沿った論述は，合格のための絶対条件です。高尚な内容の論文であっても，題意に沿っていなければ，不合格になります。

第二は，試験区分ごとに期待されている人材像の立場で，具体的な内容を論述するということです。プロジェクトマネージャの試験で，「私は，ユニバーサルデザインを意識してユーザインタフェースの設計を行った」と記述してはいけません。ユーザインタフェースの設計を行うのはシステムアーキテクトであって，プロジェクトマネージャの業務ではないからです。「具体的な内容の論述」については，単に「テストを綿密に行った」と論述するのではなく，「システムに求められる性能要件が厳しく，テストケース数を，同程度の規模の事例より 20％多く設定した」というように論述するわけです。数値を用いることも具体的な記述のテクニックです。一般論に終始しないように気をつけてください。

第三は，論述を開始する前にストーリを作成することです。ストーリに沿って論述すれば，論旨が明確になります。特に，文章作成にあまり慣れていない方には，ストーリを作成することをお薦めします。

第四は，論文の手書き練習をすることです。論文試験では，2 時間で 2,800 字程度の文章を書く必要があります。パソコンなどの文書作成と比較して，手書きには多くの時間を要し，論文が完成する頃には手が相当疲れます。2,800 字書くことを体感しておくために，少なくとも 5 本は手で書く練習をしてください。

■参考文献

・IPA　独立行政法人　情報処理推進機構；試験要綱，2022年
・株式会社日経BP；日経コンピュータ，2019〜2022，日経SYSTEMS，2013年〜2018年
・Project Management Institute, Inc.；プロジェクトマネジメント知識ガイド第6版，2017年
・寺田　佳子著；学ぶ気・やる気を育てる技術，日本能率協会マネジメントセンター，2013年
・株式会社日経BP　IT Pro；IT資格ゲッターの不合格体験記，2006年
・古郡延治著；論文・レポートの文章作法，有斐閣，1992年
・木下是雄著；理科系の作文技術，中央公論新社，1981年
・樋口裕一著；ホンモノの文章力－自分を売り込む技術，集英社，2000年
・出口汪著；「論理力」最強トレーニング－「考える力」を鍛えれば，あなたの仕事も2倍速くなる！，ベストセラーズ，2003年
・Kim Heldman著，PMI東京（日本）支部監訳；PMP教科書　Project Management Professional，翔泳社，2003年
・アイテック情報技術教育研究所　編著；〈午後Ⅱ〉論文の解法テクニック改訂新版，㈱アイテック，2006年

　アイテックが刊行している「総仕上げ問題集シリーズ」，「重点対策シリーズ」，「合格論文シリーズ」の各書籍も参考文献として掲載します（2022年8月現在）。

　詳しくはアイテックのホームページ（https://www.itec.co.jp）を参照してください。

・総仕上げ問題集シリーズ……最新の試験分析，3期分の試験問題と解答解説，実力診断テストを収録

　　　ITストラテジスト　総仕上げ問題集
　　　システムアーキテクト　総仕上げ問題集
　　　ITサービスマネージャ　総仕上げ問題集
　　　プロジェクトマネージャ　総仕上げ問題集
　　　システム監査技術者　総仕上げ問題集

・重点対策シリーズ……午後の試験の突破に重点を置いた対策書

　　　ITストラテジスト　「専門知識＋午後問題」の重点対策
　　　システムアーキテクト　「専門知識＋午後問題」の重点対策
　　　ITサービスマネージャ　「専門知識＋午後問題」の重点対策
　　　プロジェクトマネージャ「専門知識＋午後問題」の重点対策
　　　システム監査技術者　「専門知識＋午後問題」の重点対策

・合格論文シリーズ……本書を含めた次の5冊には専門家による合格論文，論述のヒントが満載

　　　ITストラテジスト　合格論文の書き方・事例集　第6版
　　　システムアーキテクト　合格論文の書き方・事例集　第6版
　　　ITサービスマネージャ　合格論文の書き方・事例集　第6版
　　　プロジェクトマネージャ　合格論文の書き方・事例集　第6版
　　　システム監査技術者　合格論文の書き方・事例集　第6版

■著　者

岡山　昌二

阿部　政夫

庄司　敏浩

鈴木　　久

高橋　裕司

満川　一彦

ＩＴストラテジスト　　合格論文の書き方・事例集　　第６版

監修・著者■	岡山　昌二		
著者■	阿部　政夫	庄司　敏浩	鈴木　　久
	高橋　裕司	満川　一彦	
編集・制作■	山浦　菜穂子	三浦　晴代	西本あおい
DTP・印刷■	株式会社ワコー		

発行日	2022 年 10 月 11 日　第 6 版　第 1 刷
	2023 年 11 月 13 日　第 6 版　第 2 刷
発行人	土元　克則
発行所	株式会社アイテック
	〒143-0006　東京都大田区平和島 6-1-1　センタービル
	電話　03-6877-6312
	https://www.itec.co.jp/

703499-11WP
ISBN978-4-86575-302-8 C3004 ￥3000E